Matemática para Ensino Fundamental

Caderno de Atividades
5º ano

Organizadoras: Luciana Pely Wertheimer
Claudia Cristina Pereira Mendes
Claudia Greganyck Cerezo Ortiz
Luciana Alvares Paes de Barros
Rosângela Aparecida Marques

Coordenação: Álvaro Zimmermann Aranha

4ª Edição

Editora Policarpo

Nome: ____________________

Turma: ____________ **Nº :** ____________

São Paulo
2022

Digitação, Diagramação : Sueli Cardoso dos Santos - suly.santos@gmail.com
Elizabeth Miranda da Silva - elizabeth.ms2015@gmail.com

contato@editorapolicarpo.com.br

Capa: Lisie De Luca - lisiedelucca@gmail.com - www.flickr.com/lisiedeluca

Dados Internacionais de Catalogação, na Publicação (CIP)

(Câmara Brasileira do Livro, SP, Brasil)

Coordenação do projeto: Aranha, Álvaro Zimmermann.

Organizadoras: Mendes, Claudia Cristina Pereira.

Ortiz, Claudia Greganyck Cerezo. Barros, Luciana Alvares Paes de.

Wertheimer, Luciana Pely. Marques, Rosângela Aparecida.

Matemática / Claudia Cristina Pereira Mendes, Claudia Greganyck Cerezo Ortiz,
Luciana Alvares Paes de Barros, Luciana Pely Wertheimer,
Rosângela Aparecida Marques.
- São Paulo: Editora Policarpo, 4ª **Edição - 2022**
ISBN: 978-65-88667-11-8
1. Matemática 2. Ensino fundamental
I. Aranha, Álvaro Zimmermann **II.** Mendes, Claudia Cristina Pereira **III.** Ortiz, Claudia Greganyck Cerezo.

IV. Barros, Luciana Alvares Paes de. **V.** Wertheimer, Luciana Pely.

VI. Marques, Rosângela Aparecida.

VII. Matemática para Ensino Fundamental 5º ano - Caderno de Atividades.

Índices para catálogo sistemático

EDITORA POLICARPO LTDA
Rua Dr. Rafael de Barros, 175 - Conj. 01
São Paulo - SP - CEP: 04003-041
Tel./Fax: (11) 3288 - 0895
Tel.: (11) 3284 - 8916
contato@editorapolicarpo.com.br

APRESENTAÇÃO

Você já percebeu como a Matemática está presente em seu dia a dia? Ela tem um papel importante na sua vida!

Preparamos este Caderno de Atividades para ajudá-lo(a) a sistematizar alguns conceitos e desenvolver seu raciocínio matemático.

Neste material, você encontrará alguns cálculos para resolver mentalmente e outros para resolver utilizando diversas estratégias, além de situações-problema e diversas outras propostas. As atividades poderão ser feitas em sala de aula ou em casa, de acordo com as orientações de seu professor.

Nas páginas finais, você encontrará as respostas de cada um dos exercícios indicados. Esperamos que você as utilize após tê-los resolvido, isso o(a) ajudará a ganhar autonomia.

Desejamos que aprecie as propostas e aprenda muito com elas!

Índice

I	Sistema de numeração decimal	1
II	Algoritmo da multiplicação	10
III	Algoritmo da divisão	11
IV	Nomenclatura das operações	13
V	Prova real das quatro operações	14
VI	Ideia combinatória da multiplicação	17
VII	Pensamento algébrico	18
VIII	Expressões numéricas (aritméticas)	22
IX	Frações	25
X	Frações maiores, menores ou iguais a um inteiro	27
XI	Adição e subtração de frações	30
XII	Metade, um terço e um quarto	30
XIII	Fração de quantidade	34
XIV	Frações equivalentes	35
XV	Números decimais	36
XVI	Porcentagem	42
XVII	Cálculo mental	45
XVIII	Multiplicação e divisão por 10, 100 e 1000	57

XIX Localização de pontos -Plano Cartesiano.......64

XX Figuras geométricas planas.......67

XXI Figuras Geométricas espaciais.......72

XXII Ângulos.......85

XXIII Ampliação e redução de figuras.......86

XXIV Sistema monetário brasileiro.......88

XXV Medidas de tempo.......91

XXVI Medidas de comprimento.......92

XXVII Perímetro.......93

XXVIII Medidas de superfície - área.......95

XXIX Medidas de volume.......98

XXX Medidas de temperatura.......101

XXXI Medidas de massa.......102

XXXII Medidas de capacidade.......104

XXXIII Chance e probabilidade.......105

XXXIV Gráficos.......108

XXXV Problemas.......112

XXXVI Blocos de operações.......211

XXXVII Respostas.......215

SISTEMA DE NUMERAÇÃO DECIMAL

Observe a área de alguns países da América do Sul:

Equador
Área: 283 561 km²

Guiana
Área: 214 969 km²

Paraguai
Área: 406 752 km²

Uruguai
Área: 177 414 km²

Observe o número da área do Equador:

2 8 3 5 6 1

- 1ª ordem, 1 unidade = 1
- 2ª ordem, 6 dezenas = 60
- 3ª ordem, 5 centenas = 500
- 4ª ordem, 3 unidades de milhar = 3 000
- 5ª ordem, 8 dezenas de milhar = 80 000
- 6ª ordem, 2 centenas de milhar = 200 000

Agora, no quadro de valores:

2ª classe - Classe dos milhares			1ª classe - Classe das unidades		
6ª ordem	5ª ordem	4ª ordem	3ª ordem	2ª ordem	1ª ordem
Centenhas de milhar	Dezenas de milhar	Unidades de milhar	Centenas	Dezenas	Unidades
2	8	3	5	6	1

Duzentos e oitenta e três mil, quinhentos e sessenta e um

1 Dê a ordem e o valor de cada um dos algarismos do número da área da Guiana, do Paraguai e do Uruguai. Depois, escreva o número por extenso.

a) **Guiana:**

2 1 4 9 6 9

- 1ª ordem, 9 unidades = 9
- 2ª ordem, ________ dezenas = ________
- 3ª ordem, ________ centenas = ________
- 4ª ordem, ________ unidades de milhar = ________
- 5ª ordem, ________ dezenas de milhar = ________
- 6ª ordem, ________ centenas de milhar = ________

Escrita por extenso: ____________________

____

b) **Paraguai:**

4 0 6 7 5 2

- 1ª ordem, ________ unidades = ________
- 2ª ordem, ________ dezenas = ________
- 3ª ordem, ________ centenas = ________
- 4ª ordem, ________ unidades de milhar = ________
- 5ª ordem, ________ dezenas de milhar = ________
- 6ª ordem, ________ centenas de milhar = ________

Escrita por extenso: ____________________

____

c) **Uruguai:**

1 7 7 4 1 4

- 1ª ordem, ________ unidades = ________
- 2ª ordem, ________ dezenas = ________
- 3ª ordem, ________ centenas = ________
- 4ª ordem, ________ unidades de milhar = ________
- 5ª ordem, ________ dezenas de milhar = ________
- 6ª ordem, ________ centenas de milhar = ________

Escrita por extenso: ____________________

____

2 Escreva os números por extenso.

a) 45 678

____

____

b) 130 985

____

____

c) 672 018

____

____

3 Responda:

a) Coloque o número **“quatro milhões, trezentos e noventa e sete mil, quatrocentos e trinta e seis”** no quadro de valores.

3ª classe			2ª classe			1ª classe		
9ª ORDEM	**8ª ORDEM**	**7ª ORDEM**	**6ª ORDEM**	**5ª ORDEM**	**4ª ORDEM**	**3ª ORDEM**	**2ª ORDEM**	**1ª ORDEM**
CENTENA DE MILHÃO	**DEZENA DE MILHÃO**	**UNIDADE DE MILHÃO**	**CENTENA DE MILHAR**	**DEZENA DE MILHAR**	**UNIDADE DE MILHAR**	**CENTENA**	**DEZENA**	**UNIDADE**

b) Qual algarismo está na centena de milhar? ______________________

c) Qual algarismo ocupa a posição da unidade de milhão? ______________________

d) Qual algarismo ocupa a ordem da dezena das unidades? ______________________

e) Qual é o antecessor desse número? ______________________

f) E o sucessor? ______________________

4 Usando todos os algarismos das cartelas e sem repeti-los, escreva:

6	8	2	5	7	9	4

a) o maior número possível: ____________________

b) o menor número possível: ____________________

5 Escreva os números usando algarismos:

a) 3 centenas de milhar, 4 dezenas de milhar, 1 unidade de milhar, 9 centenas, 8 dezenas e 2 unidades:

____

b) 5 centenas de milhar, 4 unidades de milhar, 3 centenas, 2 dezenas e 9 unidades:

____

c) 7 centenas de milhar, 2 dezenas de milhar, 9 unidades de milhar, 5 dezenas e 3 unidades:

____

d) 1 unidade de milhão, 8 centenas de milhar, 14 unidades de milhar e 19 unidades:

____

e) 24 unidades de milhão, 13 dezenas de milhar, 6 unidades de milhar e 9 unidades:

____

6 Qual é a decomposição que corresponde ao número em cada uma das situações? Pinte o retângulo em que ela se encontra.

a) **3 304 560**
- 3 000 000 + 300 000 + 4 000 + 500 + 60
- 3 000 000 + 400 + 50 + 6

b) **1 472 900**
- 400 000 + 7 000 + 200 + 90
- 1 000 000 + 400 000 + 70 000 + 2 000 + 900

c) **500 432**
- 500 000 + 4 000 + 300 + 2
- 500 000 + 400 + 30 + 2

7 Usando algarismos, escreva os números abaixo no quadro de valor de lugar.

a) Quatrocentos e vinte e seis mil, oitocentos e noventa.

b) Oitocentos e trinta milhões, seiscentos mil e vinte e quatro.

c) Cinquenta e cinco mil, trezentos e setenta e um.

d) Setecentos milhões, quarenta e dois mil e oitenta e nove.

e) Quinhentos mil, cento e oito.

f) Trezentos e sessenta e sete mil e cinquenta e três.

	3ª classe			2ª classe			1ª classe		
	9ª ORDEM	8ª ORDEM	7ª ORDEM	6ª ORDEM	5ª ORDEM	4ª ORDEM	3ª ORDEM	2ª ORDEM	1ª ORDEM
	CENTENA DE MILHÃO	DEZENA DE MILHÃO	UNIDADE DE MILHÃO	CENTENA DE MILHAR	DEZENA DE MILHAR	UNIDADE DE MILHAR	CENTENA	DEZENA	UNIDADE
a)									
b)									
c)									
d)									
e)									
f)									

- Dos números que você colocou na tabela anterior, qual é o maior deles?

____

- E o menor?

____

8 Sabemos que uma dezena equivale a 10 unidades. Então, quantas dezenas possui cada número?

a) 200 _______________ b) 300 _______________

c) 80 _______________ d) 100 _______________

e) 1 200 _______________ f) 1 700 _______________

g) 177 _______________ h) 290 _______________

i) 500 _______________ j) 680 _______________

9 Observe e depois complete.

a) 124 567

Esse número tem:

124 567	unidades
12 456	dezenas
1 245	centenas
124	unidades de milhar
12	dezenas de milhar
1	centena de milhar

b) 13 605 328

Esse número tem:

_______________ unidades

_______________ dezenas

_______________ centenas

_______________ unidades de milhar

_______________ dezenas de milhar

_______________ centenas de milhar

_______________ unidades de milhão

_______________ dezenas de milhão

c) 807 234

Esse número tem:

_______________ unidades

_______________ dezenas

_______________ centenas

_______________ unidades de milhar

_______________ dezenas de milhar

_______________ centenas de milhar

d) 4 318 905

Esse número tem:

_______________ unidades

_______________ dezenas

_______________ centenas

_______________ unidades de milhar

_______________ dezenas de milhar

_______________ centenas de milhar

_______________ unidades de milhão

10 Sabemos que uma centena equivale a 100 unidades. Então, quantas centenas possui cada número?

a) 3 000 _______________

b) 8 000 _______________

c) 10 000 _______________

d) 120 680 _______________

e) 1 700 _______________

f) 1 800 _______________

g) 2 900 _______________

h) 5 000 _______________

i) 9 000 _______________

j) 4 200 _______________

11 Quantas unidades o algarismo 2 representa em cada um dos números?

a) 61 219 ______ b) 329 611 ______

c) 112 750 ______ d) 2 110 349 ______

e) 211 400 ______ f) 21 600 000 ______

12 Componha os números e escreva-os por extenso.

a) 1 000 + 500 + 70 + 6 = **1 576 = um mil, quinhentos e setenta e seis**

b) 3 000 + 300 + 90 + 8 = ______

c) 9 000 + 600 + 50 + 4 = ______

d) 1 500 000 + 80 000 + 9 300 + 58 = ______

e) 8 x 1 000 + 4 × 100 + 6 × 10 + 9 = ______

f) 81 000 000 + 105 000 + 127 = ______

13 Represente com algarismos.

a) 5 milhares, 8 centenas, 5 dezenas e 2 unidades: ______

b) 4 milhões, 2 dezenas de milhar e 8 unidades: ______

c) 1 milhar, 2 centenas, 8 dezenas e 5 unidades: ______

d) 12 milhões, 7 centenas de milhar e 16 unidades: ______

14 Qual é a decomposição que corresponde ao número em cada uma das situações? Pinte a decomposição correta.

a)	6 000 + 800 + 60 + 2	6 082	6 000 + 80 + 2
b)	7 000 + 8	7 008	7 000 + 80
c)	9 000 + 200 + 30	9 230	9 000 + 300 + 20
d)	5 000 + 30 + 1	5 301	5 000 + 300 + 1

15 Complete a tabela escrevendo o número por extenso e indicando o valor do algarismo em destaque.

Número		Escrita por extenso	Valor do algarismo de acordo com sua ordem
a)	15 **7**89	Quinze mil, setecentos e oitenta e nove	700
b)	**2**0 432		
c)	10**8** 583		
d)	940 1**5**7		
e)	**3** 400 762		
f)	19 **6**70 018		

16 Quem tem o bilhete premiado? Ajude o detetive Zureta a descobrir o número do bilhete premiado seguindo as pistas.

Pista 1 O algarismo das unidades é ímpar.

Pista 2 O algarismo das dezenas e das centenas é o mesmo.

Pista 3 O algarismo das unidades de milhar não é ímpar.

Pista 4 O algarismo da dezena de milhar é maior que sete.

17 a) Observe os números que André recortou de algumas manchetes de jornal e coloque-os na tabela abaixo.

1 MI	Mil e quinhentos	Dez bilhões	2 milhões

Vinte mil e quarenta e dois	904 mil

4ª classe			3ª classe			2ª classe			1ª classe		
Classe dos bilhões			Classe dos milhões			Classe dos milhares			Classe das unidades		
12ª ordem	11ª ordem	10ª ordem	9ª ordem	8ª ordem	7ª ordem	6ª ordem	5ª ordem	4ª ordem	3ª ordem	2ª ordem	1ª ordem
C BI	D BI	U BI	C MI	D MI	U MI	C M	D M	U M	C	D	U

b) Agora, escreva-os em ordem crescente.

____

____

____

____

18 Compare os números utilizando os sinais de <, > ou =:

a) 1 milhão ______ 2 500

b) Meio milhar ______ 500

c) 1 250 000 ______ 2 milhões

d) 64 mil ______ 64 000

e) 30 mil ______ 3 339

f) 7 400 ______ 40 000

ALGORITMO DA MULTIPLICAÇÃO

Algoritmo é um processo prático para fazer cálculos.

Vamos fazer a **multiplicação** 135 × 264.

É preferível colocarmos o menor dos dois números embaixo ao "armar o dispositivo prático".

Armamos a multiplicação.

```
  264
× 135
```

Multiplicamos 5 unidades por 264.

```
  264
× 135
1 320  ←  5 × 264 = 1 320
```

Agora multiplicamos 3 dezenas por 264.

```
  264
× 135
1 320
7 920  ←  30 × 264 = 7 920
```

Multiplicamos 1 centena por 264.

```
   264
 × 135
 1 320
 7 920
26 400  ←  100 × 264 = 26 400
```

Agora, somamos as três linhas.

```
   264
 × 135
 1 320
 7 920  +
26 400
35 640
```

Resultado

135 × 264 = 35 640

19 Após estudar as explicações do exemplo resolvido, faça no seu caderno de Matemática as seguintes multiplicações:

a) 377 × 23 =

b) 854 × 90 =

c) 561 × 474 =

d) 922 × 809 =

e) 6 480 × 521 =

f) 9 273 × 608 =

ALGORITMO DA DIVISÃO

dividendo	divisor	← chave
resto	quociente	

Exemplo:

dividendo →	1 7	3 ← divisor
	− 1 5	5 ← quociente
resto →	2	

Efetuar uma divisão significa achar o **quociente** e o **resto** dessa divisão.

Prova real da divisão (Verificação)

1º) Verifique se

dividendo = quociente × divisor + resto

$17 = 5 \times 3 + 2$

$17 = 15 + 2$

$17 = 17$ → **Sim**

2º) Verifique se o resto é menor que o divisor.

resto = 2
divisor = 3 } Sim, 2 é menor que 3

Então nossa divisão está **correta** e a resposta é **quociente = 5 e resto = 2.**

ATENÇÃO

Como o **resto** tem que ser menor que o **divisor**, esse **resto** só pode assumir valores que variarão de **zero** até o **divisor menos um**.

Observe o exemplo:

dividendo	5 (divisor)
resto	quociente

Nessa divisão o **resto** só pode assumir os valores **0, 1, 2, 3 ou 4**.

Vamos fazer a divisão 1 527 ÷ 32.

Começamos "armando a divisão".

```
UM C D U
 1 5 2 7 | 32
```

Dividimos 152 dezenas por 32.

```
UM C D U
 1 5 2 7 | 32
```

5 × 32 = 160
4 × 32 = 128

Obtemos 4 × 32 = 128 dezenas e subtraímos do dividendo.

```
UM C D U
 1 5 2 7 | 32
 1 2 8     4
   2 4 7   D
```

Agora temos 247 unidades para dividir por 32.

```
UM C D U
 1 5 2 7 | 32
 1 2 8     4
   2 4 7   D
```

8 × 32 = 256
7 × 32 = 224

Resulta 7 no quociente e subtraímos 224 do dividendo.

```
  1 5 2 7 | 32
- 1 2 8     4 7 ← Quociente
    2 4 7   D U
  - 2 2 4
      2 3 ← Resto
```

Resumindo:

```
  1 5 2 7 | 32
- 1 2 8     4 7
    2 4 7
  - 2 2 4
      2 3
```

Quociente = 47 e Resto = 23

Verificação (Prova real)

Quociente × Divisor + Resto = Dividendo

```
     32
   × 47
    224
  1 280  +
  1 504

  1 504  +
     23
  1 527 = Dividendo
```

20 Após estudar as explicações do exemplo resolvido, determine no seu caderno de Matemática o quociente e resto das seguintes divisões:

a) 799 ÷ 12 = b) 1 008 ÷ 16 = c) 6 552 ÷ 15 =

d) 20 088 ÷ 13 = e) 6 301 ÷ 11 = f) 5 304 ÷ 20 =

NOMENCLATURA DAS OPERAÇÕES

Ana escreveu em seu caderno o nome dos termos das operações de adição, de subtração, de multiplicação e de divisão.

Observe:

Operação de adição.

```
   1 089  ←  parcela
+     34  ←  parcela
  37 008  ←  parcela
          ←  soma ou total
```

Operação de subtração.

```
   7 593  ←  minuendo
−  4 509  ←  subtraendo
          ←  resto ou diferença
```

Em sua vez, Pedro escreveu o nome dos termos da multiplicação e da divisão.

Operação de multiplicação.

```
   5 021  ←  fator
×     14  ←  fator
  20 084  +
  50 210
          ←  produto
```

Operação de divisão.

```
dividendo
  └→ 7 046 |_3_  ← divisor
     - 6
       10      ↑
      - 9      └ quociente
        14
      - 12
        26
      - 24
        02  ← resto
```

21 Complete com os resultados as operações de Ana e Pedro.

22 Arme, efetue as operações no seu caderno de Matemática e escreva o nome de cada **termo ao lado de cada número.**

a) 54 098 + 19 627 = ____________________

b) 9 × 48 = ____________________

c) 8 547 ÷ 9 = ____________________

d) 60 781 – 19 637 = ____________________

23 Descubra (faça no seu caderno de Matemática).

a) O quociente entre 24 612 e 6.

b) O produto entre 45 e 6 402.

c) A diferença entre 5 milhares e 4 893.

d) A soma de 6 dezenas de milhar com 2 896.

24 Encontre os resultados.

a) Pensei em um número, somei 234 e encontrei 567. Em que número pensei?

____

b) Subtraí 456 de 9 unidades de milhar. Que número encontrei?

____

c) Multipliquei 5 por 2 centenas. Do resultado, subtraí 37. Que número encontrei?

____

d) Pensei em um número, dividi por 8 e encontrei 32. Em que número pensei?

____

PROVA REAL DAS QUATRO OPERAÇÕES

A prova real é uma **operação matemática** realizada para provar que outra operação está correta. Para fazer isto, basta utilizar uma operação contrária usando o resultado obtido na primeira operação. Vamos testar!

25 Relembre! A operação inversa da:

a) adição é a ______________________; b) subtração é a ______________________;

c) multiplicação é a ______________________; d) divisão é a ______________________.

26 Agora, arme, efetue as operações em seu caderno de Matemática e faça a prova real para conferir os resultados.

a) $5 \times 460 =$ ______________ b) $129 \div 8 =$ ______________

c) $456 + 983 =$ ______________ d) $5\,679 - 3\,468 =$ ______________

27 Faça os cálculos necessários e complete as lacunas.

a) ________ $+ 245 = 1\,029$ b) $67\,000 -$ ________ $= 32\,600$

c) ________ $\times 6 = 270$ d) $81 \div$ ________ $= 9$

28 Faça as operações e a prova real para conferir os resultados.

a) $7 \times 446 =$	Prova real
b) $4 \times 186 =$	Prova real
c) $396 + 180 =$	Prova real
d) $32\,621 + 29\,239 =$	Prova real

e) 200 ÷ 8 =	Prova real
f) 4 836 ÷ 6 =	Prova real
g) 3 165 – 1 315 =	Prova real
h) 22 000 – 21 016 =	Prova real

IDEIA COMBINATÓRIA DA MULTIPLICAÇÃO

Outra ideia da multiplicação é usada quando queremos encontrar o número de possibilidades de uma combinação.

Observe a situação a seguir.

Rose tem 6 fichas: 2 com letras e 4 com números. Veja:

A B 1 2 3 4

Ela vai combinar duas dessas fichas, sendo uma letra e outra com número, nessa ordem. Quantas combinações são possíveis?

Para responder, podemos fazer:

A 1 A 2 A 3 A 4 → 4 combinações com a letra A

B 1 B 2 B 3 B 4 → 4 combinações com a letra B

Então, como $4 + 4 = 2 \times 4 = 8$, ao todo temos 8 combinações.

29 A equipe de futebol da escola tem 5 camisas e 3 calções, todos diferentes, para compor o uniforme.

a) Quantas combinações diferentes há para compor o uniforme? ____________________

b) Use uma multiplicação para mostrar quantas possibilidades diferentes há para compor o uniforme. ____________________

30 Em um restaurante, o cliente pode escolher um tipo de salada e um tipo de carne. São 4 opções de salada e 5 opções de carne. Usando a multiplicação, calcule de quantas maneiras diferentes é possível compor uma refeição.

31 Uma lanchonete oferece 4 tipos de suco: laranja, abacaxi, morango e melão. Os sucos são servidos em copos de 3 tamanhos: **pequeno**, **médio** e **grande**.

De quantas maneiras você pode pedir um suco?

Complete a tabela com todas as possibilidades.

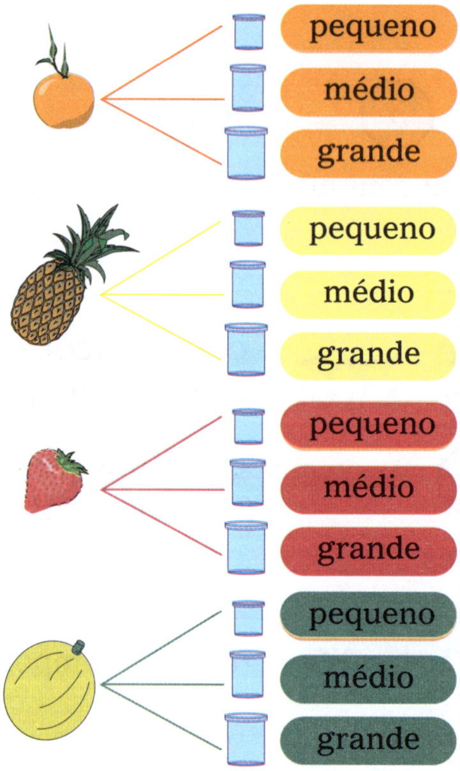

Tabela

	Pequeno	Médio	Grande
	laranja pequeno	______	______
	______	abacaxi médio	______
	______	______	______
	______	______	melão grande

______ × ______ = ______ ou ______ × ______ = ______

PENSAMENTO ALGÉBRICO

Esses exercícios farão você seguir o caminho do pensamento algébrico. Fique ligado! Nada é fácil na primeira vez, então, não desanime!

32 Observe os números que já estão nas pirâmides e complete–as com os números que faltam.

a)

	[ ]		
29	33		
13	[ ]	17	
6	[ ]	9	8

b)

48			
[ ]	24		
12	12	[ ]	
6	[ ]	[ ]	[ ]

33 Coloque **V** para as sentenças matemáticas verdadeiras e **F** para as sentenças matemáticas falsas.

a) $42 \div 7 + 100 = 147$ ______ b) $25 + 25 = 50 \div 2$ ______ c) $10 \times 10 = 1\,000$ ______

d) $500 = 5 \times 100$ ______ e) $72 + 72 = 140 + 4$ ______ f) $44 - 40 = 8 \div 2$ ______

34 A regra para criação de um padrão é apresentada abaixo. Ela começa com um número chamado de entrada e gera um número chamado de saída. Qual tabela de entrada e saída se encaixa na regra? Escolha 1 resposta e faça um **X** sobre ela.

a) Regra: multiplicar a entrada por 9. Em seguida, subtrair 12 do resultado para obter a saída.

Entrada	Saída
8	70

Entrada	Saída
6	42

Entrada	Saída
10	102

b) Regra: multiplicar a entrada por 7. Em seguida, adicionar 27 do resultado para obter a saída.

Entrada	Saída
9	80

Entrada	Saída
5	65

Entrada	Saída
4	55

35 Complete as lacunas com os números que faltam para que as sentenças matemáticas fiquem corretas.

a) $2 \times$ ______ $+ 37 = 87$ b) ______ $+ 11 = 99 - 22$ c) $40 + 6 \times$ ______ $= 4 \times 25$

d) $32 \div$ ______ $= 2 + 2$ e) $64 = 4 \times$ ______ $+ 4$ f) $12 \div 3 +$ ______ $= 14$

36 Continue as sequências numéricas acrescentando cinco números a cada uma.

a) 1, 3, 5, 7, 9, 11...					
b) 0, 1, 1, 2, 3, 5, 8...					
c) 1, 0, 2, 1, 3, 2...					
d) 2, 10, 12, 20, 22, 30, 32...					
e) 4, 6, 8, 10, 12...					
f) 1, 2, 4, 7, 11...					
g) 1, 4, 9, 16...					
h) 1, 2, 6, 12, 36...					
i) 1000, 990, 970, 940, 900...					

• Qual foi a regra que você achou mais interessante? Explique-a.

37 Qual é o resultado?

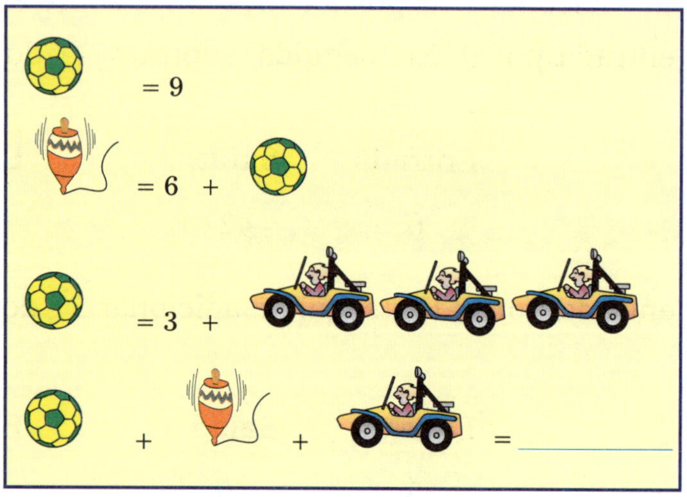

38 Quanto pesa o bebê?

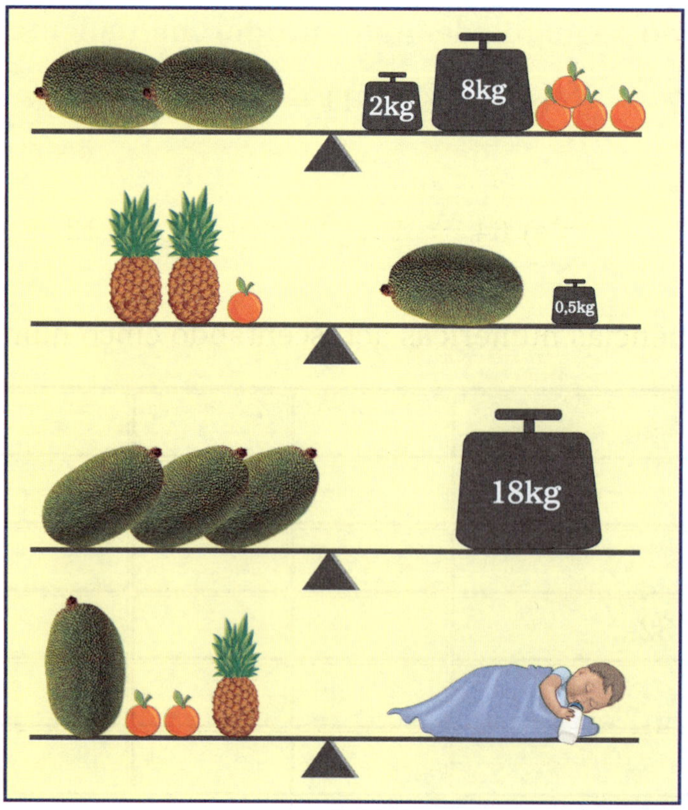

Resposta:

39 Desta vez, complete os espaços com os sinais das operações (+, − , ×, ÷) e o sinal de =, para que as sentenças fiquem corretas.

a) 10 ______ 3 ______ 7 b) 90 ______ 50 ______ 4 500 c) 2 000 ______ 20 ______ 100

d) 180 ______ 180 ______ 360 e) 20 ______ 100 ______ 80 f) 240 ______ 3 ______ 80

40 Pensei em um número, multipliquei-o por 2 centenas. Do resultado, subtraí o quádruplo de 25 e obtive 500. Em que número pensei?

Resposta: ______

41 Observe a quantidade de cada ingrediente de uma receita de pão de queijo. Em seguida complete a tabela com as quantidades adequadas, não é necessário escrever novamente o ingrediente.

Pão de queijo de liquidificador: ingredientes				
1 receita	**2 receitas**	**3 receitas**	**4 receitas**	**5 receitas**
2 ovos				
½ xícara (chá) de óleo				
2 xícaras (chá) de polvilho				
100 g de queijo parmesão ralado				
1 colher (chá) de sal				

Coloque a mão na massa! Aqui vai o modo de preparo. Com a ajuda de um adulto, teste a receita e depois conte aos seus amigos o que achou.

Modo de preparo

• Pré-aqueça o forno a 180 - 200 graus - temperatura média. Unte as formas de empada com margarina ou óleo.

• Bata todos os ingredientes no liquidificador. Primeiro bata os líquidos e vá acrescentando o restante dos ingredientes. Por último, coloque o queijo ralado e bata rapidamente.

• Quando a massa estiver bem incorporada, coloque-a nas formas, enchendo somente até a metade. Ponha as formas dentro de uma assadeira e leve ao forno.

• Asse os pães de queijo por aproximadamente 30 minutos, ou até que estejam corados.

EXPRESSÕES NUMÉRICAS (ARITMÉTICAS)

Atenção:

Quando há operações em seguida, as **subtrações** e **divisões** **não** podem ser feitas em qualquer ordem pois o resultado se altera. Observe os exemplos:

$10 - 4 - 3$

$10 - 4 - 3$ → $6 - 3$ → **3**

$10 - 4 - 3$ → $10 - 1$ → **9**

resultados diferentes

$8 \div 4 \times 2$

$8 \div 4 \times 2$ → 2×2 → **4**

$8 \div 4 \times 2$ → $8 \div 8$ → **1**

resultados diferentes

Já com a **adição** e com a **multiplicação** isso não ocorre. Olhe:

$6 + 3 + 2$

$6 + 3 + 2$ → $9 + 2$ → **11**

$6 + 3 + 2$ → $6 + 5$ → **11**

resultados iguais

$4 \times 2 \times 3$

$4 \times 2 \times 3$ → 8×3 → **24**

$4 \times 2 \times 3$ → 4×6 → **24**

resultados iguais

Como nas expressões numéricas as operações aparecem em sequência e, quase sempre, "misturadas", vamos seguir a regra(convenção):

Efetuamos, primeiro, as multiplicações e divisões e, depois, as adições e subtrações, na ordem em que aparecem, da esquerda para a direita.

Exemplos resolvidos:

a) $9 - 4 + 3 - 2 =$

$= 5 + 3 - 2 =$

$= 8 - 2 =$ **6**

b) $4 \times 6 - 3 \times 5 + 16 \div 2 =$

$= 24 - 15 + 8 =$

$= 9 + 8 =$ **17**

42 Seguindo o que diz a regra estudada, copie as expressões no seu caderno de Matemática e resolva-as.

a) $42 - 8 + 5 =$ b) $20 \div 4 + 5 =$ c) $3 + 2 \times 4 =$

d) $25 + 13 - 7 + 4 =$ e) $300 - 10 + 2 \times 20 =$ f) $50 - 25 - 10 =$

g) $48 - 16 + 8 - 12 =$ h) $7 + 28 \div 7 =$ i) $48 \div 8 + 24 \div 6 =$

j) $9 \times 9 - 48 \div 6 - 4 \times 6 - 9 =$ k) $50 - 10 + 2 \times 15 - 60 \div 6 =$

Expressões envolvendo parênteses, colchetes e chaves.

( ) ⟹ parênteses **[ ] ⟹ colchetes** **{ } ⟹ chaves**

Devemos seguir as regras:

1) Primeiro resolvemos os conteúdos dos **parênteses**. Respeitamos as regras estudadas anteriormente.

2) Em seguida resolvemos os conteúdos dos **colchetes**.

3) Depois resolvemos os conteúdos das **chaves**.

Exemplo resolvido

$(36 + 30 - 10) \div 8 + 9 - (20 - 72 \div 9) =$

$= (66 - 10) \div 8 + 9 - (20 - 8) =$

$= 56 \div 8 + 9 - 12 =$

$= 7 + 9 - 12 =$

$= 16 - 12 =$ **4**

43 Após entender o exemplo anterior, resolva as expressões.

a) $2 \times (5 + 7) =$ b) $261 - (45 + 54) =$

c) $519 - 82 + 648 - 304 =$ d) $(150 + 78) \times 12 =$

44 Resolva as expressões numéricas:

a) $180 \times 15 + 215 - 334 =$

b) $48 \times (120 + 30) - 60 \div 4 =$

c) $(963 \div 3 + 199) \div 10 =$

d) $721 + 134 - 422 =$

45 Resolva as expressões numéricas:

a) $2 \times (1\,567 - 567) - (67\,400 \div 100) =$

b) $6 \times (7 + 2 \times 6) - (115 - 27 \div 9) =$

c) $(8 \times 7 - 2) \div (15 \div 5 + 3) =$

d) $(10 \div 5) \times (2 + 3 \times 4) - 36 \div 4 =$

FRAÇÕES

Observe as figuras do quadro abaixo. Em cada uma delas, apenas uma ou mais partes estão pintadas. Faça a leitura de cada fração escrita por extenso.

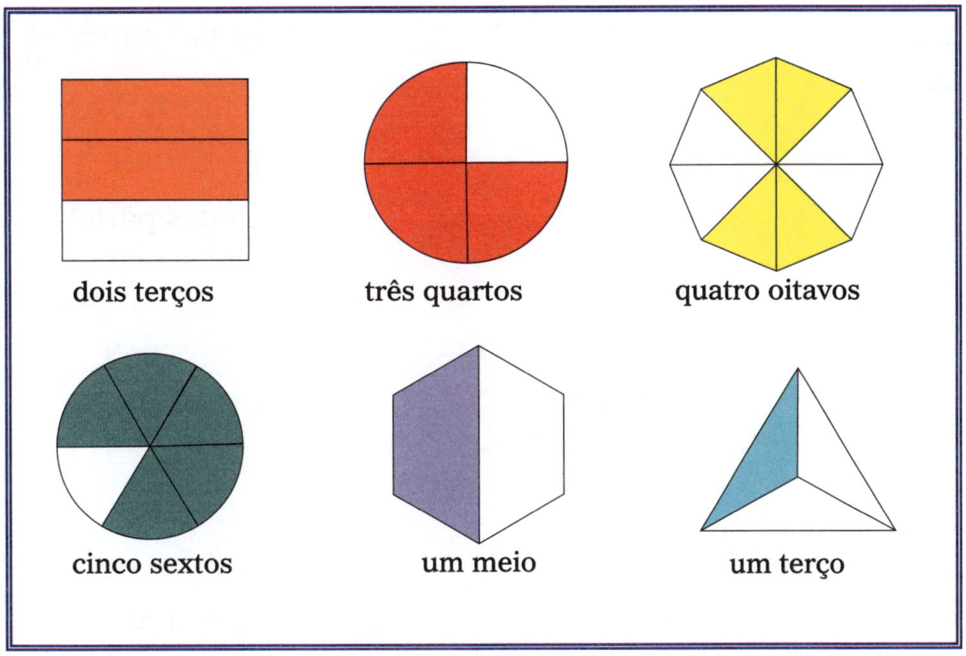

Vamos lembrar! $\frac{3}{5}$ $\Rightarrow$ numerador; $\Rightarrow$ denominador

O denominador indica em quantas partes iguais o inteiro foi dividido.
O numerador indica quantas partes do inteiro foram consideradas.

46 Complete a tabela com o que é pedido:

Representação da fração	Escrita por extenso	Escrita numérica
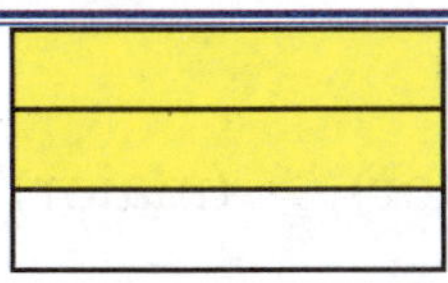	______________	________
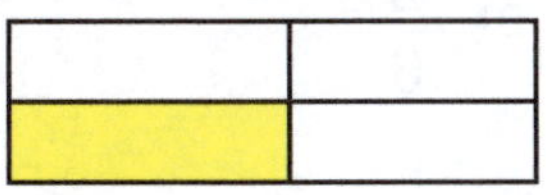	______________	________
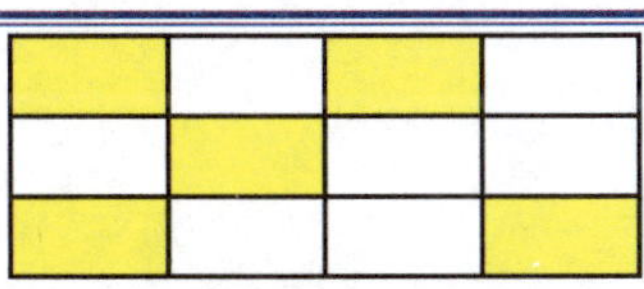	______________	________
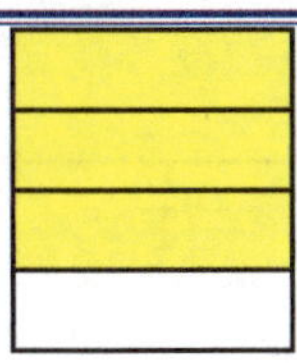	______________	________

47 As figuras foram divididas em partes iguais e pintadas. Para cada figura, escreva a fração que corresponde ao inteiro e à fração que indica uma das partes pintadas. Veja o exemplo:

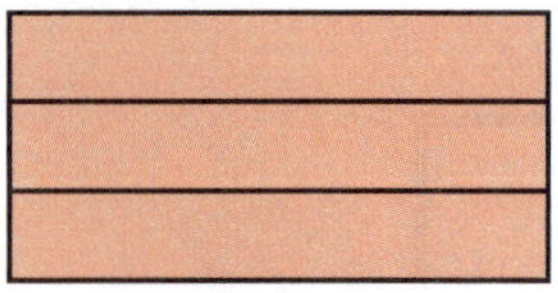

Inteiro: $\frac{3}{3}$ Uma das partes: $\frac{1}{3}$

a) 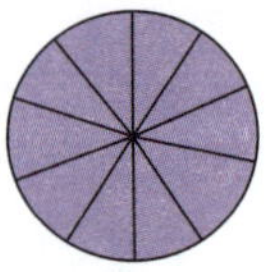 Inteiro: ______ Uma das partes: ______

b) 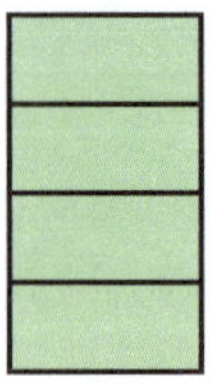 Inteiro: ______ Uma das partes: ______

c)  Inteiro: ______ Uma das partes: ______

48 Escreva como se lê cada fração:

a) $\frac{1}{6} \Rightarrow$ ______ b) $\frac{5}{8} \Rightarrow$ ______

c) $\frac{2}{3} \Rightarrow$ ______ d) $\frac{4}{9} \Rightarrow$ ______

e) $\frac{4}{13} \Rightarrow$ ______ f) $\frac{3}{5} \Rightarrow$ ______

49 Compare as frações. Complete com os sinais de $<$ (menor), $>$ (maior) ou $=$ (igual).

a) $\frac{1}{9}$ ______ $\frac{1}{3}$ b) $\frac{6}{10}$ ______ $\frac{10}{10}$ c) $\frac{2}{6}$ ______ $\frac{2}{10}$

d) $\frac{1}{5}$ ______ $\frac{1}{4}$ e) $\frac{2}{4}$ ______ $\frac{1}{2}$ f) $\frac{1}{7}$ ______ $\frac{5}{7}$

50 Escreva as frações $\frac{1}{2}$ e $\frac{2}{2}$ na reta numerada.

FRAÇÕES MAIORES, MENORES OU IGUAIS A UM INTEIRO

Vamos conhecer mais sobre as frações?

Você já aprendeu que as frações representam partes de um inteiro, mas sabia que elas podem representar mais que um inteiro também?

Observe a situação a seguir:

Ana convidou cinco amigos para passar a tarde em sua casa. Ao anoitecer, resolveram pedir pizzas, pois estavam com fome. Eles estimaram que cada um comeria, no máximo, três pedaços de pizza. Sabendo que geralmente as pizzas são divididas em 8 pedaços, pode-se afirmar que Ana teve que pedir ________ pizzas.

Os círculos abaixo representam as três pizzas que Ana pediu.

Considere que ela e cada amigo comeram, de fato, três pedaços cada um. **Pinte-os nos círculos**.

Qual é a fração que indica a quantidade de pedaços de pizza que eles comeram?

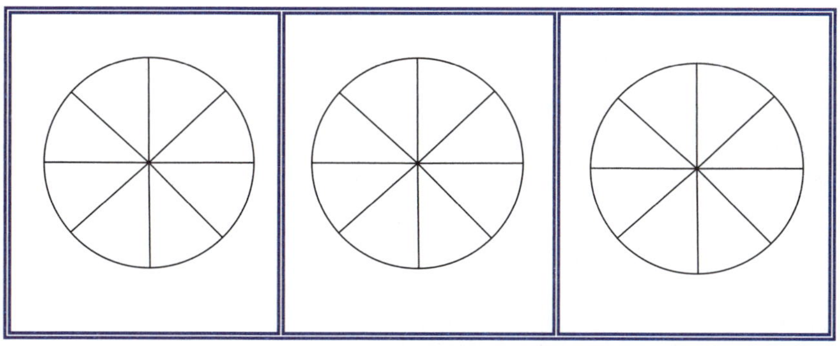

$\frac{18}{8}$ Fração imprópria

$2\frac{2}{8}$ Número misto

Frações aparentes são aquelas que representam números inteiros. Observe os exemplos:

$\frac{3}{3} = 1$ inteiro

$\frac{6}{2} = \frac{2}{2} + \frac{2}{2} + \frac{2}{2} = 1 + 1 + 1 = 3$ inteiros

$\frac{10}{5} = \frac{5}{5} + \frac{5}{5} = 1 + 1 = 2$ inteiros

Note que nas **frações aparentes**, quando dividimos o numerador pelo denominador, a divisão é exata.

Frações próprias representam quantidades **menores que um inteiro**.

Observe os exemplos:

$\frac{2}{3}$ → $\frac{2}{3}$

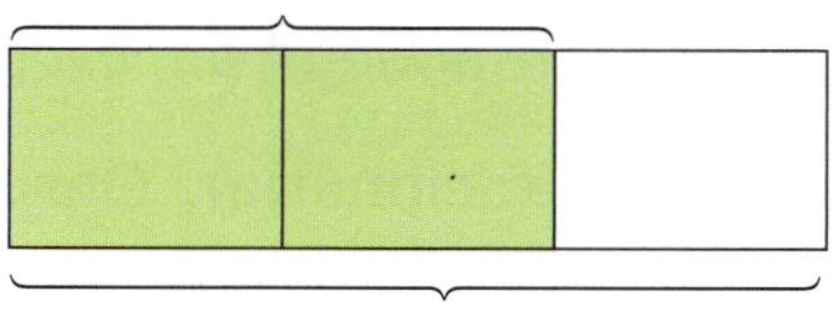

$\frac{3}{3} = 1$ inteiro

$\frac{3}{5}$ → $\frac{3}{5}$

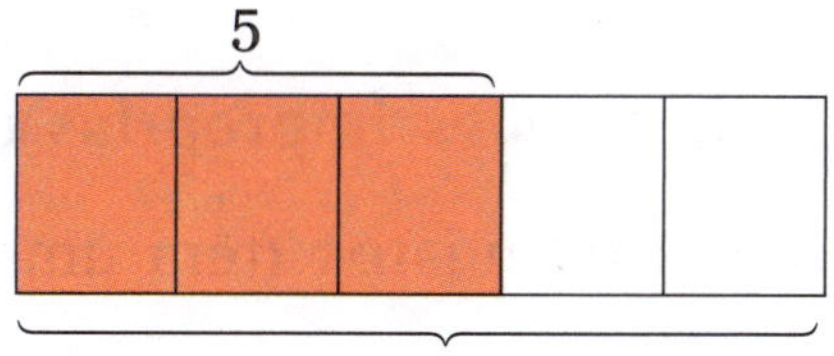

$\frac{5}{5} = 1$ inteiro

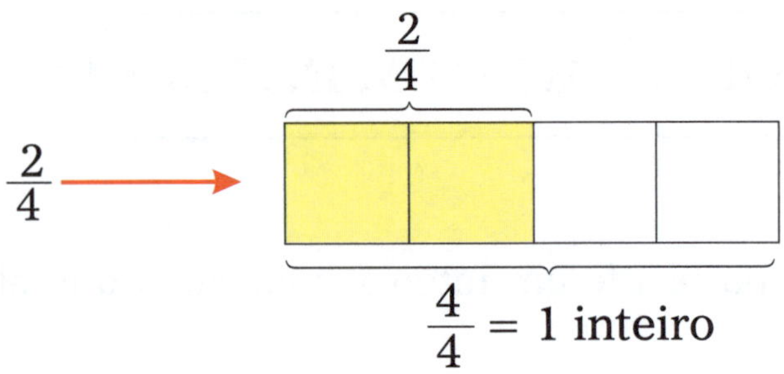

Note que nas **frações próprias** o numerador é menor que o denominador.

Frações impróprias representam quantidades **maiores que um inteiro**.

Observe:

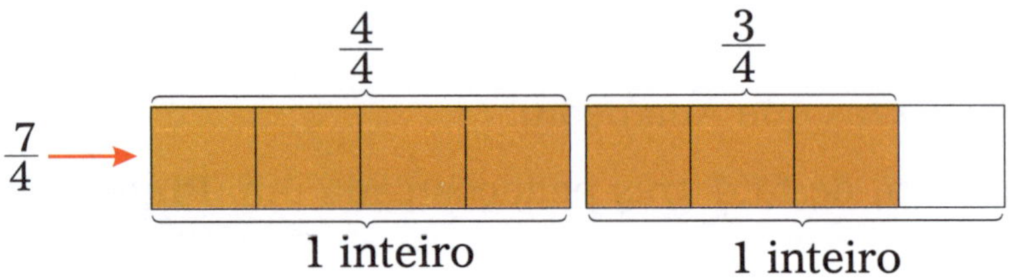

$$\frac{7}{4} = \frac{4}{4} + \frac{3}{4} = 1 + \frac{3}{4} = 1\frac{3}{4}$$ **Número misto**

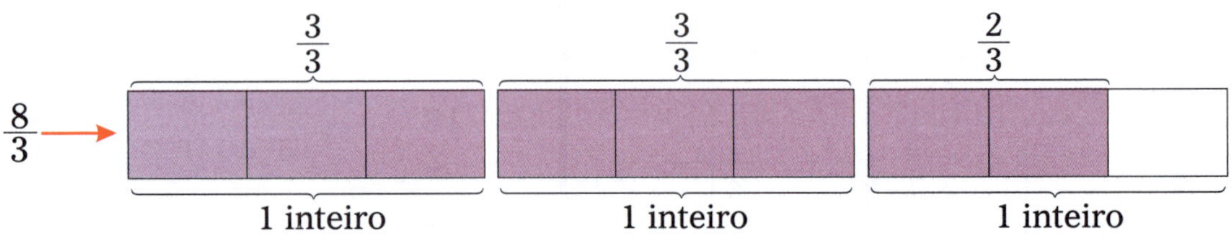

$$\frac{8}{3} = \frac{3}{3} + \frac{3}{3} + \frac{2}{3} = 1 + 1 + \frac{2}{3} = 2 + \frac{2}{3} = 2\frac{2}{3}$$ **Número misto**

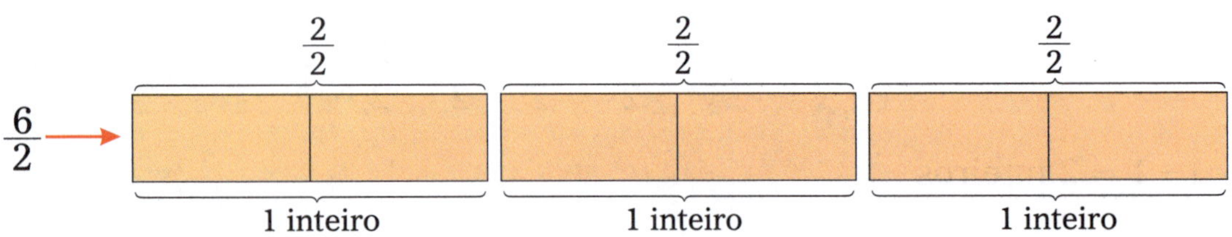

$$\frac{6}{2} = \frac{2}{2} + \frac{2}{2} + \frac{2}{2} = 1 + 1 + 1 = 3$$ **Número inteiro**

Fração imprópria e aparente

Note que nas **frações impróprias** o numerador é maior que o denominador.

As **frações impróprias** que não são números inteiros podem ser escritas na forma de **números mistos** (têm uma parte inteira e uma parte fracionária). Observe os exemplos anteriores.

$$\frac{7}{4} = \frac{4}{4} + \frac{3}{4} = 1 + \frac{3}{4} = 1\frac{3}{4}$$

$$\frac{8}{3} = \frac{3}{3} + \frac{3}{3} + \frac{2}{3} = 1 + 1 + \frac{2}{3} = 2 + \frac{2}{3} = 2\frac{2}{3}$$

51 No papel quadriculado, represente as frações $\frac{2}{6}$, $\frac{5}{4}$, $\frac{4}{8}$, $\frac{8}{3}$, $\frac{9}{10}$ e $\frac{7}{2}$.

a) Classifique-as em **próprias** ou **impróprias**.

b) As frações impróprias, não aparentes, escreva também na forma de **número misto**.

c) Ao terminar, cole a atividade em seu caderno de Matemática.

Veja um exemplo:

Fração imprópria

Cinco terços $\frac{5}{3}$

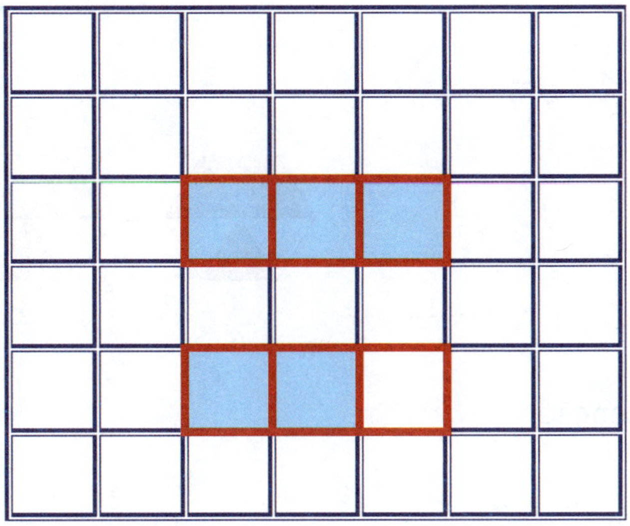

Número misto

$1\frac{2}{3}$ Um inteiro e dois terços

52 Escreva as frações representadas abaixo na forma de **frações impróprias** e na forma de **números mistos**.

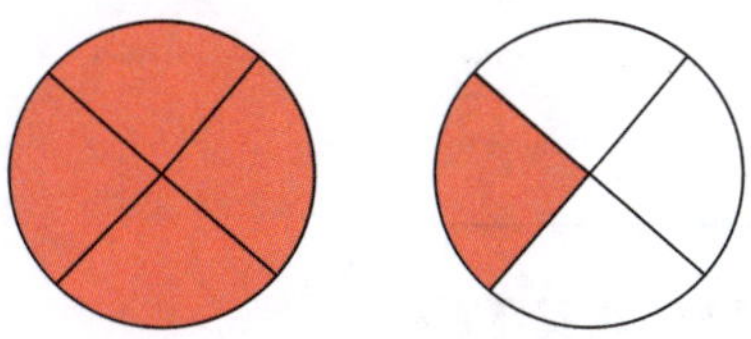

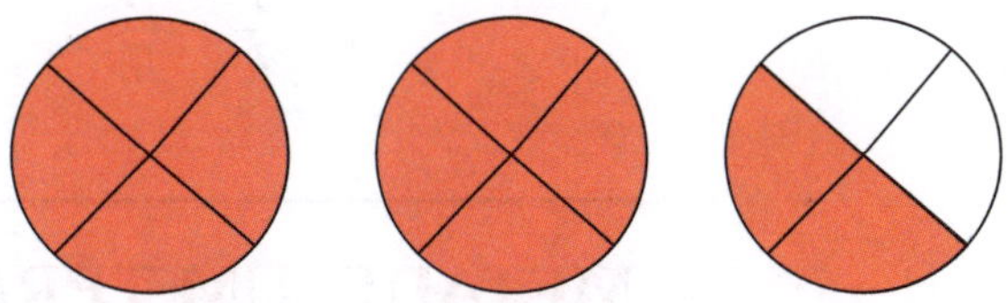

a) Fração imprópria: ____________

Número misto: ____________

b) Fração imprópria: ____________

Número misto: ____________

53 Desafio:

Será que você é capaz de descobrir qual é o número misto equivalente à fração $\frac{21}{4}$?

____

54 Escreva:

a) uma fração aparente que represente três inteiros. ____________

b) uma fração própria com denominador 9. ____________

c) uma fração imprópria com numerador 6. ____________

ADIÇÃO E SUBTRAÇÃO DE FRAÇÕES

55 Realize essas operações seguindo as orientações abaixo.

✓ conferimos se as frações têm os mesmos denominadores;

✓ somamos ou subtraímos os numeradores;

✓ repetimos o denominador.

a) 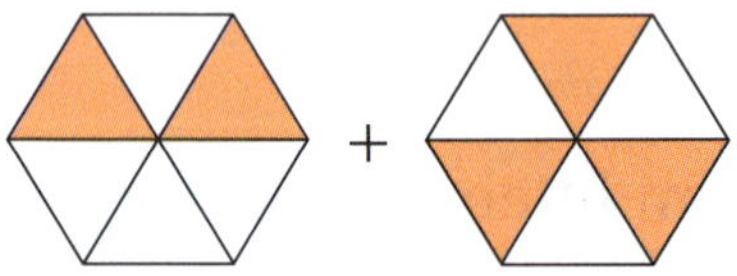

$\frac{2}{6} + \frac{3}{6} =$ ______

b) 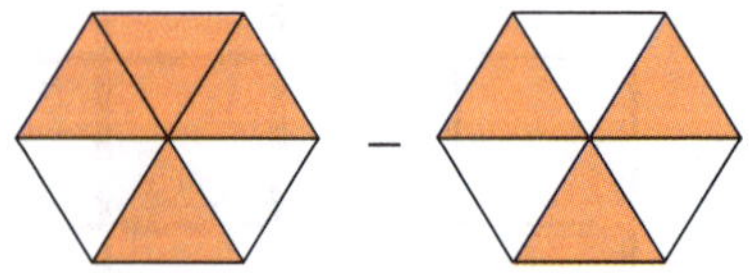

$\frac{4}{6} - \frac{3}{6} =$ ______

56 Faça as operações com atenção:

a) $\frac{1}{2} + \frac{3}{2} =$ ______

b) $\frac{3}{4} + \frac{2}{4} =$ ______

c) $\frac{2}{8} + \frac{5}{8} =$ ______

d) $\frac{7}{10} + \frac{5}{10} =$ ______

e) $\frac{8}{9} - \frac{2}{9} =$ ______

f) $\frac{5}{6} - \frac{1}{6} =$ ______

g) $\frac{4}{5} - \frac{3}{5} =$ ______

h) $\frac{6}{7} - \frac{3}{7} =$ ______

i) $\frac{9}{3} + \frac{2}{3} =$ ______

METADE, UM TERÇO E UM QUARTO

Metade de uma quantidade corresponde à fração $\frac{1}{2}$ dessa quantidade; é o mesmo que $\frac{2}{4}$ ou $\frac{3}{6}$, por exemplo. Observe:

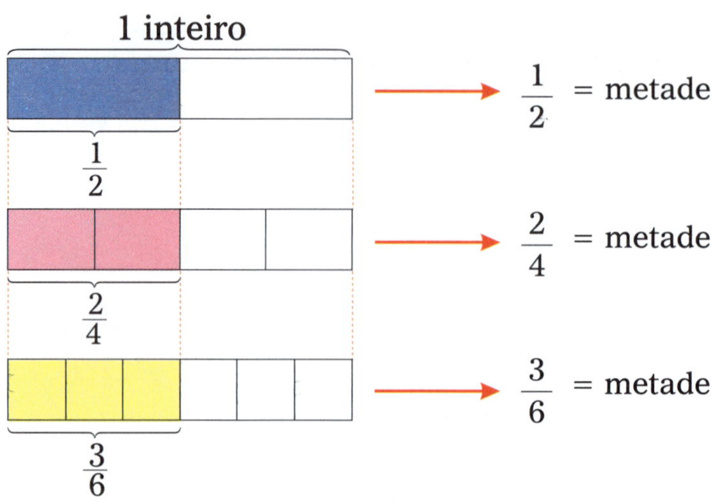

Considere, agora, o problema:

"Daniel ganhou uma caixa com 10 doces de abóbora e deu **metade** para sua irmã; com quantos doces Daniel ficou?"

Veja a solução desse problema:

metade de 10 = $\frac{1}{2}$ de 10 = 10 ÷ 2 = 5

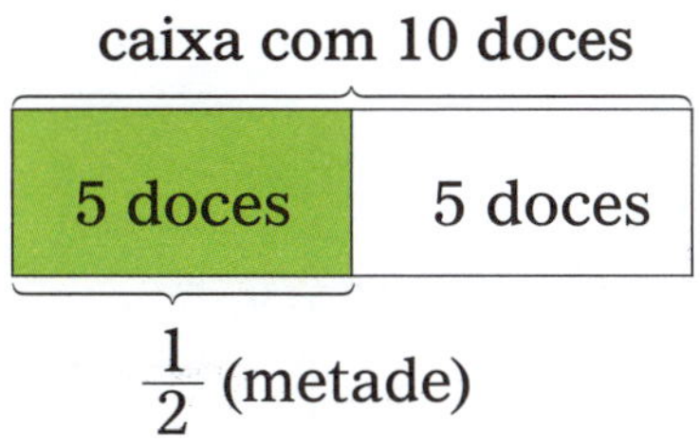

Como você viu, achar a metade é o mesmo que dividir por 2.
Resposta: Daniel ficou com 5 doces.

Terça parte (um terço) de uma quantidade corresponde à fração $\frac{1}{3}$ dessa quantidade; é o mesmo que $\frac{2}{6}$, por exemplo. Veja:

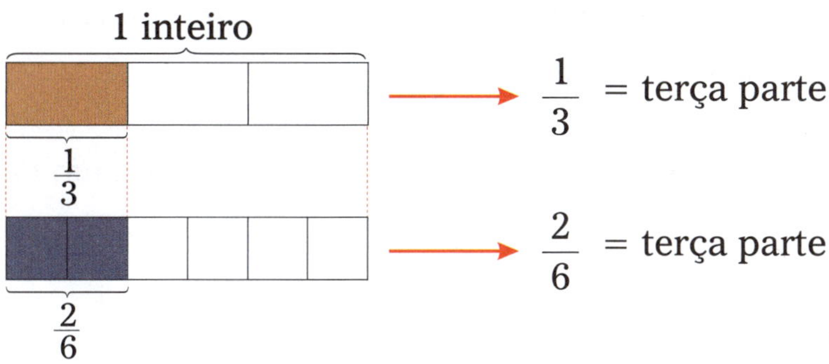

Achar a terça parte de uma quantidade $\left(\frac{1}{3}\right)$ é o mesmo que dividir essa quantidade por 3.
Leia o problema seguinte.

"Artur quer vender **um terço** das figurinhas que tem. Sabendo que ele tem 60 figurinhas, quantas figurinhas ele venderá? E com quantas ficará?"

Resolução:

terça parte de 60 = $\frac{1}{3}$ de 60 = 60 ÷ 3 = 20

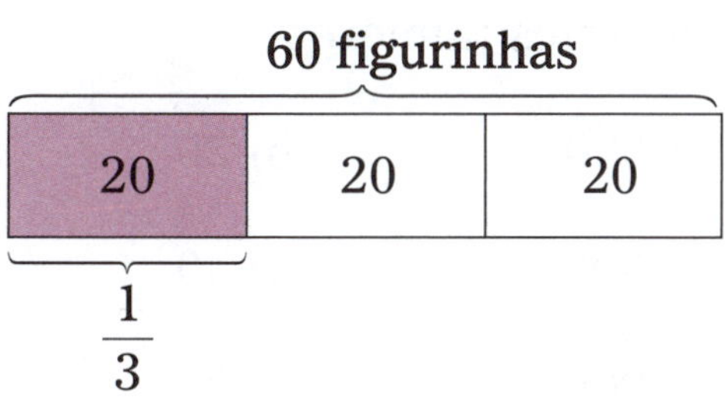

Resposta: Artur venderá 20 figurinhas e ficará com 40 figurinhas.

Quarta parte (um quarto) de uma quantidade, corresponde à fração $\frac{1}{4}$ dessa quantidade; é o mesmo que $\frac{2}{8}$, por exemplo. Observe:

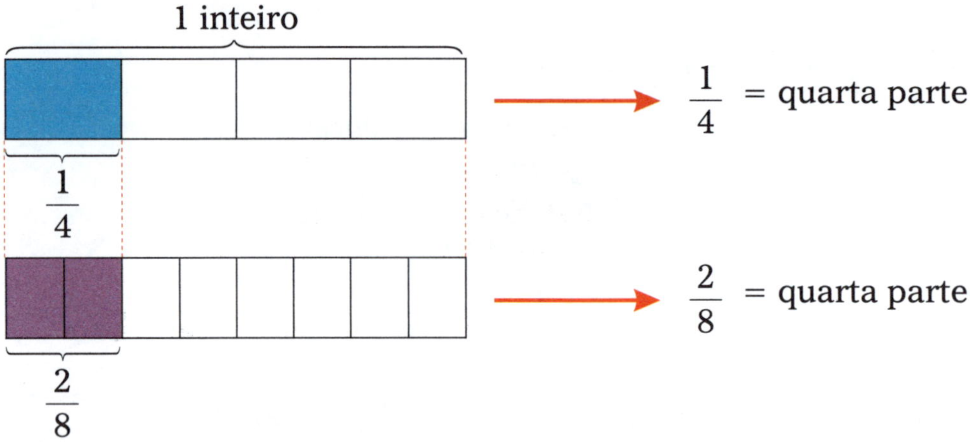

Achar a quarta parte de uma quantidade $\left(\frac{1}{4}\right)$ é o mesmo que dividir essa quantidade por 4. Veja o seguinte problema resolvido.

“Luciana comprou 12 livros de matemática e separou **um quarto** deles para colocar na sua loja. Os restantes ela os deixou guardados em casa.

Quantos livros Luciana levou para sua loja e quantos deixou em casa?”

Resolução:

quarta parte de 12 = $\frac{1}{4}$ de 12 = 12 ÷ 4 = 3

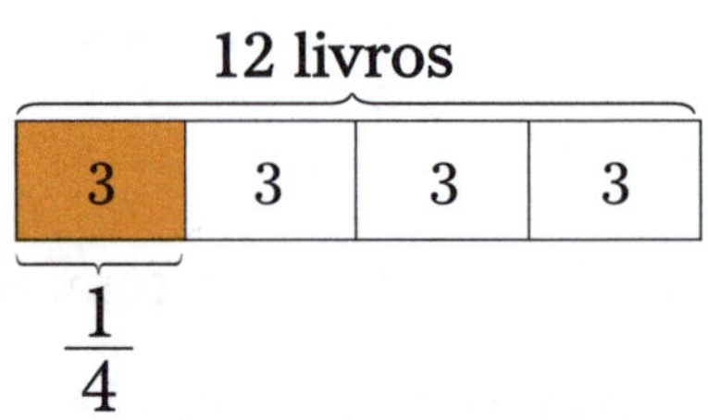

Resposta: Luciana levou 3 livros para sua loja e deixou 9 livros em casa.

57 Calcule a metade dos seguintes números:

a) 10 ______ 100 ______ 1 000 ______ b) 20 ______ 200 ______ 2 000 ______

c) 30 ______ 300 ______ 3 000 ______ d) 40 ______ 400 ______ 4 000 ______

e) 50 ______ 500 ______ 5 000 ______ f) 60 ______ 600 ______ 6 000 ______

g) 70 ______ 700 ______ 7 000 ______ h) 80 ______ 800 ______ 8 000 ______

58 Para calcular a metade de um número que tenha centenas ou mais ordens, podemos usar a decomposição e depois a divisão.

> 164 = 100 + 60 + 4
> Então:
> 100 ÷ 2 = 50
> 60 ÷ 2 = 30
> 4 ÷ 2 = 2
>
> Sendo assim: 50 + 30 + 2 = 82
> A metade de 164 é 82.

Agora, calcule $\frac{1}{2}$ (metade) de:

a) 186 ________ b) 194 ________ c) 276 ________ d) 622 ________

e) 748 ________ f) 1 068 ________ g) 2 946 ________ h) 7 206 ________

i) 6 932 ________ j) 7 834 ________ k) 5 346 ________ l) 9 548 ________

m) 6 094 ________ n) 1 904 ________ o) 4 220 ________ p) 3 580 ________

59 Utilize a estratégia do quadro e calcule $\frac{1}{3}$ (terça parte) de:

> Para calcular fração de quantidade, é importante descobrir uma parte do todo. Então, vamos exercitar!
> Assim, $\frac{1}{3}$ de 27 =
> = 27 ÷ 3 = 9

a) 96 ________ b) 39 ________ c) 42 ________ d) 45 ________ e) 48 ________

f) 93 ________ g) 66 ________ h) 24 ________ i) 30 ________ j) 12 ________

k) 18 ________ l) 21 ________ m) 9 ________ n) 6 ________ o) 15 ________

60 Agora, calcule $\frac{1}{4}$ (quarta parte) de:

a) 48 ________ b) 96 ________ c) 28 ________ d) 88 ________ e) 12 ________

f) 36 ________ g) 20 ________ h) 24 ________ i) 16 ________ j) 32 ________

k) 8 ________ l) 44 ________ m) 60 ________ n) 128 ________ o) 164 ________

FRAÇÃO DE QUANTIDADE

61 D. Joana ganhou uma caixa com 28 bombons. Como ela gosta de chocolate, já consumiu $\frac{3}{7}$ do total. Quantos bombons ela comeu?

Observe a representação da caixa de bombons.

28 bombons

$\frac{1}{7}$	$\frac{1}{7}$	$\frac{1}{7}$	$\frac{1}{7}$	$\frac{1}{7}$	$\frac{1}{7}$	$\frac{1}{7}$
4 bombons	**4 bombons**	**4 bombons**	**4 bombons**	**4 bombons**	**4 bombons**	**4 bombons**

$\frac{3}{7}$ = 12 bombons

$\frac{4}{7}$ = 16 bombons

62 Agora, responda.

a) Qual é a fração que representa o total de bombons? ________.

b) Quantos bombons D. Joana já consumiu? ________________.

c) Quantos bombons ainda há na caixa? ________________.

d) Qual é a fração que representa a quantidade de bombons que ela já consumiu? ________.

e) Qual é a fração que representa a quantidade de bombons que restou na caixa? ________.

63 Podemos concluir que para saber cada sétimo de 28 bombons precisamos formar 7 grupos de bombons. Só depois calculamos quantos bombons foram consumidos e quantos sobraram na caixa.

a) Consumidos: $\frac{3}{7}$ de 28 bombons = ________________.

b) Sobraram na caixa: $\frac{4}{7}$ de 28 bombons = ________________.

64 Calcule as frações das quantidades indicadas a seguir.

a) $\frac{1}{2}$ de 200 = ______ b) $\frac{1}{4}$ de 100 = ______ c) $\frac{1}{4}$ de 400 = ______ d) $\frac{1}{6}$ de 60 = ______

e) $\frac{1}{3}$ de 12 = ______ f) $\frac{2}{4}$ de 400= ______ g) $\frac{1}{8}$ de 800 = ______ h) $\frac{1}{9}$ de 18 = ______

FRAÇÕES EQUIVALENTES

Frações equivalentes representam a mesma quantidade de um inteiro, porém podem ser escritas de formas diferentes. Observe:

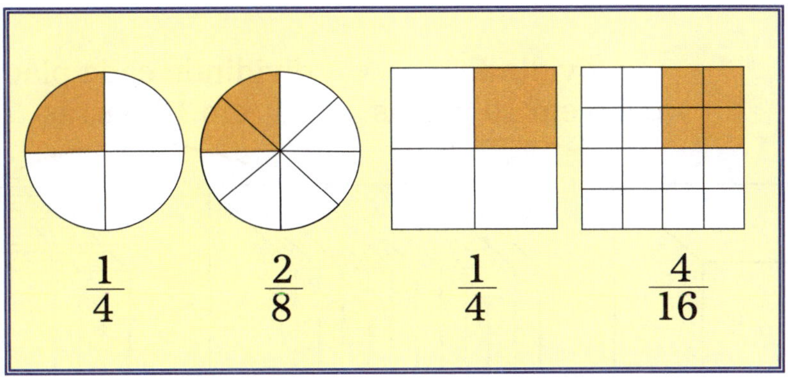

•Observe o modelo.

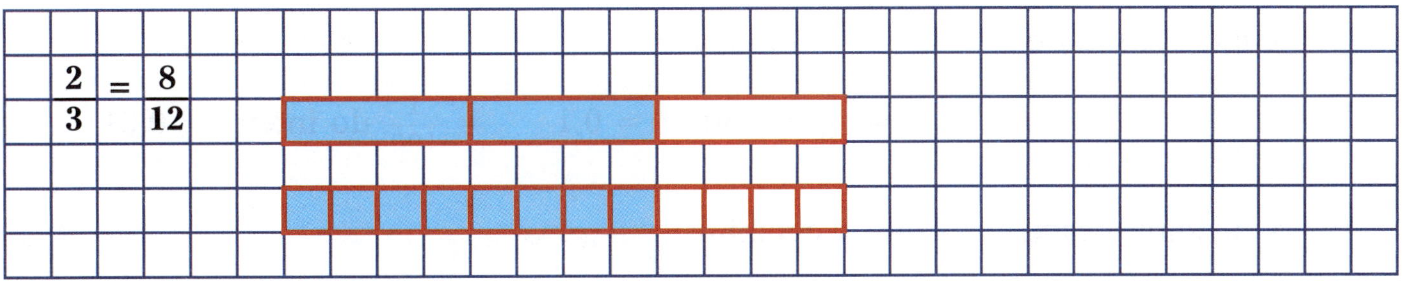

65 No papel quadriculado, represente os seguintes pares de frações equivalentes.

a) $\frac{1}{4} = \frac{2}{8}$ b) $\frac{2}{6} = \frac{4}{12}$ c) $\frac{3}{3} = \frac{6}{6}$

Obs: Ao terminar, cole a atividade em seu caderno de Matemática.

66 Circule as frações equivalentes a $\frac{3}{4}$.

a) $\frac{9}{16}$ b) $\frac{12}{16}$ c) $\frac{21}{28}$ d) $\frac{16}{20}$

67 Escreva duas frações equivalentes para cada fração.

a) $\frac{1}{2}$ ______ b) $\frac{1}{3}$ ______

c) $\frac{1}{4}$ ______ d) $\frac{1}{5}$ ______

NÚMEROS DECIMAIS

Décimos, centésimos e milésimos

Veja a representação de um inteiro dividido em 10 partes e, em seguida, em 100 partes.

dividindo o cubo em 10 placas

dividindo cada placa em 10 barras

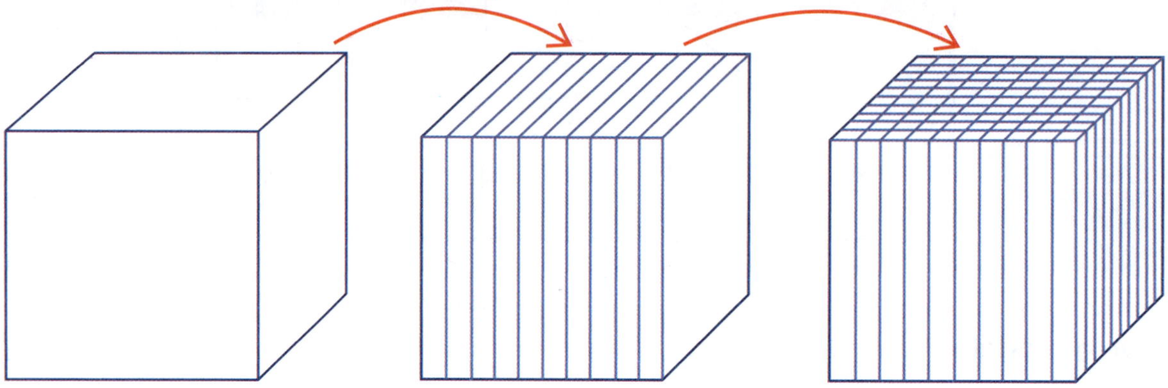

1 cubo = 1 inteiro

1 placa = $= \frac{1}{10}$ do inteiro = 0,1

1 barra = $= \frac{1}{100}$ do inteiro = 0,01

Agora, dividimos cada barra em 10 cubinhos:

1 inteiro

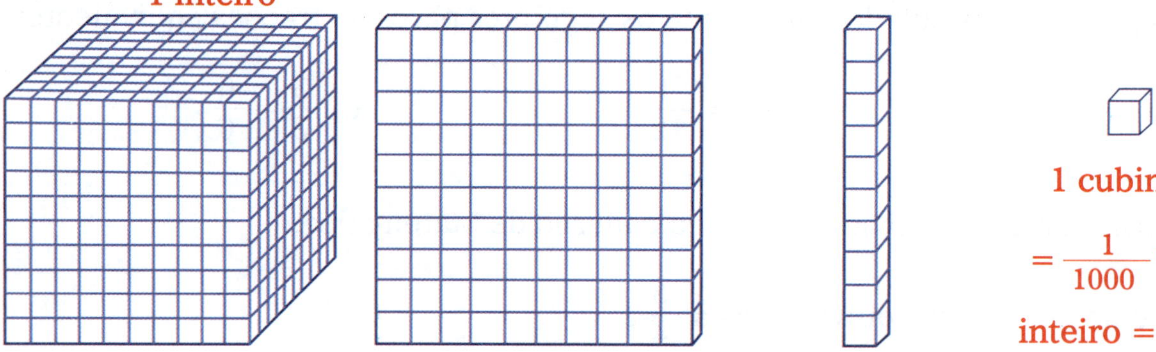

1 cubinho = $= \frac{1}{1000}$ do inteiro = 0,001

1 cubo → 10 placas → 100 barras → 1000 cubinhos

1 placa → 10 barras → 100 cubinhos

1 barra → 10 cubinhos

Conclusões importantes

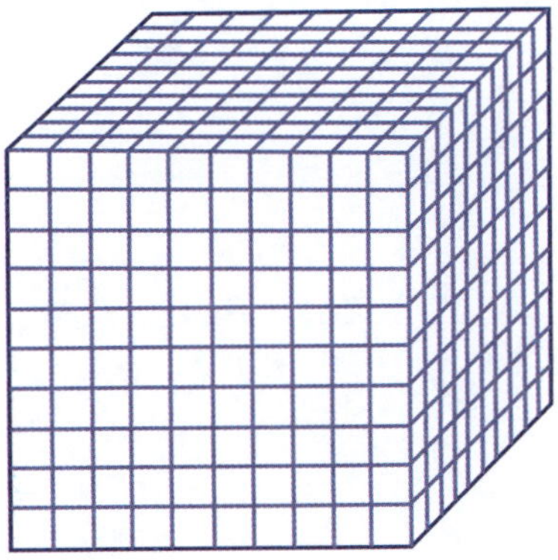

1 cubo

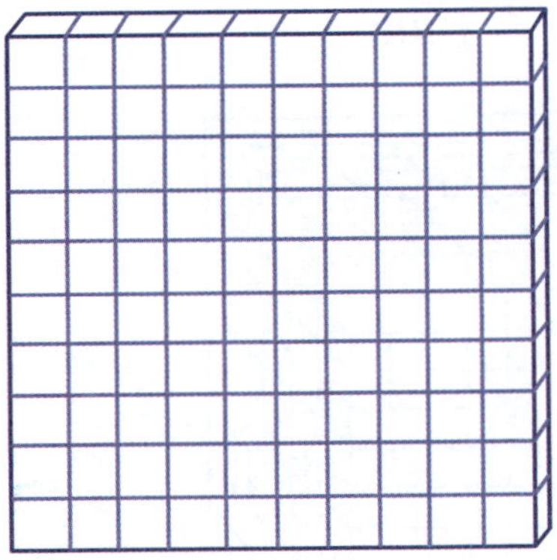

1 placa

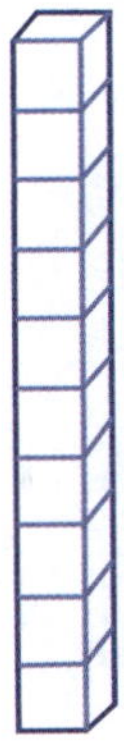

1 barra

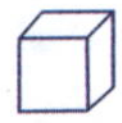

1 cubinho

1 placa = 10 barras = 100 cubinhos

↓ ↓ ↓

$\frac{1}{10}$ do inteiro $= \frac{10}{100} = \frac{100}{1000}$

0,1 = 0,10 = 0,100

Outra:

1 barra = 10 cubinhos

↓ ↓

$\frac{1}{100}$ do inteiro $= \frac{10}{1000}$

0,01 = 0,010

Outros exemplos:

iguais $\begin{cases} 6,2 \\ 6,20 \\ 6,200 \end{cases}$

iguais $\begin{cases} 3,23 \\ 3,230 \end{cases}$

iguais $\begin{cases} 5,07 \\ 5,070 \end{cases}$

iguais $\begin{cases} 0,4 \\ 0,40 \\ 0,400 \end{cases}$

iguais $\begin{cases} 408,09 \\ 408,090 \end{cases}$

iguais $\begin{cases} 20,6 \\ 20,60 \\ 20,600 \end{cases}$

Usando as peças, vamos estudar a representação decimal do número **1,235**.

$1{,}235 = 1$ inteiro e 235 milésimos $= 1\frac{235}{1000}$

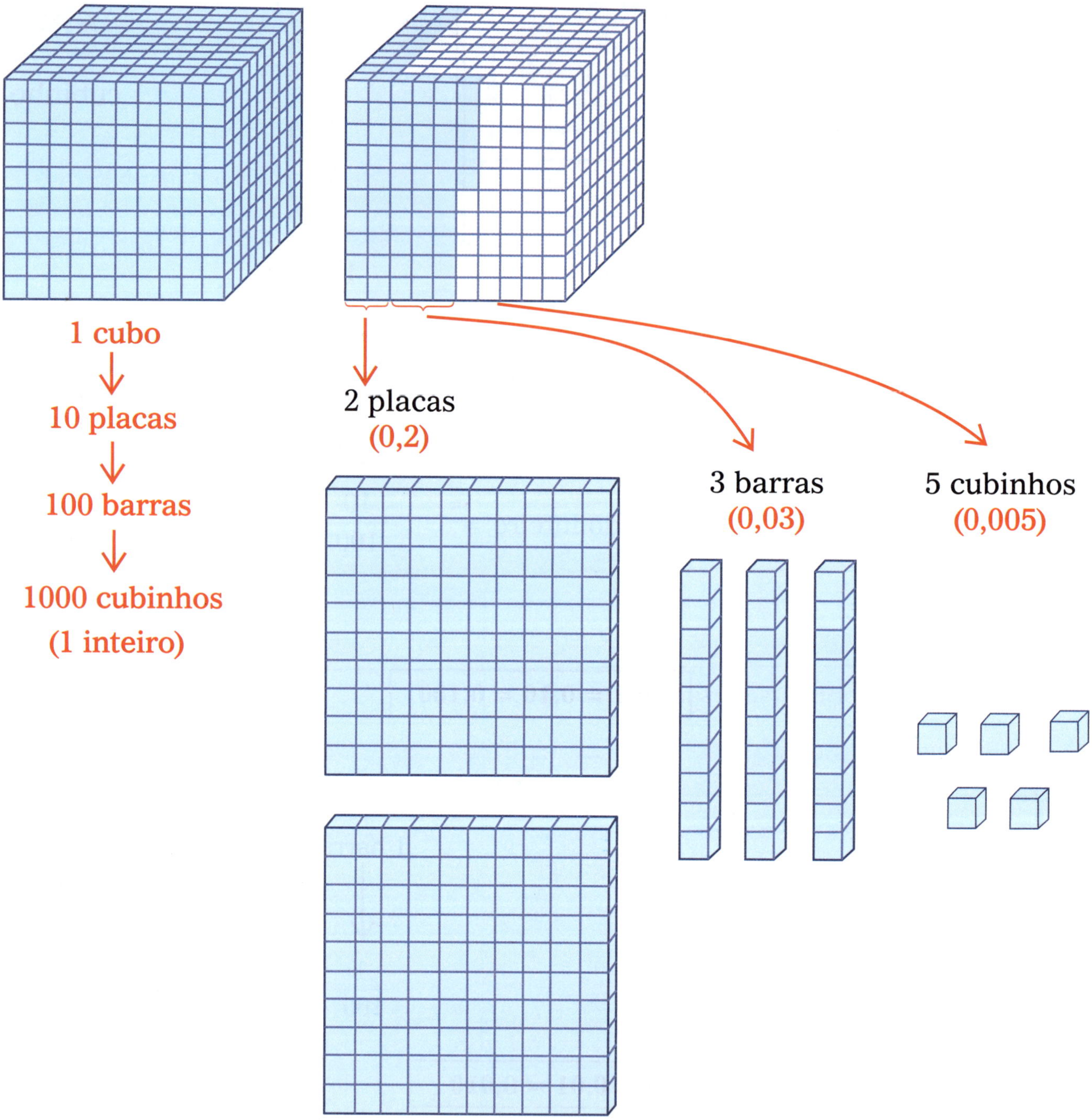

1 + 0,2 + 0,03 + 0,005

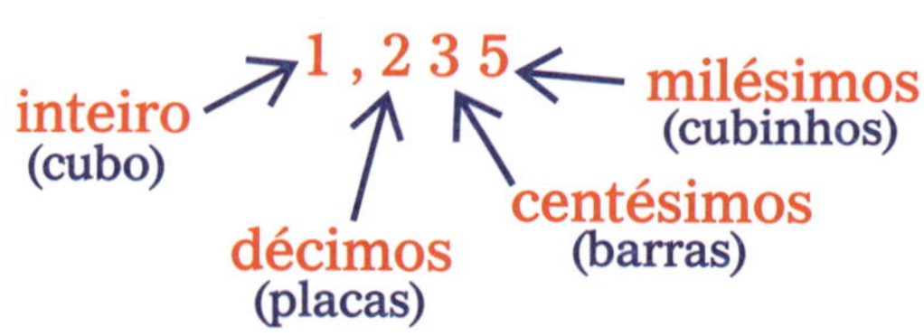

68 Escreva os seguintes números no "quadro de ordens". Usaremos vírgula para separar a parte inteira da parte decimal.

a) 2,39 b) 0,389 c) 54,2 d) 4 603,28 e) 95 702,745

INTEIRO						DECIMAL		
Milhares			Unidades					
...	Dezena	Unidade	Centena	Dezena	Unidade	Décimo	Centésimo	Milésimo
					,			
					,			
					,			
					,			
					,			

Leitura de um número decimal

Veja a sequência indicada para fazer a **leitura** de um **número decimal**.

1º) Leia a **parte inteira** do número.

2º) Leia a **parte decimal**, **seguida** das palavras:

- **décimos** – quando houver um único algarismo depois da vírgula;
- **centésimos** – quando houver dois algarismos depois da vírgula;
- **milésimos** – quando houver três algarismos depois da vírgula.

3º) Se a **parte inteira for zero**, leia apenas a parte decimal.

Observe como são lidos os números abaixo.

INTEIRO						DECIMAL		
Milhares			Unidades					
...	Dezena	Unidade	Centena	Dezena	Unidade	Décimo	Centésimo	Milésimo
a)				2	1,	3		
b)					6,	7	8	
c)					0,	5	3	2
d)				1	8,	0	0	9

a) Vinte e um inteiros e três décimos.

b) Seis inteiros e setenta e oito centésimos.

c) Quinhentos e trinta e dois milésimos.

d) Dezoito inteiros e nove milésimos.

69 Escreva por extenso cada número decimal.

a) 0,98 ______________________________

b) 3,46 ______________________________

c) 29,72 ______________________________

d) 7,006 ______________________________

e) 12,105 ______________________________

70 Escreva os números abaixo no quadro de ordens.

a) Treze inteiros e nove décimos.

b) Quarenta inteiros e vinte e seis centésimos.

c) Um inteiro e quatro centésimos.

d) Dez inteiros e oito milésimos.

e) Vinte e cinco milésimos.

f) Dois inteiros, quatrocentos e dois milésimos.

INTEIRO						DECIMAL		
Milhares			Unidades					
...	Dezena	Unidade	Centena	Dezena	Unidade	Décimo	Centésimo	Milésimo
a)					,			
b)					,			
c)					,			
d)					,			
e)					,			
f)					,			

71 Circule o número que é igual a **6,02**.

a) 6,002 b) 6,20 c) 6,020 d) 6,200

72 Seguindo a ordem crescente, preencha os espaços em branco abaixo com os seguintes números: **2,549 – 2,573 – 2,565 – 2,525**.

2,52 | 2,53 | 2,54 | 2,55 | 2,56 | 2,57 | 2,58

73 Faça um X no número maior:

a) **20,01** b) **20,1**

Operações com números decimais

74 Veja os exemplos e leia com atenção as dicas.

Adição

1, 125 + 0, 5 + 0, 75 = 2, 375

```
   1, 1 2 5
   0, 5 0 0
 + 0, 7 5 0
 ----------
   2, 3 7 5
```

Subtração

1 – 0, 2 7 5 = 0, 725

```
   1, 0 0 0
 – 0, 2 7 5
 ----------
   0, 7 2 5
```

> Para somar ou subtrair números decimais, respeitamos as ordens, mantemos as vírgulas e completamos as ordens vazias com zeros. A vírgula permanece na soma ou na diferença.

Vamos lá! Resolva, as operações em seu caderno de Matemática.

a) 45,2 + 3,4 + 29 =　　b) 5,7 + 12,56 + 0,005 =　　c) 78,23 – 4,15 =　　d) 56 – 8,245 =

75 Observe as **multiplicações** e as dicas.

3 × 34,5 = 103,5

```
   3 4, 5  ⇐1 ordem decimal
     × 3   ⇐0 ordem decimal
 --------
 1 0 3, 5  ⇐1 ordem decimal
```

0,12 × 0,3 = 0, 036

```
  0, 1 2   ⇐2 casas decimais
 ×  0, 3   ⇐1 casa decimal
 --------
 0, 0 3 6  ⇐3 casas decimais
```

> Para multiplicar números decimais, alinhamos os fatores à direita e efetuamos as multiplicações. Colocamos a vírgula, somente no produto, considerando o total de casas decimais dos fatores.

Agora é com você! Resolva as operações em seu caderno de Matemática.

a) 8 × 145,2 =　　b) 6,2 × 8,43 =　　c) 7 × 678,41 =　　d) 28 × 56,45 =

76 Nas divisões de números inteiros com resto, podemos obter o quociente decimal. Observe os exemplos resolvidos e leia as dicas com muita atenção!

7 ÷ 2 =

```
   7 |2
 – 6   3, 5
 ---
   1 0
 – 1 0
 -----
   0 0
```

17 ÷ 4 =

```
  1 7  |4
– 1 6   4, 25
-----
  0 1 0
–     8
-------
  0 0 2 0
    – 2 0
---------
  0 0  0 0
```

> Após dividir as unidades, colocamos a vírgula no quociente, para sinalizar que o próximo número ocupará a parte decimal. Acrescentamos um zero ao resto, desta forma o transformamos em décimos. Para seguir com a divisão até a ordem dos centésimos e milésimos, basta acrescentar um zero aos próximos restos.

Arrisque! Faça as operações em seu caderno de Matemática. Divida até encontrar décimos, centésimos ou milésimos.

a) 45 ÷ 12 =　　b) 81 ÷ 6 =　　c) 17 ÷ 4 =　　d) 58 ÷ 16 =

PORCENTAGEM

Porcentagem é uma fração com denominador **100**.

Observe:

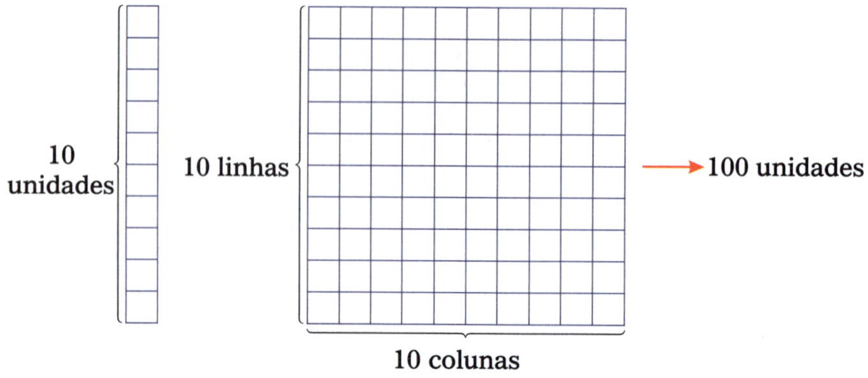

Por exemplo:

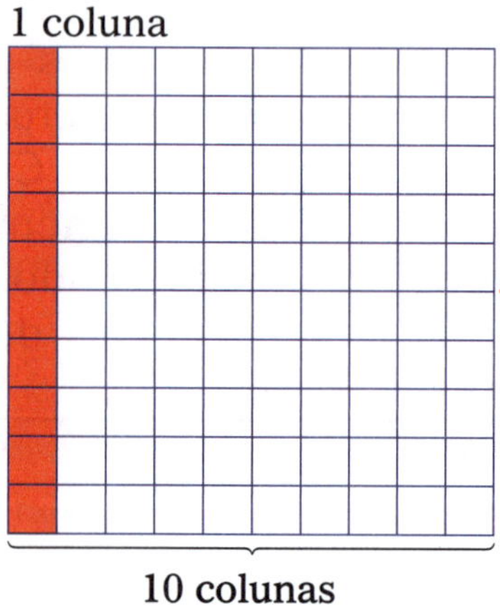

$\frac{10}{100} = 10\%$

Lê-se: 10 por cento

Note que, no exemplo ao lado

$10\% = \frac{10}{100} = \frac{\mathbf{1}}{\mathbf{10}}$ **(um décimo)**

Algumas porcentagens importantes e suas frações equivalentes

$50\% = \frac{50}{100} = \frac{5}{10} = \frac{\mathbf{1}}{\mathbf{2}}$

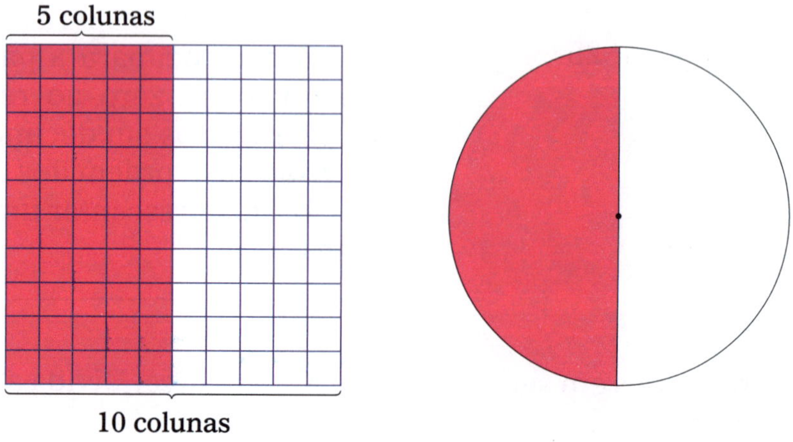

$$25\% = \frac{25}{100} = \mathbf{\frac{1}{4}}$$

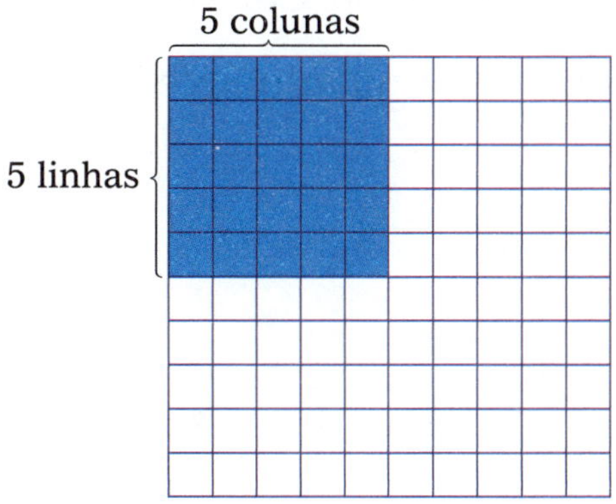

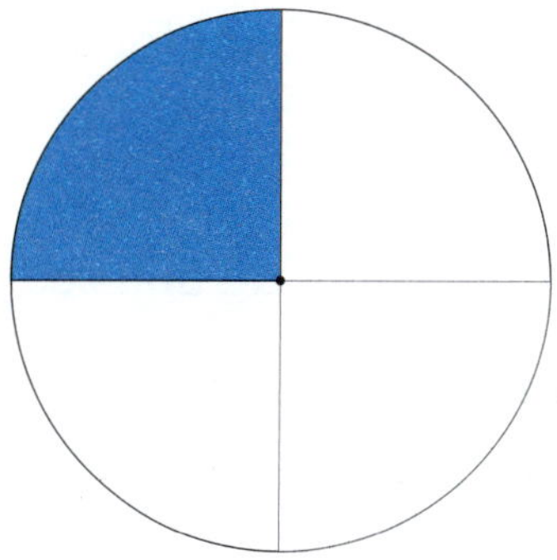

$$75\% = \frac{75}{100} = \mathbf{\frac{3}{4}}$$

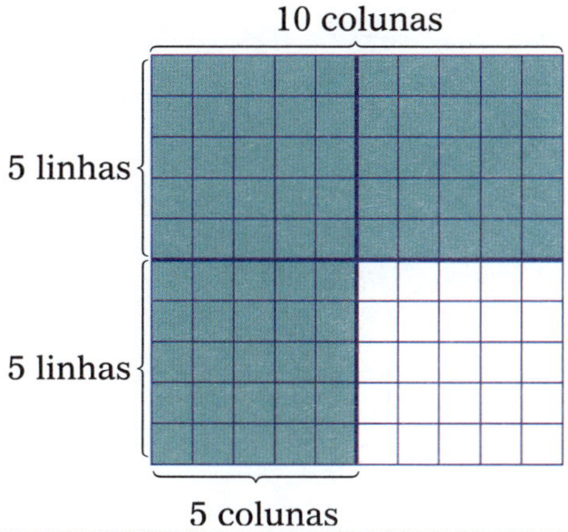

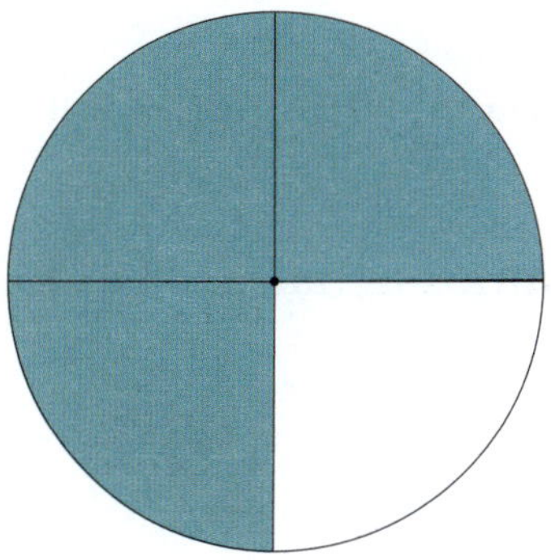

$$20\% = \frac{20}{100} = \frac{2}{10} = \mathbf{\frac{1}{5}}$$

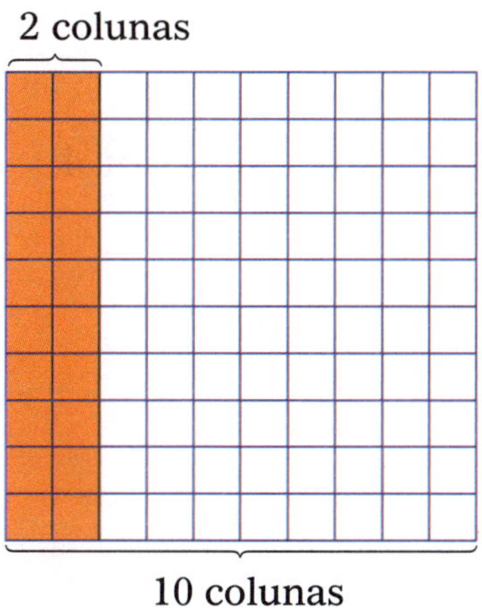

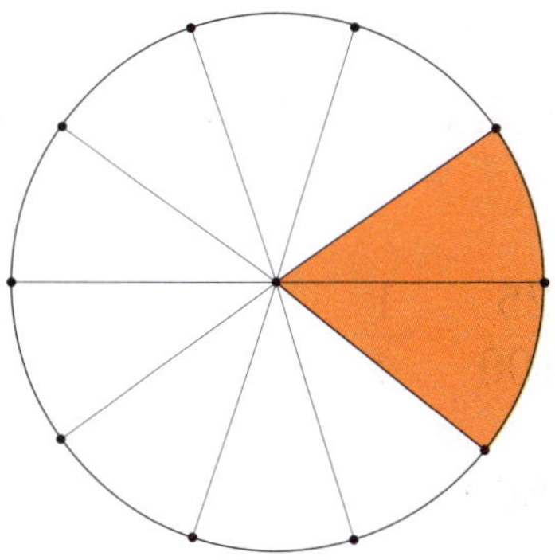

$$40\% = \frac{40}{100} = \frac{4}{10} = \mathbf{\frac{2}{5}}$$

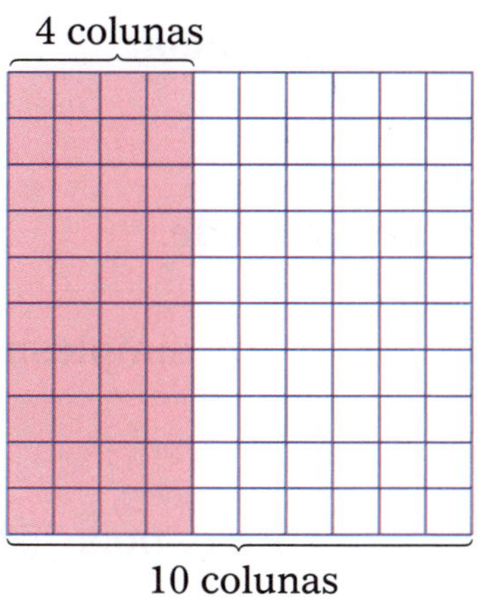

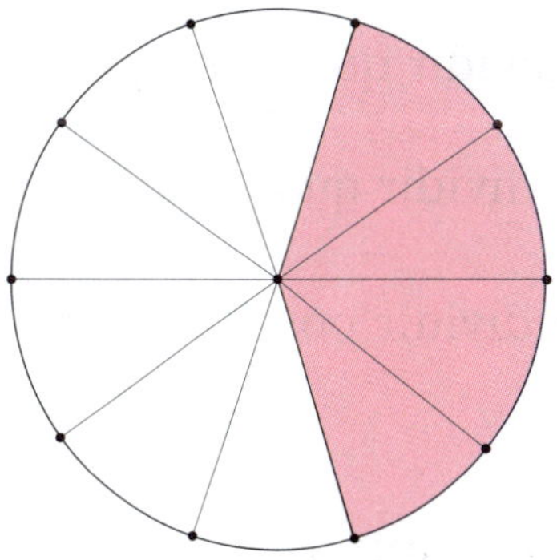

Usando estas figuras vamos resolver o problema:

"Soledade resolveu vender um vestido por R$ 500,00. Como não conseguia vender, resolveu dar 40% de desconto. Qual foi esse desconto? Por quanto Soledade vendeu o vestido?"

Resolução:

Vamos calcular 40% de 500 reais.

$$40\% = \frac{40}{100} = \frac{4}{10} = \mathbf{\frac{2}{5}}$$

Quantos reais são $\frac{2}{5}$ de R$ 500,00?

Calculamos $\frac{1}{5}$ de $500 = 500 \div 5 = 100.$

Agora, vamos achar $\frac{2}{5}$ de 500 rais.

$\frac{1}{5} \longrightarrow 100$

$\frac{2}{5} \longrightarrow 2 \times 100 = 200$ reais

Resposta: Soledade deu R$ 200,00 de desconto. Ela o vendeu por 500–200 = 300 reais.

Outro exemplo:

Para calcular 25% de 3600 reais, basta dividir 3600 por 4.

Observe:

$$25\% = \frac{25}{100} = \frac{1}{4}$$

$\frac{1}{4}$ de 3 600 = 3 600 : 4 = 900

Então, 25% de 3 600 = 900

Podemos fazer também outras relações. Para calcular:

✓ 1%, basta dividir qualquer quantidade por 100.

✓ 50%, basta dividir qualquer quantidade pela metade.

✓ 10%, basta dividir por 100 e multiplicar por 10, ou simplesmente dividir qualquer quantidade por 10.

✓ 75%, basta encontrar $\frac{1}{4}$ e depois multiplicar por 3, pois 75% é igual a $\frac{3}{4}$.

77 Agora calcule:

a) 50% de 400 = ________ b) 25% de 400 = ________ c) 10% de 400 = ________

d) 75% de 400 = ________ e) 1% de 400 = ________ f) 50% de 200 = ________

g) 25% de 200 = ________ h) 10% de 200 = ________ i) 75 % de 200 = ________

CÁLCULO MENTAL

ADIÇÃO E SUBTRAÇÃO

78 Complete as lacunas com as parcelas que faltam em cada uma das adições abaixo sabendo que o total é sempre 1 200.

a) 700 + [ ] = 1 200 b) 1 100 + [ ] = 1 200

c) 900 + [ ] = 1 200 d) 600 + [ ] = 1 200

e) 500 + [ ] = 1 200 f) 400 + [ ] = 1 200

g) 800 + [ ] = 1 200 h) 300 + [ ] = 1 200

i) 200 + [ ] = 1 200 j) 1 000 + [ ] = 1 200

79 Calcule rapidamente.

a) 300 + ______ = 1 000 600 + ______ = 1 000 400 + ______ = 1 000

b) 300 + ______ = 1 100 600 + ______ = 1 100 400 + ______ = 1 100

c) 300 + ______ = 1 400 600 + ______ = 1 400 400 + ______ = 1 400

d) 300 + ______ = 1 300 600 + ______ = 1 300 400 + ______ = 1 300

80 Complete as lacunas com as parcelas que faltam em cada uma das adições abaixo sabendo que o total é sempre 12 000.

a) 11 000 + [ ] = 12 000 b) 9 000 + [ ] = 12 000

c) 6 000 + [ ] = 12 000 d) 5 000 + [ ] = 12 000

e) 4 000 + [ ] = 12 000 f) 7 000 + [ ] = 12 000

g) 3 000 + [ ] = 12 000 h) 2 000 + [ ] = 12 000

i) 1 000 + [ ] = 12 000 j) 8 000 + [ ] = 12 000

81 Efetue as adições.

a) 2 468 + 3 072 =	b) 3 072 + 2 468 =

Agora, responda: Quando mudamos a ordem das parcelas, o resultado se alterou?

____

Em uma adição, a ordem das parcelas não altera a soma. Essa propriedade da adição chama-se propriedade comutativa.

82 Considerando os números 162, 112 e 68 e a propriedade comutativa, calcule a soma desses números de três maneiras diferentes.

83 Qual é a diferença?

a) 1 300 – 50 = _______ 1 100 – 4 = _______ 1 400 – 5 = _______

1 200 – 30 = _______ 1 300 – 4 = _______ 1 600 – 5 = _______

1 400 – 60 = _______ 1 200 – 5 = _______ 1 200 – 4 = _______

b) 1 300 – 7 = _______ 1 400 – 8 = _______ 1 300 – 9 = _______

1 200 – 9 = _______ 1 500 – 7 = _______ 1 600 – 8 = _______

1 100 – 8 = _______ 1 600 – 9 = _______ 1 100 – 7 = _______

c) 1 600 – 7 = _______ 1 700 – 7 = _______ 1 800 – 9 = _______

1 600 – 8 = _______ 1 700 – 8 = _______ 1 800 – 8 = _______

1 600 – 9 = _______ 1 700 – 9 = _______ 1 800 – 7 = _______

84 Resolva mentalmente as operações, usando a estratégia que você considera mais eficiente.

a) 14 + 15 = ________ b) 15 + 16 = ________ c) 16 + 17 = ________

d) 17 + 18 = ________ e) 25 + 15 = ________ f) 25 + 16 = ________

g) 25 + 17 = ________ h) 25 + 18 = ________ i) 17 + 17 = ________

j) 16 + 16 = ________ k) 18 + 18 = ________ l) 19 + 19 = ________

m) 4 561 – 3 561 = ________ n) 4 561 – 4 461 = ________

o) 4 561 – 4 401 = ________ p) 4 561 – 4 560 = ________

85 Resolva mentalmente os cálculos abaixo.

a) 20 + 80 + 50 + 50 = ________ b) 115 + 70 + 415 + 30 = ________

c) 270 + 60 + 130 + 60 = ________ d) 410 + 390 + 200 + 200 = ________

e) 330 + 270 = ________ f) 480 + 420 = ________

g) 830 + 170 = ________ h) 640 + 100 + 260 + 100 = ________

i) 500 + 450 + 250 + 550 = ________ j) 212 + 300 + 412 = ________

86 Observe as contas abaixo e coloque os resultados.

a) 1 + 9 = ________ 10 + 90 = ________ 100 + 900 = ________

b) 2 + 8 = ________ 20 + 80 = ________ 200 + 800 = ________

c) 3 + 7 = ________ 30 + 70 = ________ 300 + 700 = ________

d) 4 + 6 = ________ 40 + 60 = ________ 400 + 600 = ________

e) 5 + 5 = ________ 50 + 50 = ________ 500 + 500 = ________

f) 6 + 4 = ________ 60 + 40 = ________ 600 + 400 = ________

g) 7 + 3 = ________ 70 + 30 = ________ 700 + 300 = ________

h) 8 + 2 = ________ 80 + 20 = ________ 800 + 200 = ________

i) 9 + 1 = ________ 90 + 10 = ________ 900 + 100 = ________

j) 10 + 0 = ________ 100 + 0 = ________ 1 000 + 0 = ________

87 Complete as tabelas usando o cálculo mental:

+	2	5	7	8
100				
310				
401				
712				

+	20	50	70	80
100				
310				
401				
712				

88 Quanto falta para completar 1 000?

200	
800	
1 000	
500	
510	

300	
950	
550	
970	
770	

250	
450	
660	
780	
880	

89 Quanto falta para completar 10 000?

3 000	
9 500	
5 500	
9 700	
7 700	

2 200	
8 000	
1 000	
5 000	
5 100	

2 500	
4 500	
6 600	
7 800	
8 300	

90 Quanto falta para completar 5 000?

2 500	
1 000	
1 500	
500	
4 300	

3 000	
1 550	
4 550	
3 900	
2 800	

3 300	
4 100	
1 600	
2 300	
600	

91 Pinte o retângulo com a subtração cujo resultado está na última coluna da direita.

98 – 70	128 – 15	145 – 40	113
500 – 250	340 – 200	460 – 220	240
98 – 10	88 – 21	89 – 20	67
45 – 15	69 – 10	54 – 6	48
88 – 18	77 – 6	95 – 14	70
450 – 150	380 – 90	790 – 300	300

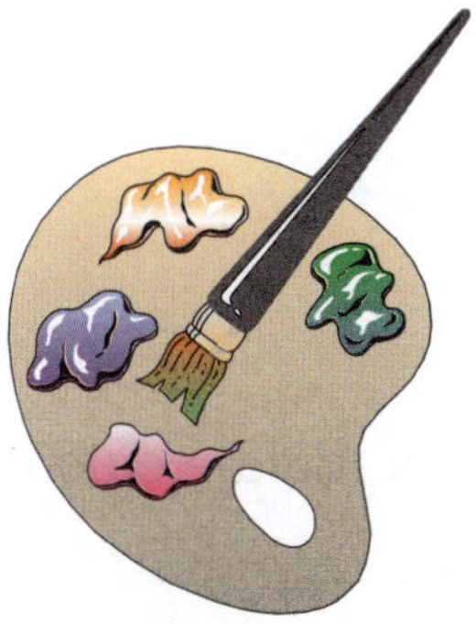

92 Complete:

a) 760 = 700 + ______ 250 = 200 + ______ 830 = 800 + ______

b) 430 = 400 + ______ 640 = 600 + ______ 340 = 300 + ______

c) 520 = 500 + ______ 990 = 900 + ______ 680 = 600 + ______

93 Calcule:

a) 10 – 8 = ______ b) 21 – 20 = ______ c) 9 – 8 = ______

d) 100 – 80 = ______ e) 210 – 200 = ______ f) 90 – 80 = ______

g) 1 000 – 800 = ______ h) 2 100 – 2 000 = ______ i) 900 – 800 = ______

j) 20 – 19 = ______ k) 15 – 14 = ______ l) 25 – 20 = ______

m) 200 – 190 = ______ n) 150 – 140 = ______ o) 250 – 200 = ______

p) 2 100 – 1 900 = ______ q) 2 500 – 1 400 = ______ r) 2 500 – 2 000 = ______

s) 1 250 – 250 = ______ t) 1 500 – 500 = ______ u) 1 500 – 50 = ______

v) 3 800 – 2 800 = ______ w) 15 000 – 5 000 = ______ x) 8 500 – 7 500 = ______

94 Resolva usando o cálculo mental.

a) 20 + 20 = ______ b) 30 + 30 = ______ c) 50 + 50 = ______

d) 25 + 25 = ______ e) 425 + 18 = ______ f) 785 + 18 = ______

g) 140 + 18 = ______ h) 236 + 18 = ______ i) 326 – 18 = ______

j) 169 – 18 = ______ k) 328 – 18 = ______ l) 123 – 18 = ______

m) 78 + 19 = ______ n) 469 + 19 = ______ o) 56 + 19 = ______

p) 156 + 19 = ______ q) 1 036 – 19 = ______ r) 65 – 19 = ______

s) 325 – 19 = ______ t) 28 – 19 = ______ u) 35 + 28 = ______

v) 145 + 28 = ______ w) 366 + 28 = ______ x) 516 + 28 = ______

95 Veja como podemos calcular 1 000 – 32:

> 1 000 – 30 = 970
> 970 – 2 = 968
> Então: 1 000 – 32 = 968

Use essa ideia e calcule:

a) 100 – 15 =

_____ – _____ = _____

_____ – _____ = _____

Então, _____ – _____ = _____

b) 250 – 26 =

_____ – _____ = _____

_____ – _____ = _____

Então, _____ – _____ = _____

c) 300 – 47 =

_____ – _____ = _____

_____ – _____ = _____

Então, _____ – _____ = _____

d) 500 – 56 =

_____ – _____ = _____

_____ – _____ = _____

Então, _____ – _____ = _____

96 Circule os números que, somados, formam centenas exatas, calcule mentalmente e escreva os resultados das operações.

a) 70 + 12 + 30 = _____

b) 160 + 40 + 7 = _____

c) 61 + 4 + 39 = _____

d) 111 + 6 + 89 = _____

e) 220 + 9 + 80 = _____

f) 250 + 8 + 50 = _____

97 Continue o mesmo processo, agora com o milhar:

a) 800 + 9 + 200 = _____

b) 500 + 63 + 500 = _____

c) 600 + 18 + 400 = _____

d) 100 + 900 + 24 = _____

e) 300 + 42 + 700 = _____

f) 250 + 17 + 750 = _____

98 Calcule mentalmente e escreva os resultados:

a) 1 200 + 300 + 1 800 = _____

b) 199 + 111 + 7 = _____

c) 246 + 16 + 4 = _____

d) 1 999 + 11 + 5 = _____

MULTIPLICAÇÃO E DIVISÃO

99 Escreva como os produtos podem ser obtidos a partir de dois fatores.

a) Produto 15 ➔ 1 × 15 ou 15 × 1 / 3 × 5 ou 5 × 3

b) Produto 7 ➔ ______

c) Produto 18 ➔ ______

d) Produto 20 ➔ ______

e) Produto 45 ➔ ______

f) Produto 64 ➔ ______

g) Produto 81 ➔ ______

h) Produto 56 ➔ ______

100 Calcule o resultado de cada divisão.

a) 1 800 ÷ 2 = ______

b) 2 000 ÷ 2 = ______

c) 100 ÷ 2 = ______

d) 1 200 ÷ 2 = ______

e) 1 600 ÷ 2 = ______

f) 40 ÷ 2 = ______

g) 80 ÷ 2 = ______

h) 1 400 ÷ 2 = ______

i) 60 ÷ 2 = ______

j) 20 ÷ 2 = ______

k) 70 ÷ 2 = ______

l) 300 ÷ 2 = ______

101 Calcule o resultado de cada divisão.

a) 300 ÷ 3 = ______

b) 90 ÷ 3 = ______

c) 270 ÷ 3 = ______

d) 1 800 ÷ 3 = ______

e) 600 ÷ 3 = ______

f) 1 200 ÷ 3 = ______

g) 240 ÷ 3 = ______

h) 180 ÷ 3 = ______

i) 210 ÷ 3 = ______

j) 1 500 ÷ 3 = ______

k) 2 100 ÷ 3= ______

l) 3 000 ÷ 3 = ______

102 Calcule o resultado de cada divisão.

a) 1 600 ÷ 4 = ______

b) 2 000 ÷ 4 = ______

c) 40 ÷ 4 = ______

d) 1 200 ÷ 4 = ______

e) 80 ÷ 4 = ______

f) 240 ÷ 4 = ______

g) 360 ÷ 4 = ______

h) 800 ÷ 4 = ______

i) 32 ÷ 4 = ______

103 Calcule o resultado de cada divisão.

a) 50 ÷ 5 = ______ b) 250 ÷ 5 = ______ c) 500 ÷ 5 = ______

d) 350 ÷ 5 = ______ e) 30 ÷ 5 = ______ f) 100 ÷ 5 = ______

g) 45 ÷ 5 = ______ h) 200 ÷ 5 = ______ i) 150 ÷ 5 = ______

j) 400 ÷ 5 = ______ k) 450 ÷ 5 = ______ l) 1 500 ÷ 5 = ______

104 Calcule o resultado de cada divisão.

a) 54 ÷ 6 = ______ b) 420 ÷ 6 = ______ c) 12 ÷ 6 = ______

d) 1 800 ÷ 6 = ______ e) 24 ÷ 6 = ______ f) 360 ÷ 6 = ______

g) 6 ÷ 6 = ______ h) 480 ÷ 6 = ______ i) 30 ÷ 6 = ______

j) 600 ÷ 6 = ______ k) 1 200 ÷ 6 = ______ l) 6 000 ÷ 6 = ______

105 Calcule o resultado de cada divisão.

a) 70 ÷ 7 = ______ b) 490 ÷ 7 = ______ c) 210 ÷ 7 = ______

d) 700 ÷ 7 = ______ e) 630 ÷ 7 = ______ f) 1 400 ÷ 7 = ______

g) 350 ÷ 7 = ______ h) 560 ÷ 7 = ______ i) 42 ÷ 7 = ______

j) 28 ÷ 7 = ______ k) 2 800 ÷ 7 = ______ l) 5 600 ÷ 7 = ______

106 Calcule o resultado de cada divisão.

a) 16 ÷ 8 = ______ b) 320 ÷ 8 = ______ c) 48 ÷ 8 = ______

d) 560 ÷ 8 = ______ e) 64 ÷ 8 = ______ f) 80 ÷ 8 = ______

g) 24 ÷ 8 = ______ h) 800 ÷ 8 = ______ i) 72 ÷ 8 = ______

j) 400 ÷ 8 = ______ k) 2 400 ÷ 8 = ______ l) 4 000 ÷ 8 = ______

107 Calcule o resultado de cada divisão.

a) 27 ÷ 9 = ______ b) 810 ÷ 9 = ______ c) 63 ÷ 9 = ______

d) 1 800 ÷ 9 = ______ e) 45 ÷ 9 = ______ f) 720 ÷ 9 = ______

g) 90 ÷ 9 = ______ h) 360 ÷ 9 = ______ i) 9 ÷ 9 = ______

j) 540 ÷ 9 = ______ k) 6 300 ÷ 9 = ______ l) 9 000 ÷ 9 = ______

108 Calcule o resultado de cada divisão.

a) 3 000 ÷ 5 = ______ b) 2 500 ÷ 5 = ______ c) 4 000 ÷ 5 = ______

d) 5 500 ÷ 5 = ______ e) 4 500 ÷ 5 = ______ f) 6 500 ÷ 5 = ______

g) 3 500 ÷ 5 = ______ h) 7 000 ÷ 5 = ______ i) 5 000 ÷ 5 = ______

109 Dê o resultado das tabuadas:

a) 6 × 4 = ______ b) 4 × 8 = ______ c) 4 × 9 = ______ d) 5 × 8 = ______

e) 3 × 6 = ______ f) 4 × 4 = ______ g) 2 × 9 = ______ h) 6 × 6 = ______

i) 3 × 8 = ______ j) 3 × 7 = ______ k) 7 × 2 = ______ l) 6 × 7 = ______

m) 6 × 5 = ______ n) 2 × 2 = ______ o) 7 × 7 = ______ p) 8 × 6 = ______

q) 9 × 9 = ______ r) 8 × 9 = ______ s) 9 × 3 = ______ t) 7 × 5 = ______

110 Calcule o resultado de cada divisão pensando na multiplicação.

a) **40 ÷ 8 = 5 , pois 5 × 8 = 40**

b) 28 ÷ 7 = ______, pois ______ × 7 = 28

c) 60 ÷ 10 = ______, pois ______ × 10 = 60

d) 49 ÷ 7 = ______, pois ______ × 7 = 49

e) 64 ÷ 8 = ______, pois ______ × 8 = 64

f) 18 ÷ 6 = ______, pois ______ × 6 = 18

g) 32 ÷ 4 = ______, pois ______ × 4 = 32

h) 63 ÷ 9 = ______, pois ______ × 9 = 63

111 Resolva as multiplicações e divisões.

a) 4 × 3 = ______ b) 54 ÷ 6 = ______ c) 8 × 2 = ______ d) 72 ÷ 8 = ______

e) 4 × 5 = ______ f) 81 ÷ 9 = ______ g) 7 × 6 = ______ h) 24 ÷ 8 = ______

i) 3 × 7 = ______ j) 25 ÷ 5 = ______ k) 5 × 8 = ______ l) 36 ÷ 4 = ______

112 Pinte o quadradinho com a resposta correta.

a) $72 \div 9 =$ [8] [7] [9] [6]

b) $56 \div 7 =$ [8] [7] [9] [6]

c) $54 \div 6 =$ [8] [7] [9] [6]

d) $42 \div 6 =$ [8] [7] [9] [6]

113 Calcule o resultado de cada multiplicação e preencha os espaços da divisão. Veja o exemplo.

> **$10 \times 8 = 80$**
> **Então...**
> **$80 \div 10 = 8$**
> **$80 \div 8 = 10$**

a)
$7 \times 8 =$ ______
______ $\div 7 =$ ______
______ $\div 8 =$ ______

b)
$8 \times 6 =$ ______
______ $\div 8 =$ ______
______ $\div 6 =$ ______

c)
$4 \times 7 =$ ______
______ $\div 4 =$ ______
______ $\div 7 =$ ______

d)
$10 \times 6 =$ ______
______ $\div 10 =$ ______
______ $\div 6 =$ ______

e)
$6 \times 9 =$ ______
______ $\div 6 =$ ______
______ $\div 9 =$ ______

f)
$5 \times 8 =$ ______
______ $\div 5 =$ ______
______ $\div 8 =$ ______

g)
$7 \times 6 =$ ______
______ $\div 7 =$ ______
______ $\div 6 =$ ______

h)
$4 \times 9 =$ ______
______ $\div 4 =$ ______
______ $\div 9 =$ ______

114 Calcule o resultado.

a) $40 \div 4 =$ ☐ → $400 \div 4 =$ ☐

b) $28 \div 4 =$ ☐ → $280 \div 4 =$ ☐

c) $20 \div 4 =$ ☐ → $200 \div 4 =$ ☐

d) $12 \div 4 =$ ☐ → $120 \div 4 =$ ☐

e) $32 \div 4 =$ ☐ → $320 \div 4 =$ ☐

f) $24 \div 4 =$ ☐ → $240 \div 4 =$ ☐

115 Resolva as divisões.

a) $800 \div 4 =$ ______ b) $600 \div 2 =$ ______ c) $300 \div 10 =$ ______

d) $900 \div 3 =$ ______ e) $700 \div 7 =$ ______ f) $500 \div 5 =$ ______

116 Complete as lacunas.

a) $80 \times 3 +$ ______ $= 280$ b) $40 \times 3 +$ ______ $= 190$ c) $60 \times 4 +$ ______ $= 300$

d) $90 \times 2 +$ ______ $= 280$ e) $30 \times 5 +$ ______ $= 170$ f) $70 \times 6 +$ ______ $= 450$

g) $60 \times 9 +$ ______ $= 600$ h) $30 \times 8 +$ ______ $= 280$ i) $50 \times 5 +$ ______ $= 290$

117 Calcule o resultado.

a) $70 \div 7 =$ ☐ → $700 \div 7 =$ ☐

b) $42 \div 7 =$ ☐ → $420 \div 7 =$ ☐

c) $35 \div 7 =$ ☐ → $350 \div 7 =$ ☐

d) $28 \div 7 =$ ☐ → $280 \div 7 =$ ☐

e) $49 \div 7 =$ ☐ → $490 \div 7 =$ ☐

f) $63 \div 7 =$ ☐ → $630 \div 7 =$ ☐

118 Pinte o quadradinho com a resposta correta.

a) $32 \div 8 =$ [4] [7] [8] [6] b) $40 \div 5 =$ [6] [8] [7] [9]

c) $81 \div 9 =$ [8] [6] [5] [9] d) $48 \div 6 =$ [5] [7] [8] [6]

119 Resolva:

a) 1 500 → ÷ 1 → ☐ → x 2 → ☐ → + 5 → ☐ → ÷ 5 → ☐

b) 200 → ÷ 2 → ☐ → – 50 → ☐ → x 3 → ☐ → + 25 → ☐

c) 300 → + 100 → ☐ → ÷ 2 → ☐ → x 4 → ☐ → ÷ 8 → ☐

d) 500 → ÷ 2 → ☐ → ÷ 10 → ☐ → ÷ 5 → ☐ → x 8 → ☐

e) 60 → x 60 → ☐ → – 1 200 → ☐ → ÷ 10 → ☐ → ÷ 6 → ☐

f) 80 → ÷ 2 → ☐ → + 20 → ☐ → – 30 → ☐ → x 3 → ☐

g) 280 → – 50 → ☐ → + 70 → ☐ → – 80 → ☐ → + 40 → ☐

h) 350 → ÷ 5 → ☐ → – 30 → ☐ → ÷ 2 → ☐ → x 8 → ☐

120 Pinte a multiplicação que corresponde ao resultado da 1ª coluna:

a)	32 =	6 × 4	4 × 8	8 × 5	7 × 3	9 × 3
b)	45 =	9 × 5	8 × 5	7 × 5	6 × 5	8 × 6
c)	64 =	8 × 7	6 × 7	9 × 6	8 × 8	9 × 9
d)	49 =	6 × 7	8 × 8	7 × 8	9 × 6	7 × 7
e)	72 =	9 × 8	9 × 6	7 × 9	8 × 7	9 × 9
f)	16 =	7 × 3	3 × 6	8 × 2	6 × 4	8 × 3
g)	54 =	7 × 9	9 × 6	7 × 7	9 × 8	5 × 11
h)	36 =	6 × 7	5 × 6	8 × 4	6 × 6	3 × 9
i)	40 =	8 × 5	7 × 5	6 × 5	9 × 5	5 × 7
j)	81=	8 × 8	9 × 9	8 × 9	6 × 9	9 × 7
k)	28 =	8 × 4	4 × 9	7 × 4	3 × 7	3 × 8
l)	21 =	3 × 7	7 × 4	8 × 3	9 × 2	4 × 8
m)	24 =	4 × 7	5 × 5	3 × 9	6 × 4	8 × 4
n)	14 =	8 × 2	2 × 7	6 × 3	9 × 2	5 × 3
o)	63 =	8 × 8	9 × 6	7 × 8	9 × 8	7 × 9

121 Complete a tabela efetuando as operações indicadas.

a) x 2, x 10 (x 20)

1			4
	4		
	40	60	

b) x 3, x 10 (x 30)

1		6	
	15		21
30			

c) x 4, x 10 (x 40)

3		5	
	16		32

MULTIPLICAÇÃO E DIVISÃO DE NÚMEROS INTEIROS POR 10, 100 E 1 000

Ao multiplicar um número inteiro por 10, 100 ou 1 000 há um acréscimo de ordens. Sendo assim, repetimos o número inteiro e acrescentamos a quantidade de zeros que há no número pelo qual se está multiplicando.

Exemplos:

$64 \times 10 = 640$ $\quad$ $64 \times 100 = 6\,400$ $\quad$ $64 \times 1\,000 = 64\,000$

Ao dividir um número inteiro terminado em zero(s) por 10, 100 ou 1 000 há uma redução de ordens. Sendo assim, retiramos um zero do dividendo para cada zero do divisor.

Exemplos:

$50\,000 \div 1\,000 = 50$ $\quad$ $50\,000 \div 100 = 500$ $\quad$ $50\,000 \div 10 = 5\,000$

122 Agora é com você!

80 000 ÷ 1 000 = ______ 80 000 ÷ 100 = ______ 80 000 ÷ 10 = ______	195 000 ÷ 1 000 = ______ 195 000 ÷ 100 = ______ 195 000 ÷ 10 = ______
4 × 10 = ______ 4 × 100 = ______ 4 × 1 000 = ______	102 × 10 = ______ 102 × 100 = ______ 102 × 1 000 = ______

Atenção! Podemos usar essa regularidade nas demais multiplicações e divisões em que apareçam números com zero(s).

Veja:

30 × 30 = 900 800 ÷ 20 = 40 50 × 500 = 25 000 700 ÷ 100 = 7

123 Calcule mentalmente.

a) **8** → x 10 = ______ → x 100 = ______ → x 1 000 = ______

b) **9** → x 10 = ______ → x 100 = ______ → x 1 000 = ______

c) **23** → x 10 = ______ → x 100 = ______ → x 1 000 = ______

d) **76** → x 10 = ______ → x 100 = ______ → x 1 000 = ______

e) **11** → x 10 = ______ → x 100 = ______ → x 1 000 = ______

f) **42** → x 10 = ______ → x 100 = ______ → x 1 000 = ______

g) **34** → x 10 = ______ → x 100 = ______ → x 1 000 = ______

h) **99** → x 10 = ______ → x 100 = ______ → x 1 000 = ______

124 Calcule o resultado de cada divisão.

a) 30 ÷ 10 = ______	b) 50 ÷ 10 = ______	c) 100 ÷ 10 = ______
d) 70 ÷ 10 = ______	e) 80 ÷ 10 = ______	f) 60 ÷ 10 = ______
g) 90 ÷ 10 = ______	h) 20 ÷ 10 = ______	i) 10 ÷ 10 = ______

125 Calcule mentalmente.

a) 12 × 10 = ______	12 × 100 = ______	12 × 1 000 = ______
b) 45 × 10 = ______	45 × 100 = ______	45 × 1 000 = ______
c) 60 × 10 = ______	60 × 100 = ______	60 × 1 000 = ______
d) 206 × 10 = ______	206 × 100 = ______	206 × 1 000 = ______
e) 210 × 20 = ______	210 × 200 = ______	210 × 2 000 = ______
f) 1 004 × 30 = ______	1 004 × 300 = ______	1 004 × 3 000 = ______

126 Siga as setas e complete com os valores que estão faltando:

a)

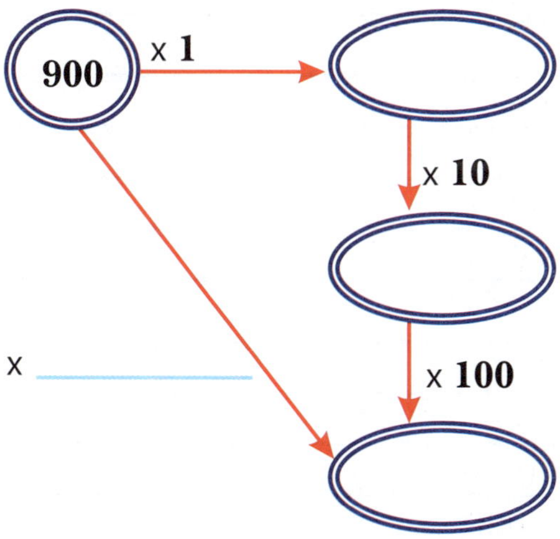

b)

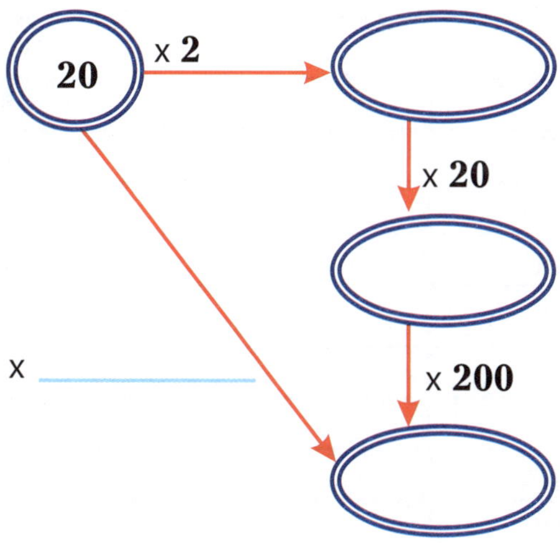

c)

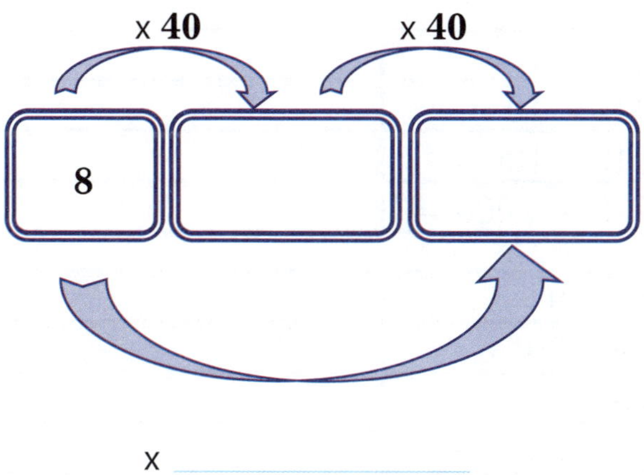

d)

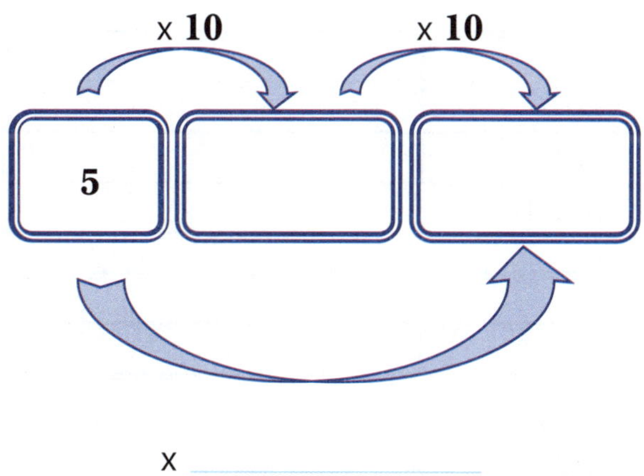

127 Complete as tabelas da divisão e da multiplicação com os resultados.

÷	10	100	40	20
20 000				
16 000				
400				
2 400				
8 000				

×	20	100	50	300
42				
300				
20				
500				

128 Calcule:

a)

6 × 4 =	
6 × 40 =	
6 × 400 =	
6 × 4 000 =	

b)

7 × 9 =	
7 × 90 =	
7 × 900 =	
7 × 9 000 =	

c)

8 × 6 =	
8 × 60 =	
8 × 600 =	
8 × 6 000 =	

d)

4 × 8 =	
4 × 80 =	
4 × 800 =	
4 × 8 000 =	

e)

9 × 4 =	
9 × 40 =	
9 × 400 =	
9 × 4 000 =	

f)

7 × 5 =	
7 × 50 =	
7 × 500 =	
7 × 5 000 =	

g)

3 × 8 =	
3 × 80 =	
3 × 800 =	
3 × 8 000 =	

h)

12 × 1 =	
12 × 10 =	
12 × 100 =	
12 × 1 000 =	

i)

6 × 7 =	
6 × 70 =	
6 × 700 =	
6 × 7 000 =	

j)

9 × 9 =	
9 × 90 =	
9 × 900 =	
9 × 9 000 =	

O que você observou nos resultados de cada grupo de multiplicação?

____

____

____

129 Resolva:

a) [1 200] —+ 200→ [ ] —÷ 70→ [ ] —x 50→ [ ] —– 40→ [ ]

b) [30] —x 90→ [ ] —÷ 100→ [ ] —x 4→ [ ] —– 60→ [ ]

c) [5 000] —– 100→ [ ] —÷ 70→ [ ] —x 50→ [ ] —+ 700→ [ ]

d) [1 800] —÷ 30→ [ ] —x 90→ [ ] —– 500→ [ ] —÷ 2→ [ ]

e) [1 200] —÷ 2→ [ ] —+ 3→ [ ] —÷ 9→ [ ] —+ 4→ [ ]

f) [400] —÷ 4→ [ ] —– 60→ [ ] —x 2→ [ ] —x 5→ [ ]

130 Complete a tabela.

	NÚMERO	DOBRO (× 2)	TRIPLO (× 3)
a)	3 700		
b)	2 400		
c)	4 200		
d)	5 800		
e)	6 100		

131 Complete.

a)

______ × 80 = 800

______ × 40 = 800

______ × 400 = 800

______ × 100 = 800

b)

700 ÷ 7 = ______

700 ÷ 10 = ______

700 ÷ 100 = ______

700 ÷ 70 = ______

c)

______ × 90 = 900

______ × 9 = 900

______ × 100 = 900

______ × 300 = 900

d)

200 ÷ 50 = ______

200 ÷ 10 = ______

200 ÷ 20 = ______

200 ÷ 40 = ______

e)

______ × 3 = 300

______ × 30 = 300

______ × 100 = 300

______ × 60 = 300

f)

100 ÷ 2 = ______

100 ÷ 10 = ______

100 ÷ 5 = ______

100 ÷ 100 = ______

132 Siga o exemplo e calcule:

a)

21 = 3 × 7

210 = 3 × 70

2 100 = 3 × 700

21 000 = 3 × 7 000

b)

32 = 4 × ______

320 = 4 × ______

3 200 = 4 × ______

32 000 = 4 × ______

c)

42 = 7 × ______

420 = 7 × ______

4 200 = 7 × ______

42 000 = 7 × ______

d)

63 = 9 × ______

630 = 9 × ______

6 300 = 9 × ______

63 000 = 9 × ______

e)

56 = 7 × ______

560 = 7 × ______

5 600 = 7 × ______

56 000 = 7 × ______

f)

48 = 6 × ______

480 = 6 × ______

4 800 = 6 × ______

48 000 = 6 × ______

g)

$64 = 8 \times$ ______

$640 = 8 \times$ ______

$6\,400 = 8 \times$ ______

$64\,000 = 8 \times$ ______

h)

$72 = 9 \times$ ______

$720 = 9 \times$ ______

$7\,200 = 9 \times$ ______

$72\,000 = 9 \times$ ______

133 Complete a tabela efetuando as operações indicadas.

a) x **6**, x **10** (à esquerda); x **60** (à direita)

1			**4**
	18	**30**	
		300	

b) x **7**, x **10** (à esquerda); x **70** (à direita)

2		**5**	
			21
	70		

c) x **8**, x **10** (à esquerda); x **80** (à direita)

3			
	40		
		720	**560**

LOCALIZAÇÃO DE PONTOS - PLANO CARTESIANO

Um plano cartesiano é formado por **duas retas numeradas** (eixos formando um **ângulo reto)**, como na figura seguinte.

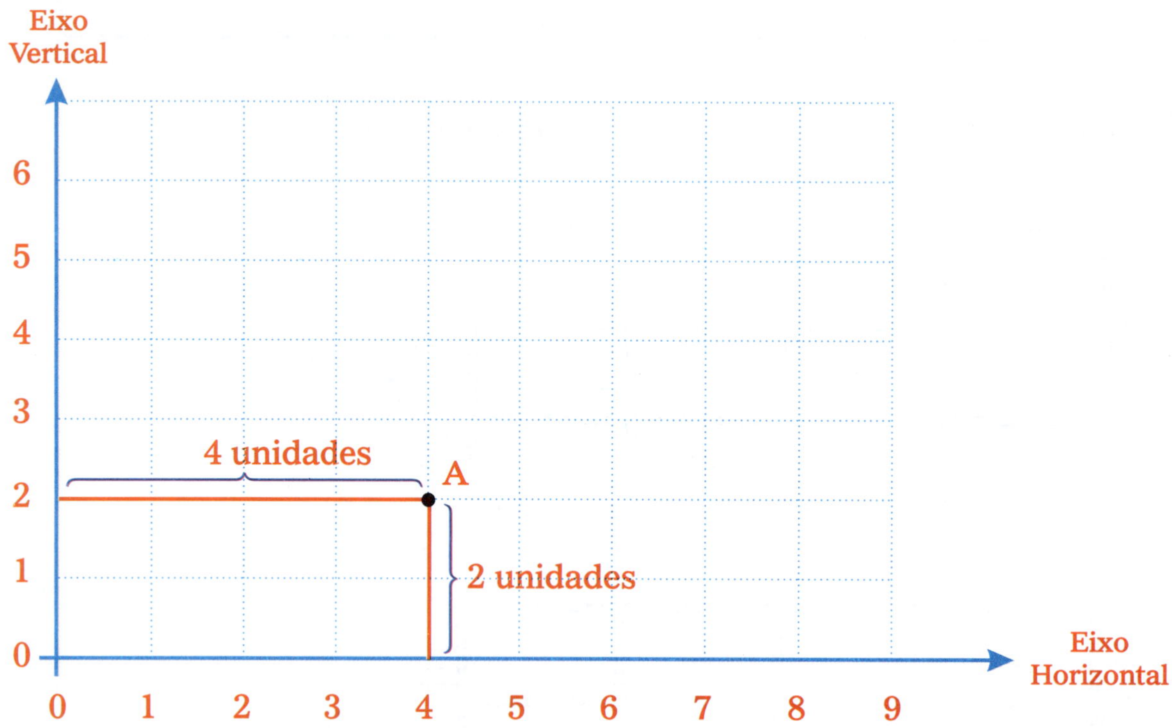

SISTEMA DE COORDENADAS CARTESIANAS

Observe o **ponto A** da figura.

A distância do ponto A até o Eixo Vertical é **4**.

A distância do ponto A até o Eixo Horizontal é **2**.

Esses dois números, **nessa ordem**, formam o **par ordenado (4 ; 2)**. Escrevemos **A = (4, 2)**.

Esse par ordenado representa as **coordenadas do ponto A**. É uma maneira de localizar o ponto A.

Agora, para treinar, localize, na figura acima, os pontos

B = (3, 5)

C = (1, 1)

D = (2, 4)

E = (4, 6)

Lembre-se:

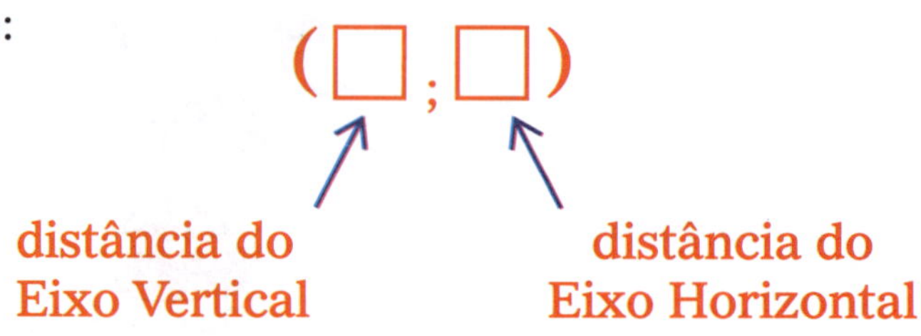

Observação: As **coordenadas de um ponto** são também chamadas de **coordenadas cartesianas ortogonais** de um ponto.

Cartesianas pois foram criadas pelo filósofo e matemático francês **René Descartes** (1596-1650).

Ortogonais porque na nossa figura os dois eixos formam um **ângulo reto** (são perpendiculares).

134 Olhando a figura abaixo, localize os animais desenhados, através de suas coordenadas.

a) Cachorro: __________ b) Gato: __________ c) Porco: __________

d) Galinha: __________ e) Boi: __________ f) Passarinho: __________

g) Borboleta: __________ h) Formiga: __________ i) Coelho: __________

135 São dados, abaixo, os pontos A, B, C, . . ., J através de suas coordenadas. Localize na figura cada um desses pontos. Como exemplo, o **ponto A** já está localizado. Veja.

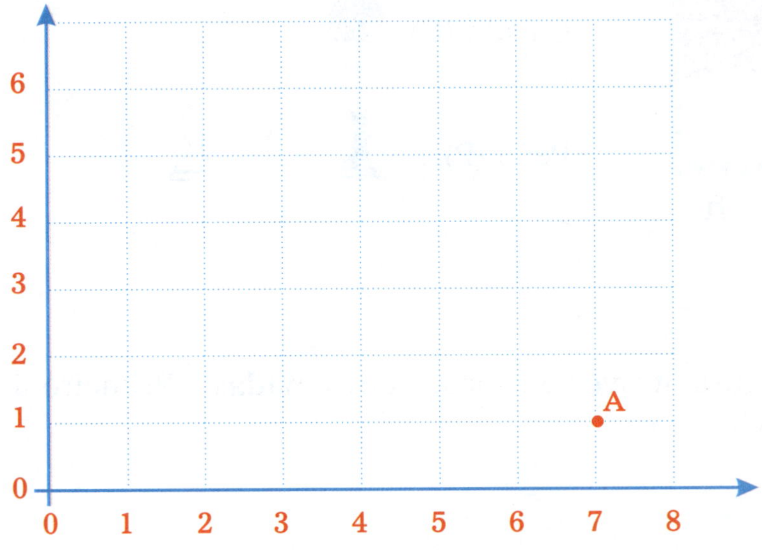

A = (7, 1) B = (2, 3)

C = (4, 5) D = (1, 2)

E = (3, 0) F = (0, 4)

G = (5, 4) H = (8, 6)

I = (1, 0) J = (0, 3)

136 Na tabela abaixo, localize cada objeto usando a **letra da coluna** e, em seguida, o **número da linha**.

Veja o exemplo: **óculos** ⟶ **D3**

	A	B	C	D	E
1					
2					
3					
4					

a) skate ⟶ ______________

b) bola ⟶ ______________

c) livro ⟶ ______________

d) guarda-chuva ⟶ ______________

e) carrinho ⟶ ______________

137 Vamos conhecer um pouco sobre o **Jogo de Xadrez**.

Tabuleiro

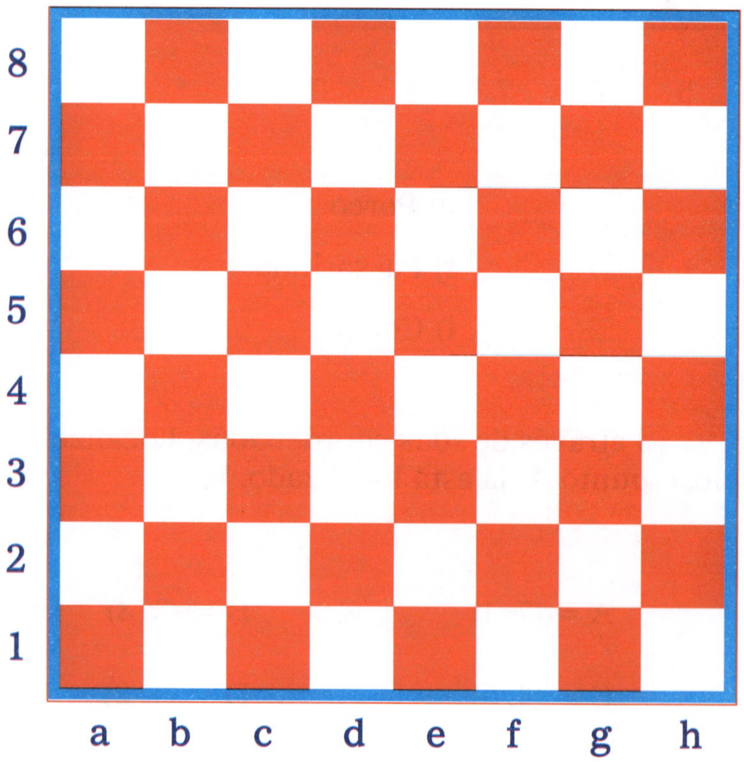

Peças

Rei (R)	
Dama (D)	
Bispo (B)	
Torre (T)	
Cavalo (C)	
Peão (P)	

Agora, dê a localização das peças da figura através de suas **"coordenadas"**. Primeiro a **letra da coluna** e depois o **número da linha**.

Veja o exemplo: **Bispo preto ⟶ c3**

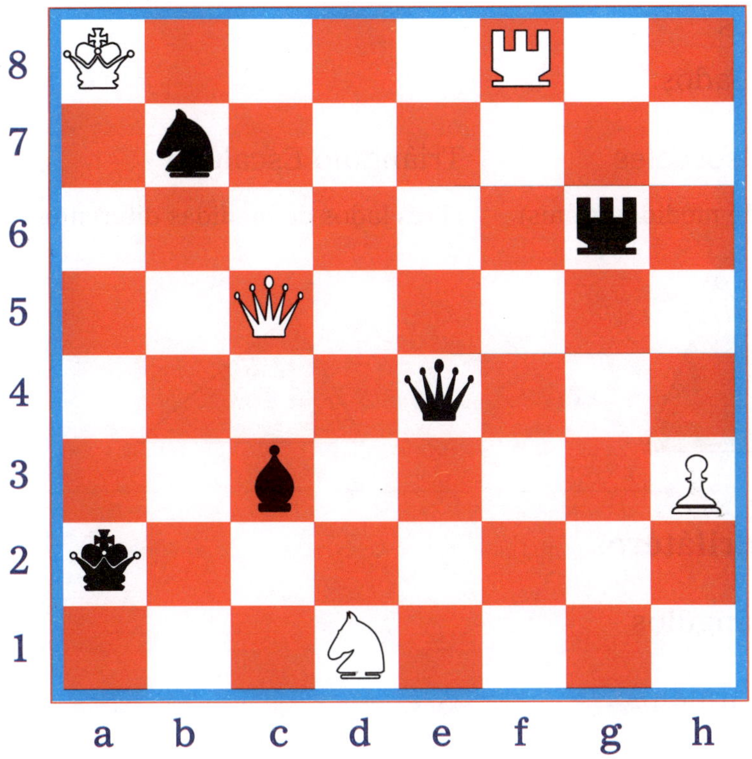

a)  ⟶ ____________

b)  ⟶ ____________

c)  ⟶ ____________

d)  ⟶ ____________

e) 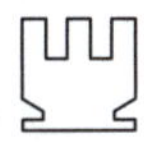 ⟶ ____________

f)  ⟶ ____________

g)  ⟶ ____________

h)  ⟶ ____________

i)  ⟶ ____________

FIGURAS GEOMÉTRICAS PLANAS

Figuras geométricas planas: são as figuras formadas por pontos que estão todos em um mesmo plano. Elas são bidimensionais.

1) Polígonos

Polígonos são figuras geométricas planas, fechadas, formadas por lados que, por sua vez, são segmentos de reta e não se cruzam em nenhum ponto, exceto na extremidade.

A palavra "polígono" significa "muitos ângulos". O nome de um polígono é dado de acordo com o número de seus ângulos internos ou com o número de seus lados.

Num polígono qualquer, o ponto de encontro entre dois lados é chamado vértice.

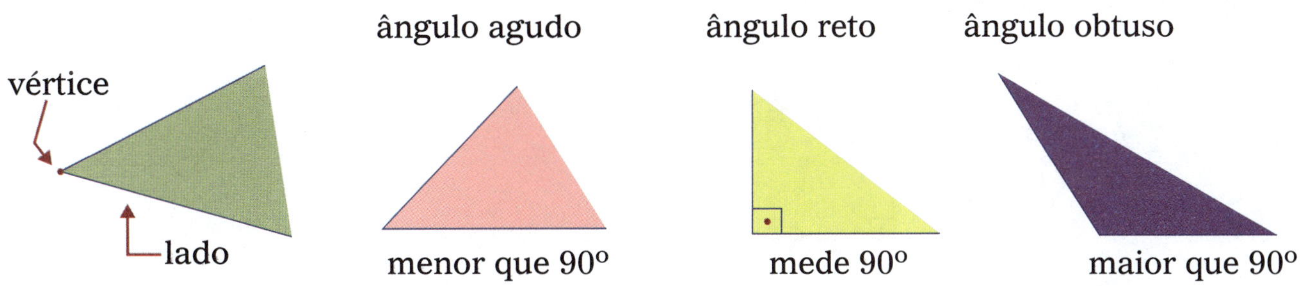

Triângulos

- Formados por três lados e três ângulos
- Classificação quanto às medidas dos lados.

Triângulo Equilátero

(Três lados de medidas iguais)

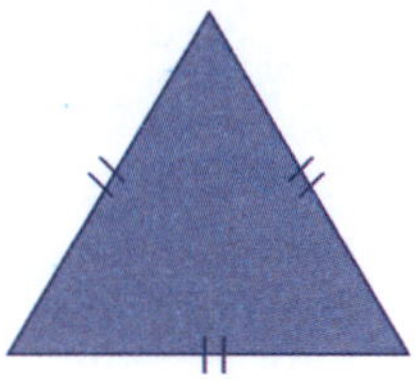

Triângulo Isósceles

(Dois lados de medidas iguais)

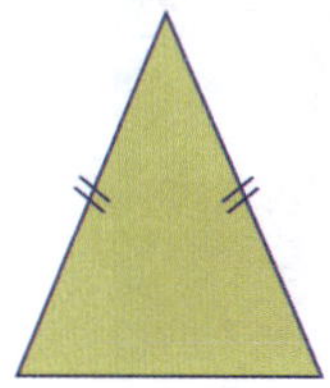

Triângulo Escaleno

(Três lados de medidas diferentes)

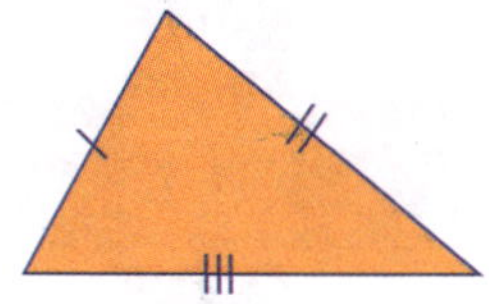

Quadriláteros

- Formados por quatro lados e quatro ângulos

Trapézio: Tem apenas um par de lados paralelos .

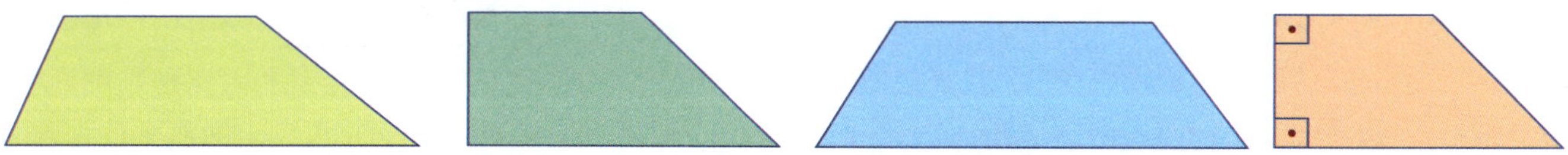

Paralelogramo: Tem dois pares de lados paralelos. Os lados opostos são paralelos e têm medidas iguais.

Retângulo: Tem todos os ângulos retos.

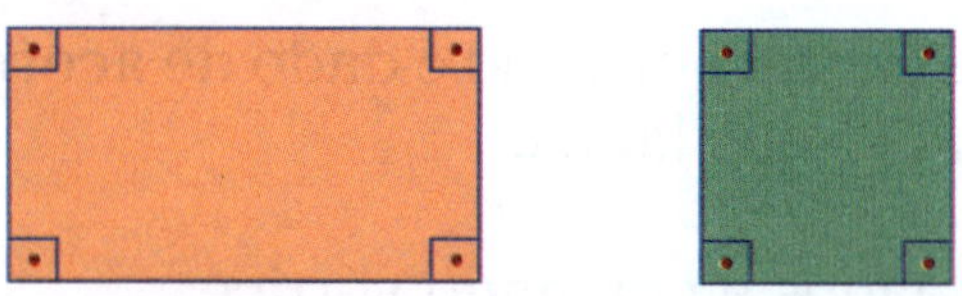

Losango: Tem lados de medidas iguais.

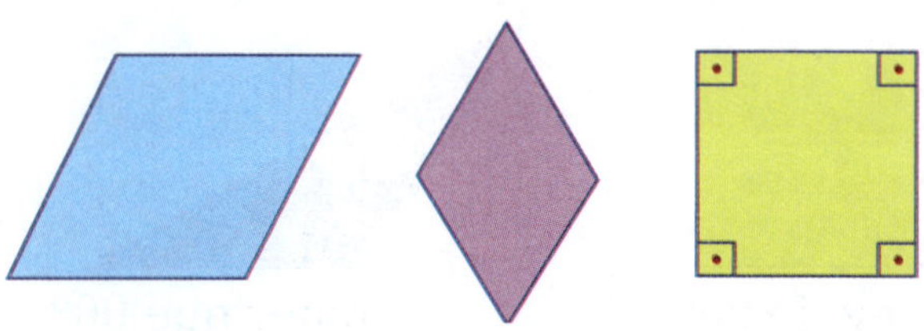

Quadrado: Tem todos os ângulos retos e lados de medidas iguais, por isso também faz parte do grupo dos retângulos e dos losangos.

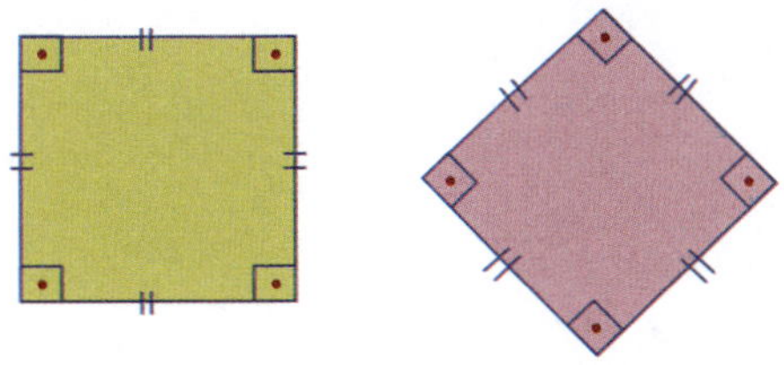

Outros polígonos

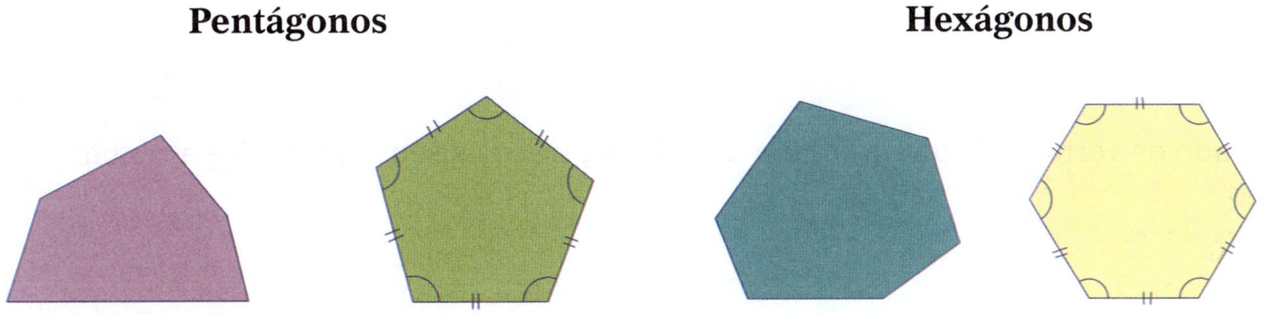

2) **Circunferência e círculo**

Circunferência é o conjunto dos pontos que estão a uma mesma distância (raio) de um ponto dado (centro).

Círculo é o conjunto dos pontos que estão na circunferência ou no interior dela.

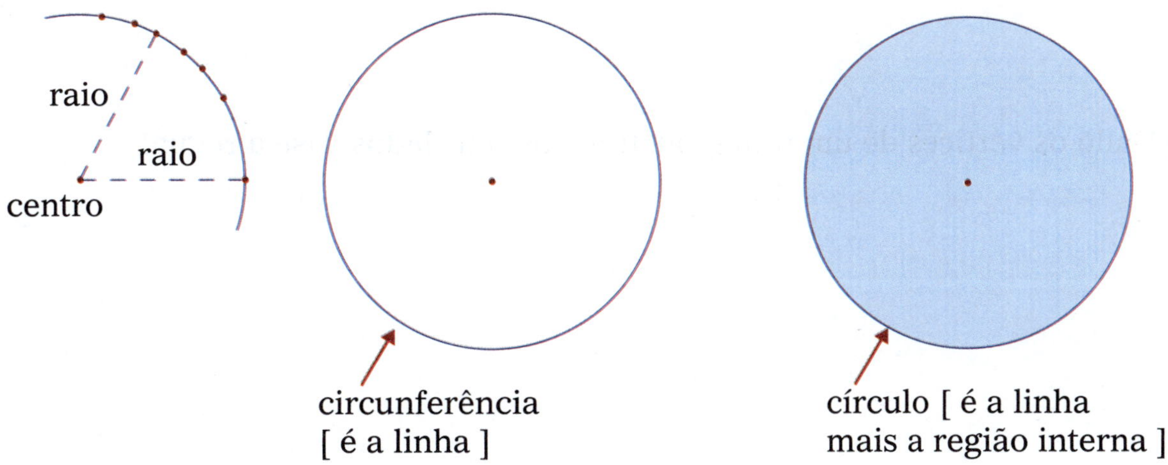

138 Dado um lado e o vértice, complete o desenho dos triângulos. Use a régua!

a)

b)

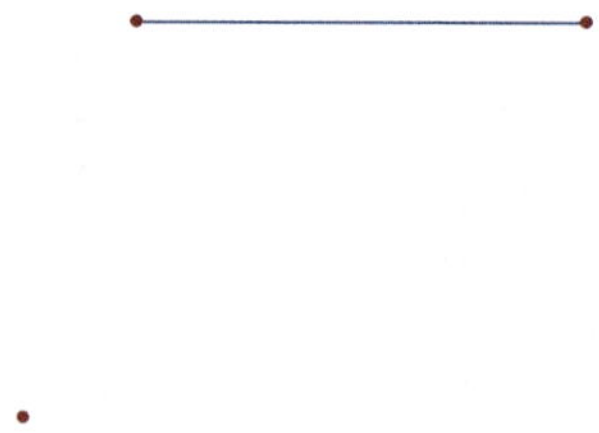

c)

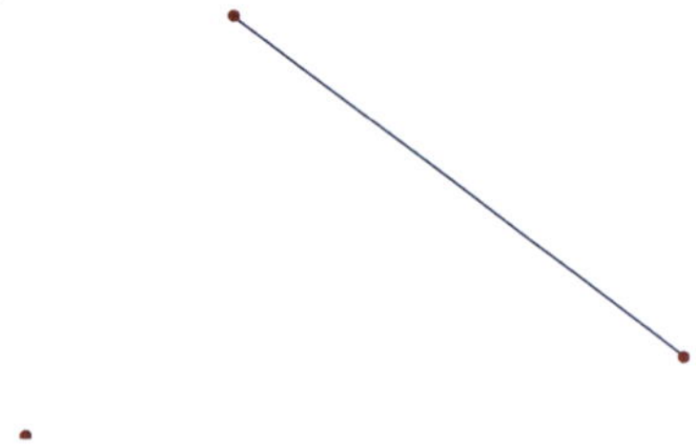

d)

e)

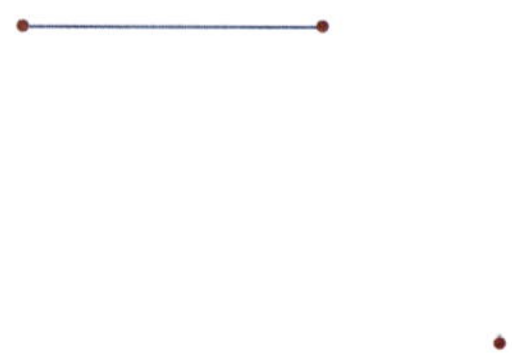

f)

139 Dado os vértices de um triângulo equilátero, trace os seus lados. Use a régua!

a)

b)

c)

140 Dado os vértices de um triângulo isósceles, trace os seus lados. Use a régua!

a)

b)

c)

141 Dado os vértices de um triângulo, trace os seus lados. Use a régua!

a)

b)

c)

142 Considerando os triângulos dados, pinte o que se pede nos casos:

a) os triângulos equiláteros.

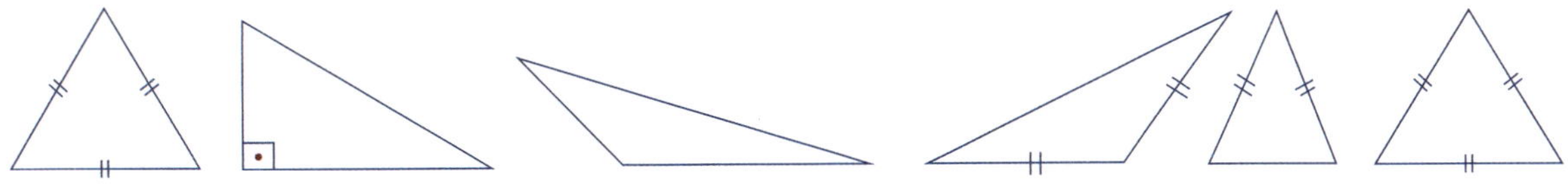

b) os triângulos isósceles.

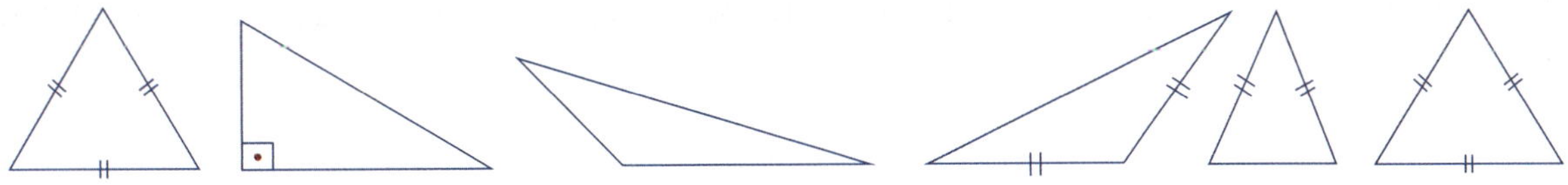

c) os triângulos escalenos.

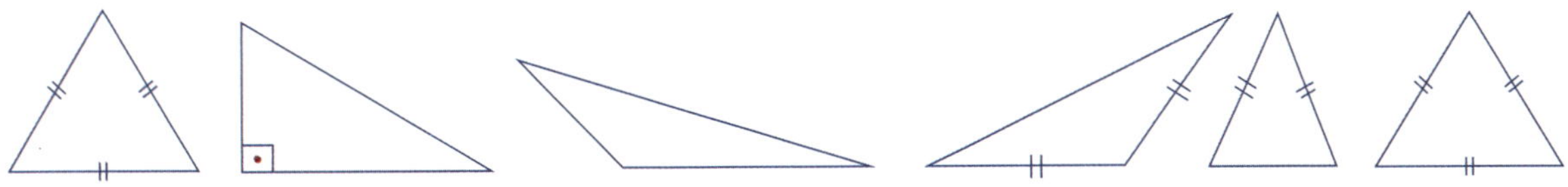

143 Dados dois lados opostos de um quadrilátero, complete os seus desenhos. Use régua!

a)

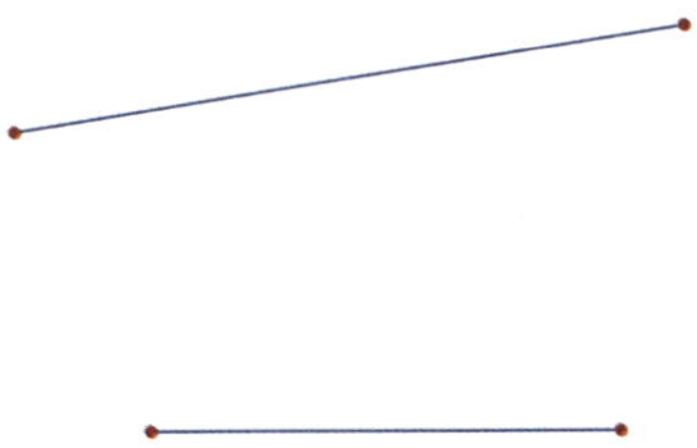

b)

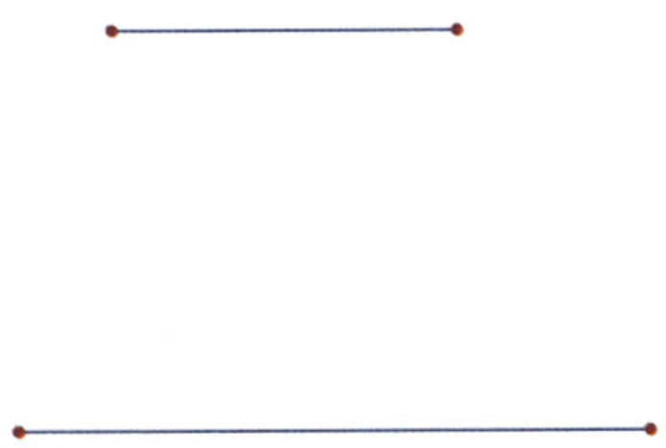

c)

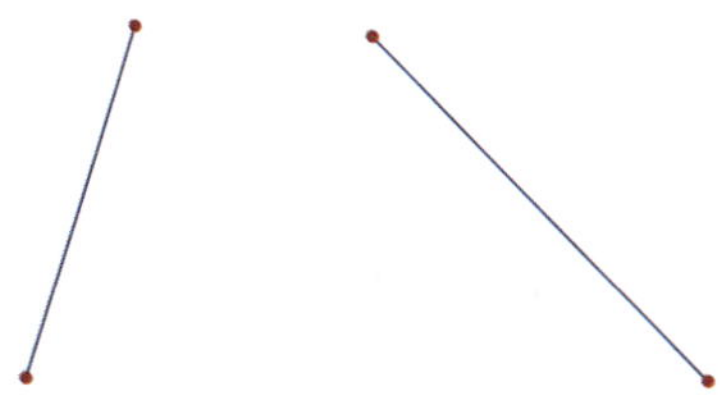

144 Dados dois lados e o quarto vértice de um quadrilátero, complete seus lados. Use a régua!

a)

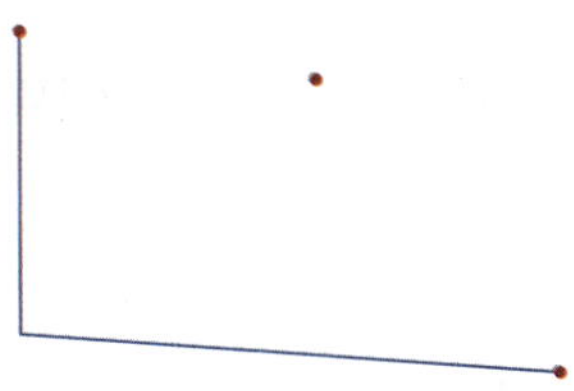

b)

c)

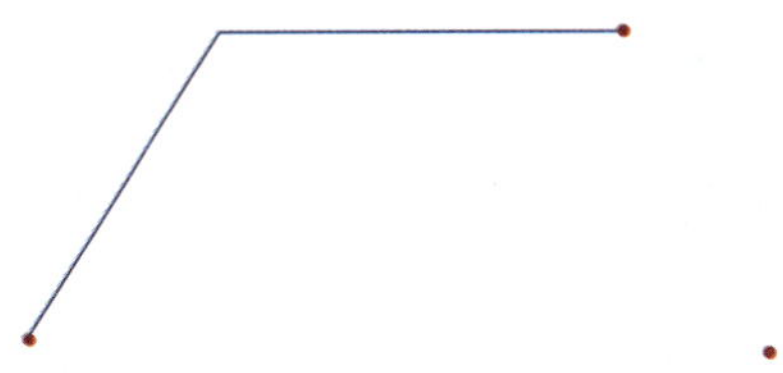

145 Dados os quatro vértices de um quadrilátero, trace os seus lados. Use régua!

a)

b)

c)

146 Dados os quatro vértices de um paralelogramo, trace os seus lados. Use régua!

a)

b)

c)

d)

e)

f)

FIGURAS GEOMÉTRICAS ESPACIAIS

Figuras geométricas espaciais: são figuras tridimensionais, possuem largura, comprimento e altura. Elas são divididas em dois grupos:

- **Poliedros** – apresentam faces planas, formadas por polígonos. São eles:

1) **Prismas**

Propriedades dos prismas:

- duas bases formadas pelo mesmo polígono;
- faces laterais formadas por paralelogramos ou retângulos.

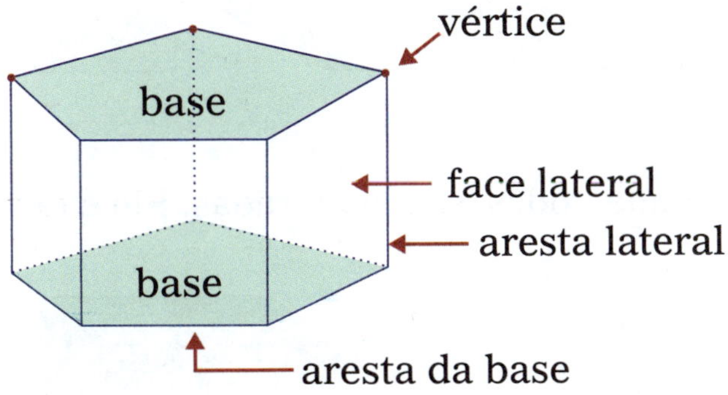

Prismas triangulares

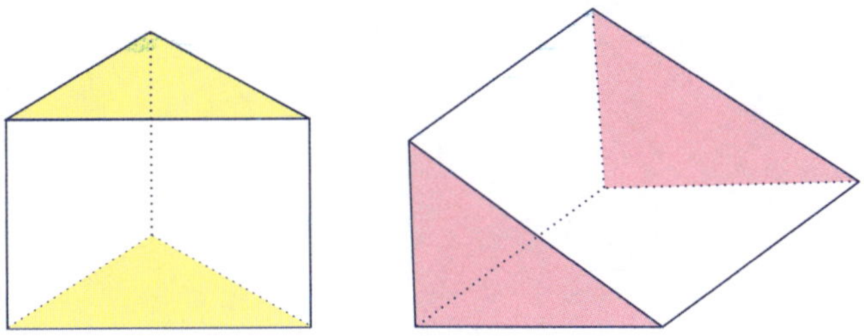

Prismas quadrangulares

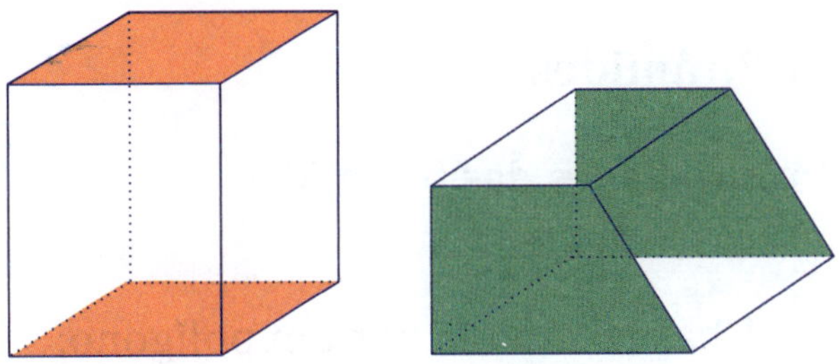

Prisma pentagonal

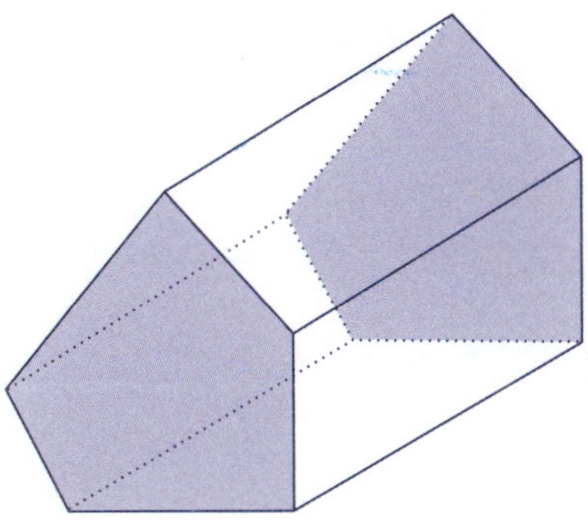

Prisma hexagonal

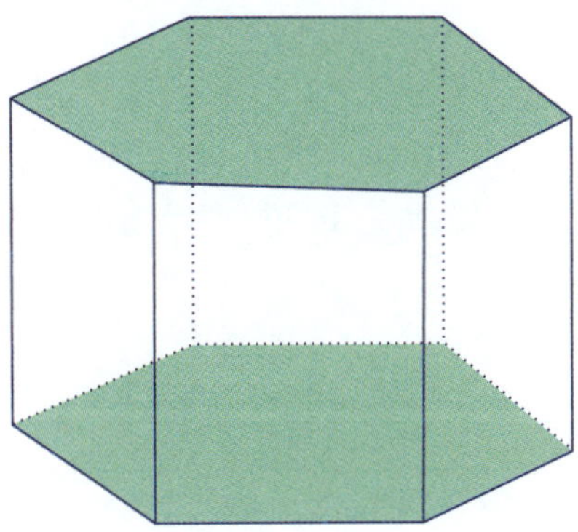

Há dois prismas que merecem um destaque maior:

Paralelepípedo

É o prisma de 6 faces onde todas as faces são retângulos.

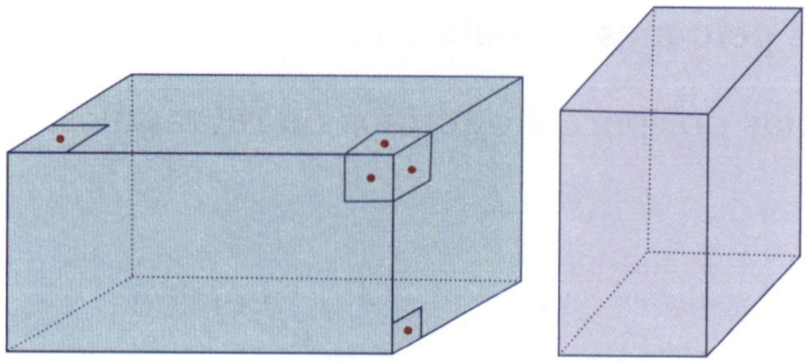

Cubo

É o prisma de 6 faces onde todas são quadradas. Ele é também um paralelepípedo.

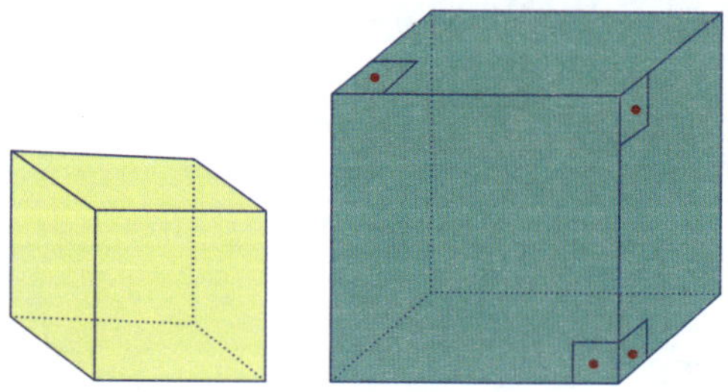

2) **Pirâmides**

Propriedades das pirâmides:

- 1 base formada por um polígono;
- apenas um vértice fora da base;
- faces laterais triangulares.

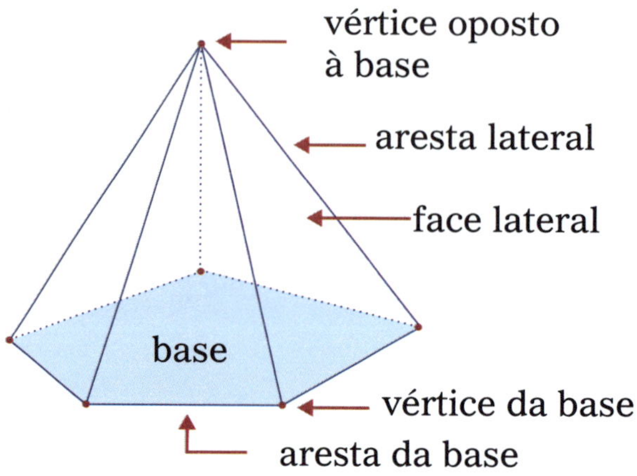

Pirâmide triangular ou tetraedro
(qualquer face pode ser base)

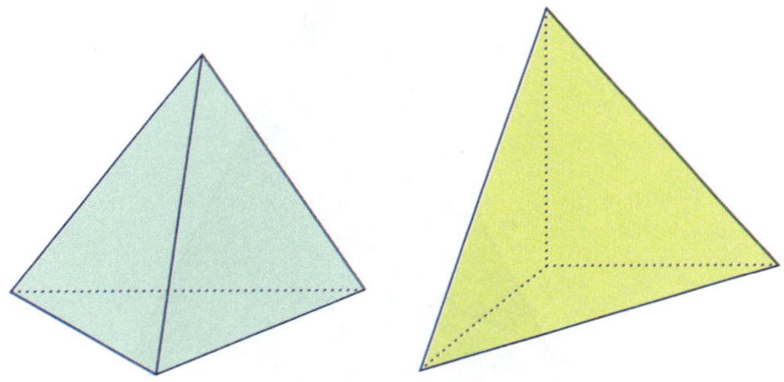

Pirâmide quadrangular

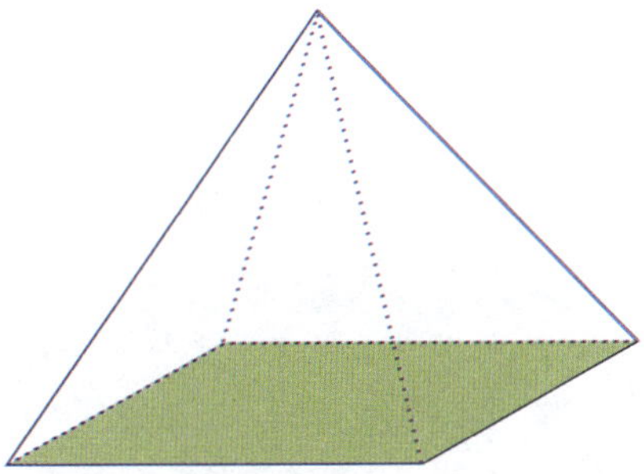

Pirâmide pentagonal

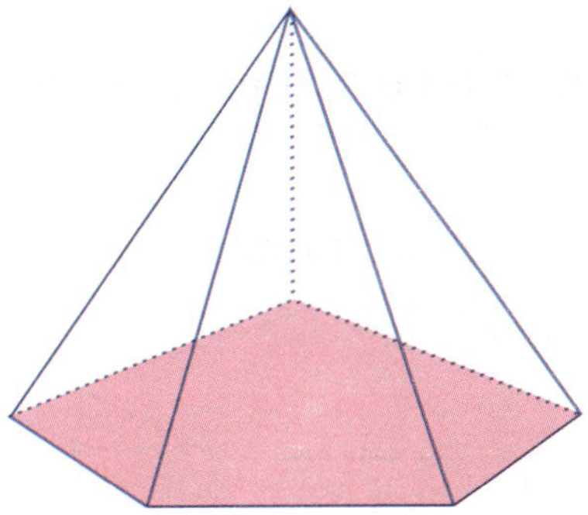

Pirâmide hexagonal

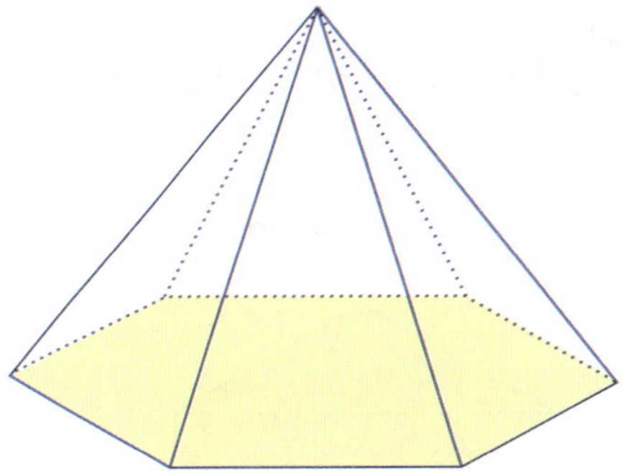

- **Corpos redondos** - sólidos que apresentam superfície arredondada e bases circulares.

São eles:

1) **Esfera**

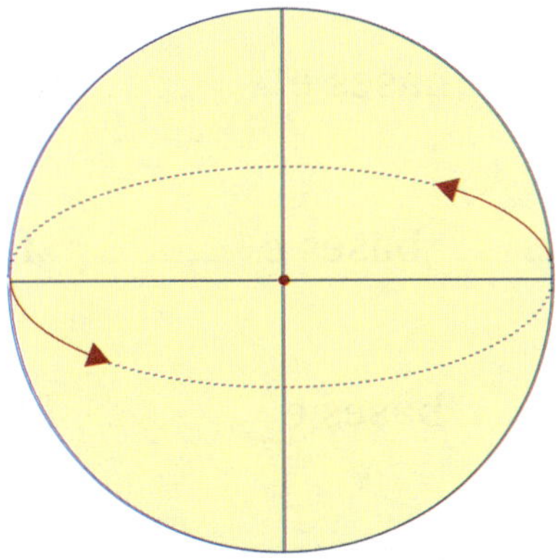

2) **Cilindro**

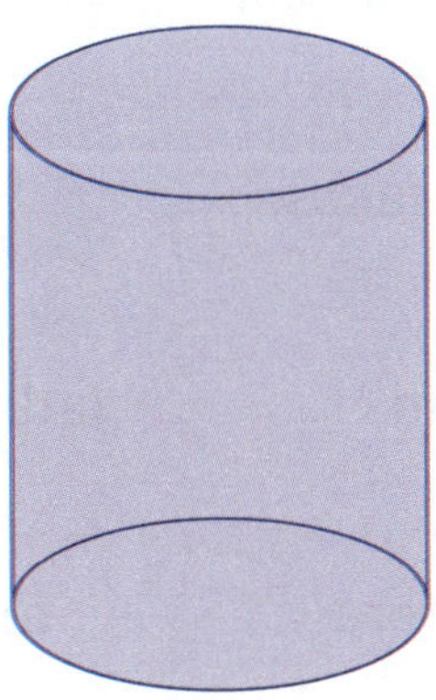

3) **Cone**

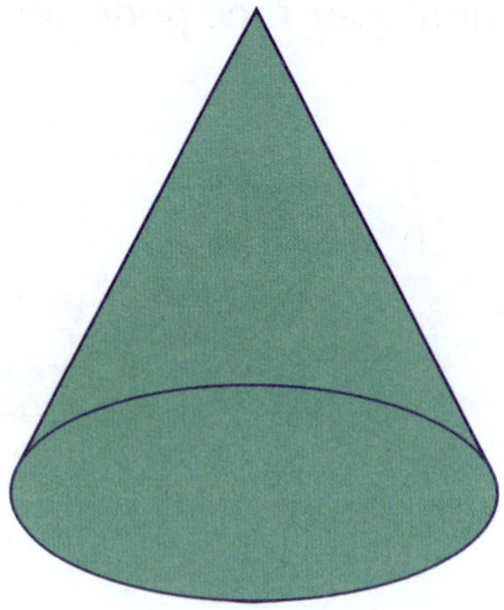

147 Observe os seguintes prismas e em seguida complete as lacunas.

Triangular

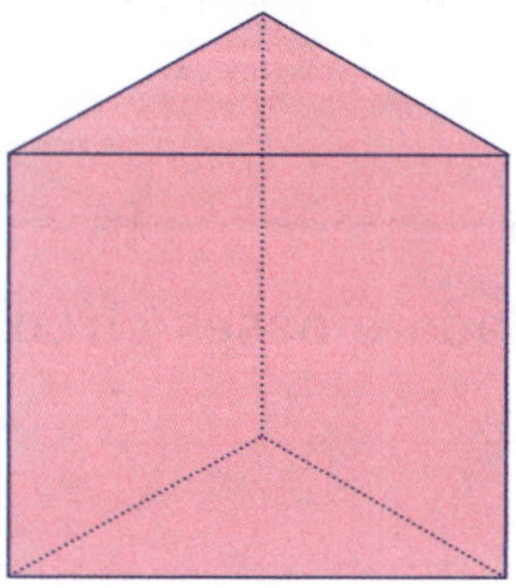

Pentagonal

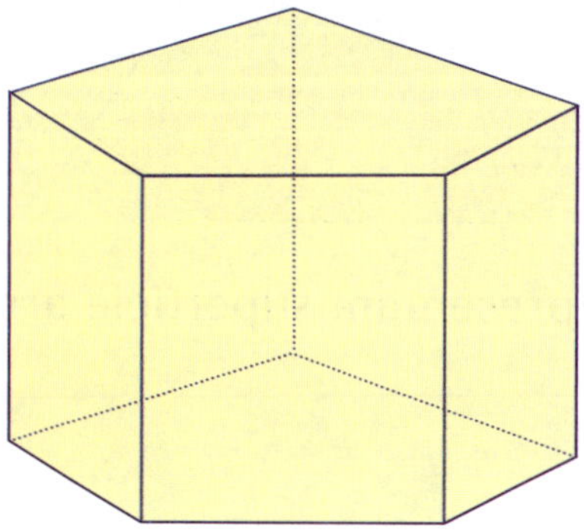

Hexagonal

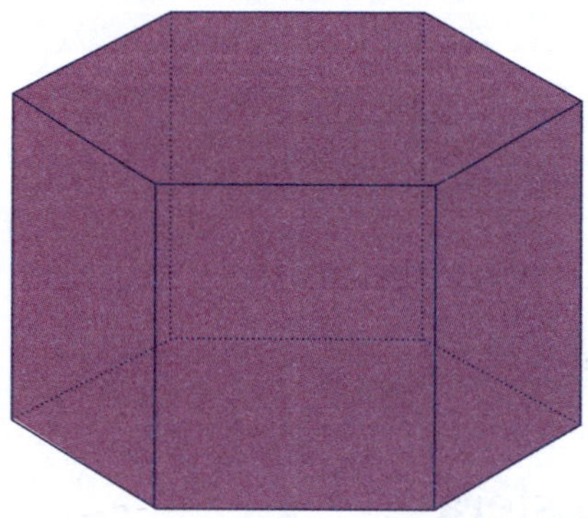

a) O prisma triangular tem ________ bases e ________ faces laterais.

b) O prisma pentagonal tem ________ bases e ________ faces laterais.

c) O prisma hexagonal tem ________ bases e ________ faces laterais.

d) O prisma triangular tem ________ faces, ________ vértices e ________ arestas.

e) O prisma pentagonal tem ________ faces, ________ vértices e ________ arestas.

f) O prisma hexagonal tem ________ faces, ________ vértices e ________ arestas.

g) Cada face lateral de um prisma tem ________ lados.

h) De cada vértice de um prisma partem ________ arestas.

148 Observe as seguintes pirâmides e em seguida complete as lacunas.

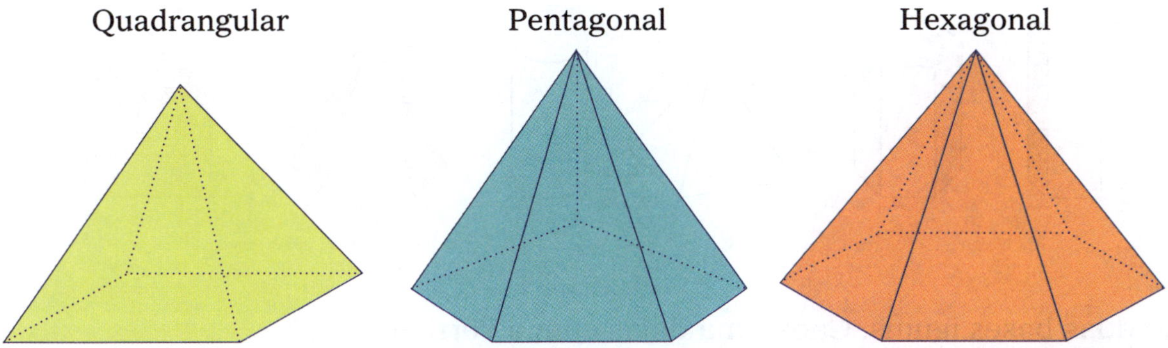

a) A pirâmide quadrangular tem ________ faces laterais e ________ faces.

b) A pirâmide pentagonal tem ________ faces laterais e ________ faces.

c) A pirâmide hexagonal tem ________ faces laterais e ________ faces.

d) A pirâmide quadrangular tem ________ vértices e ________ arestas.

e) A pirâmide pentagonal tem ________ vértices e ________ arestas.

f) A pirâmide hexagonal tem ________ vértices e ________ arestas.

g) De cada vértice da base de uma pirâmide partem ________ arestas.

h) O número de arestas que partem do vértice oposto à base de uma pirâmide qualquer é igual ao número de ____________ ou de ____________ da base.

149 Observe as figuras geométricas espaciais e pinte:

a) de verde os polígonos: aqueles que são planos, formados apenas por linhas retas;
b) de amarelo os poliedros: aqueles que são tridimensionais, formados apenas por polígonos;
c) de vermelho os corpos redondos: aqueles que são tridimensionais e que possuem formas circulares.

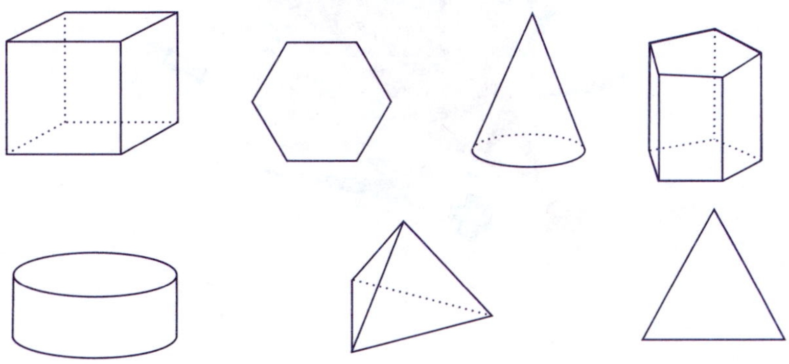

150 Escreva o nome da figura geométrica espacial que pertence a cada charadinha.

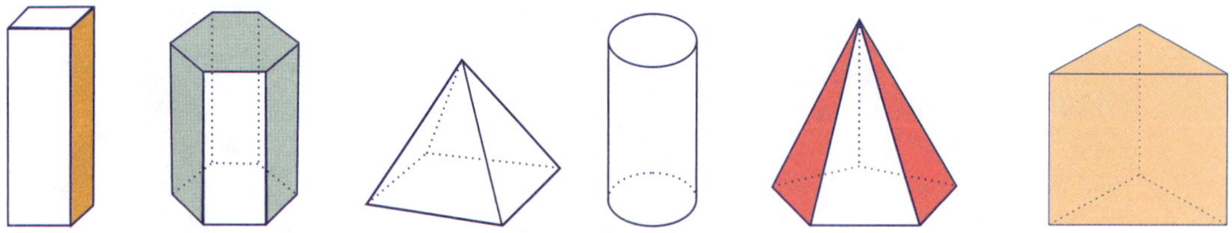

a) Tenho duas bases iguais. Cada uma delas com 6 vértices.

b) Tenho 4 vértices em minha base e apenas um fora dela.

c) Não sou formado por polígonos.

d) Meu número de vértices é igual o dobro de três e possuo duas bases.

e) Em minha planificação, possuo 5 triângulos e 1 pentágono.

f) Sou formado apenas por retângulos e quadrados.

151 Numere as planificações de acordo com as figuras geométricas espaciais.

1 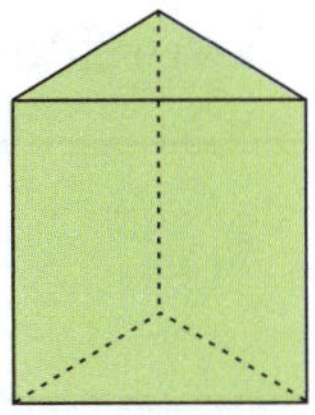	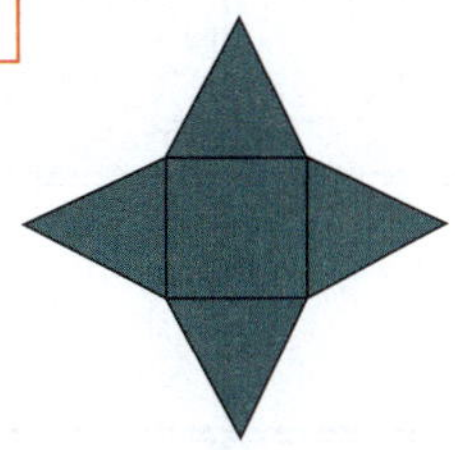
2 	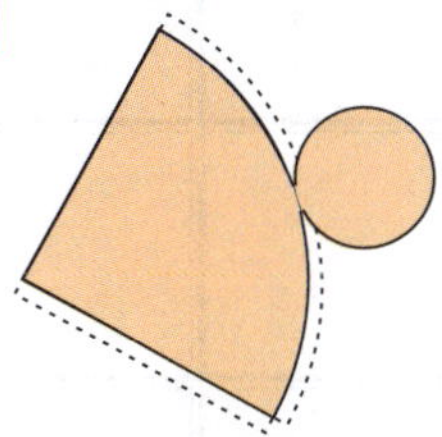
3 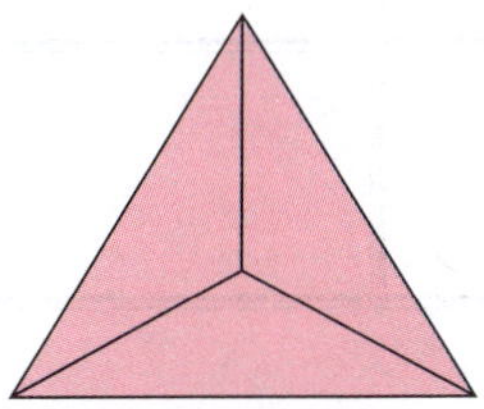	
4 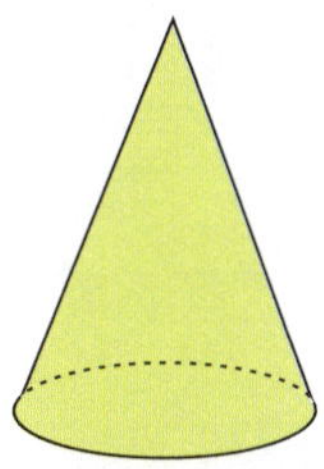	
5 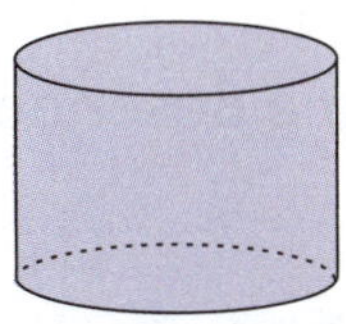	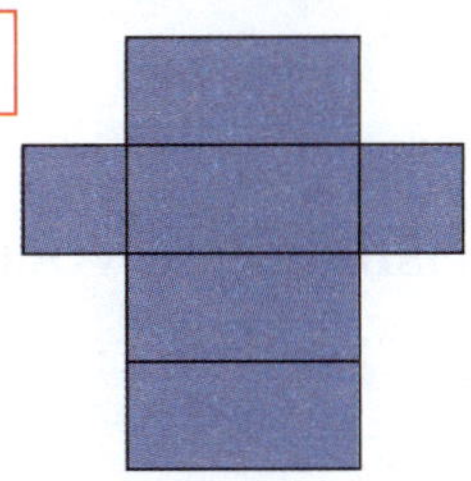
6 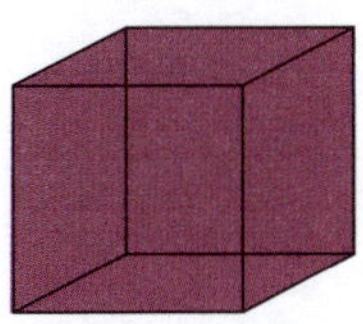	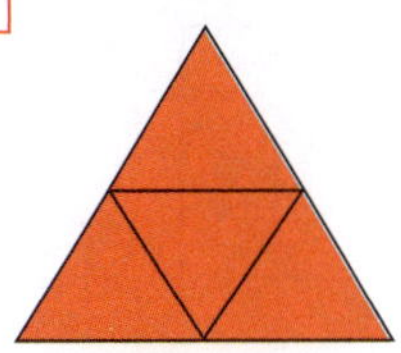
7 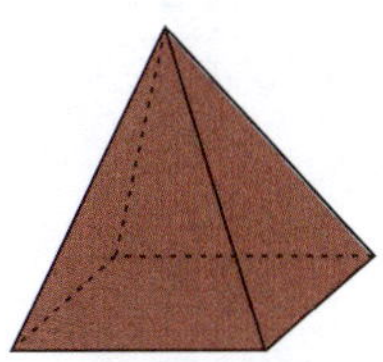	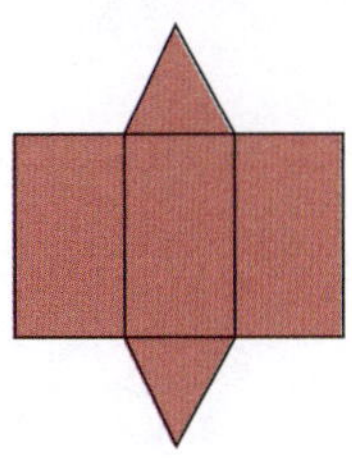

152 Observe os prismas disponiveís em sua sala de aula e completa a tabela:

Nome do prisma	Número de arestas	Número de faces	Número de vértices	Polígono das bases
Cubo				
Paralelepípedo (não cubo)				
Prisma de base triangular				
Prisma de base pentagonal				
Prisma de base hexagonal				

153 Escreva duas propriedades comuns a todos os prismas.

✓ ______________________________

____

✓ ______________________________

____

154 Escolha um dos prismas que você observou e desenhe-o no espaço abaixo:

• Agora, tenha em mãos as pirâmides e faça os exercícios a seguir.

155 Complete a tabela:

Nome da pirâmide	Número de arestas	Número de faces	Número de vértices	Polígono da base
Pirâmide de base triangular				
Pirâmide de base quadrada				
Pirâmide de base pentagonal				
Pirâmide de base hexagonal				

156 Escreva duas propriedades comuns a todas as pirâmides.

✓ ______________________________

____

✓ ______________________________

____

157 Escolha uma das pirâmides que você observou e desenhe-a no espaço abaixo:

158 Vamos reconhecer algumas propriedades dos polígonos. Complete a tabela a seguir com o que é pedido. Destaque os vértices de cada polígono com a cor vermelha.

	Nome do Polígono	Quantidade de lados	Quantidade de vértices	Quantidade de ângulos
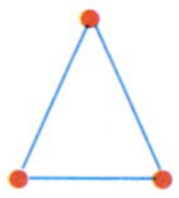	Triângulo	3	3	3

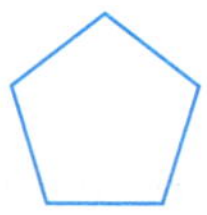				
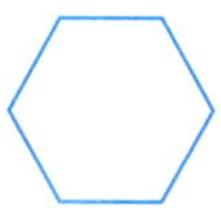				
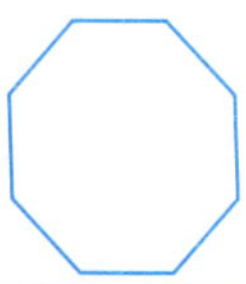				

159 Pinte de:

a) azul, o pentágono;

b) amarelo, os quadriláteros;

c) verde, o hexágono;

d) roxo, o triângulo;

e) vermelho, todos os vértices de todos os polígonos.

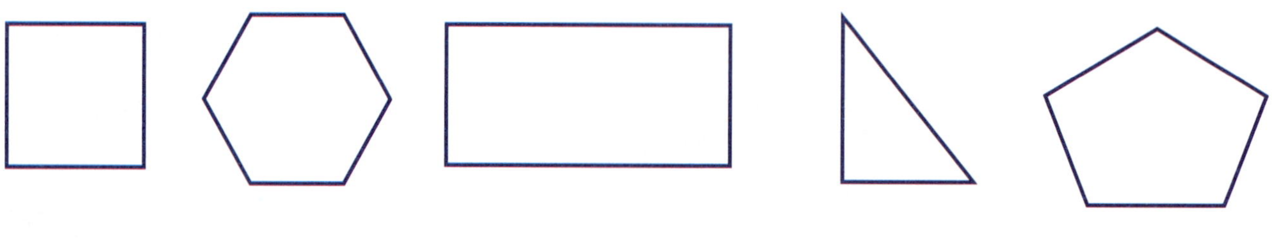

• **Leia com atenção os enunciados e assinale a única alternativa correta em cada exercício.**

160 Pense sobre as afirmações a seguir:

I – As superfícies planas de um poliedro são suas faces.

II – O cilindro é um poliedro.

III – Vértice é o ponto de encontro de duas arestas de um poliedro.

IV – O prisma triangular tem seis faces.

Agora, assinale a alternativa correta.

a) ( ) As frases I, II e III são verdadeiras.

b) ( ) As frases III e IV são verdadeiras.

c) ( ) As frases I e IV são verdadeiras.

d) ( ) Apenas a frase I é verdadeira.

161 Sobre poliedros podemos afirmar que:

a) ( ) todos os prismas e todas as pirâmides são poliedros.

b) ( ) somente as pirâmides possuem faces, arestas e vértices.

c) ( ) apenas os prismas são poliedros.

d) ( ) os prismas possuem duas faces.

162 Não possuo faces, arestas e vértices. Quem sou?

a) ( ) Pirâmide

b) ( ) Paralelepípedo

c) ( ) Octaedro

d) ( ) Esfera

163 Na figura, temos a planificação de um cubo:

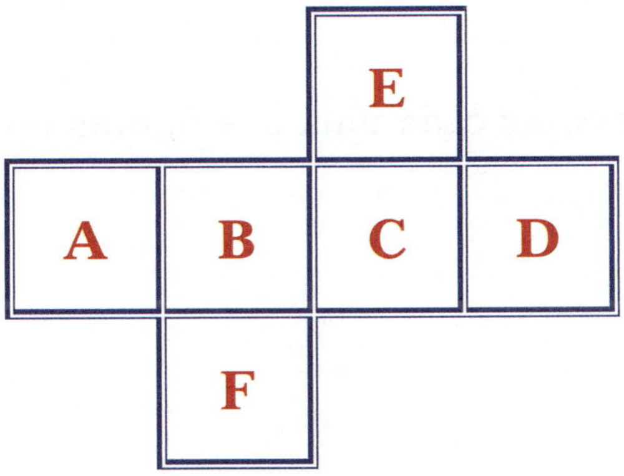

Imagine o cubo montado. A face oposta à face B é a face:

a) ( ) A

b) ( ) C

c) ( ) D

d) ( ) F

164 Sou formado por segmentos de reta, possuo 4 ângulos e não tenho faces. Quem sou?

a) ( ) Círculo b) ( ) Retângulo c) ( ) Prisma d) ( ) Cubo

165 Tenho 4 faces, 4 vértices e 6 arestas. Também sou chamado de pirâmide de base triangular. Quem sou?

a) ( ) Tetraedro b) ( ) Paralelepípedo

c) ( ) Pirâmide de base quadrada d) ( ) Prisma hexagonal

166 Assinale o sólido geométrico que possui todas as faces laterais triangulares.

a) ( ) Cubo b) ( ) Prisma hexagonal

c) ( ) Cilindro d) ( ) Pirâmide de base quadrada

167 Observe as figuras que estão nos dois quadros:

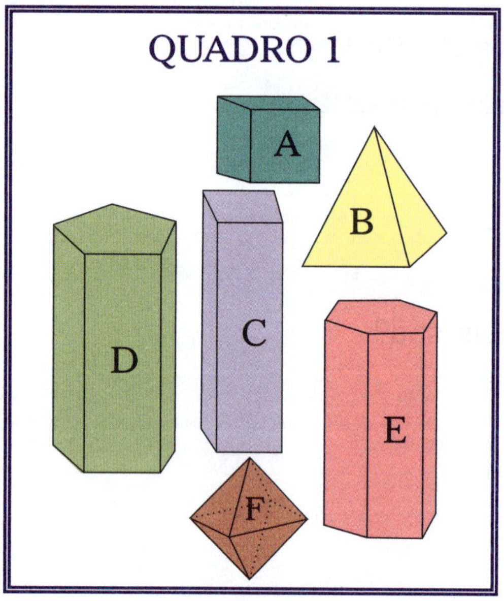

a) Em qual dos quadros há formas tridimensionais e em qual há formas bidimensionais?

______

b) Quais figuras do quadro 2 são necessárias para construir cada uma das figuras do quadro 1?

Figura A: ______ Figura D: ______

Figura B: ______ Figura E: ______

Figura C: ______ Figura F: ______

ÂNGULOS

A origem das duas semirretas é chamado de vértice. A região determinada por elas é chamada de ângulo (ou setor angular).

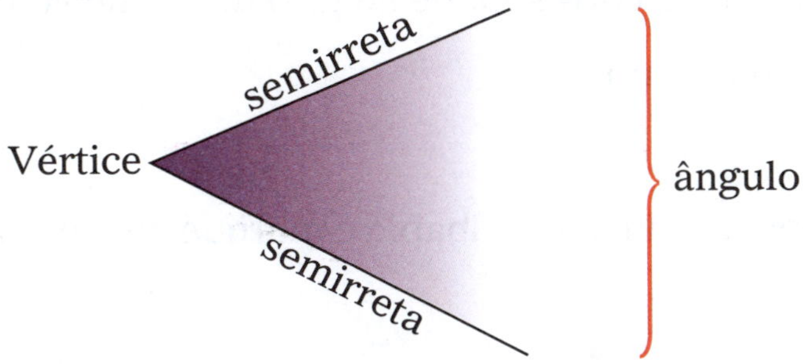

De acordo com a sua medida o ângulo pode ser classificado em: reto, agudo, obtuso e raso.

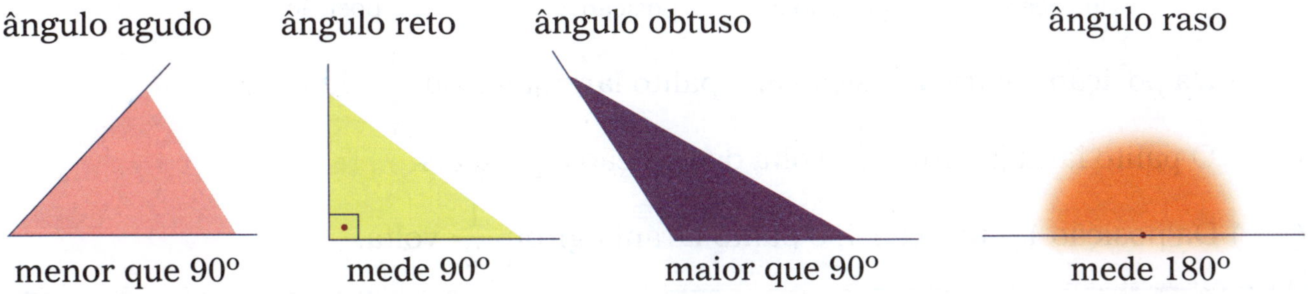

168 Ângulos aparecem com frequência na arquitetura moderna e em antigas construções. Converse com os colegas e aponte alguns nas fotos abaixo.

https://designinnova.blogspot.com/2014/06/arquitetura-ousada.html

https://www.urbanarts.com.br/geoarq-69322/p

169 Olhe ao seu redor e identifique a presença de ângulos em objetos e construções.

170 Observe o ângulo de inclinação destacado nas rampas representadas abaixo. Depois, marque com um X a rampa que tem o ângulo de maior abertura.

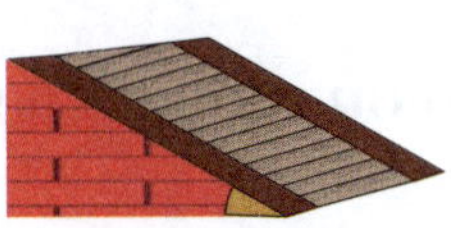

( )

( )

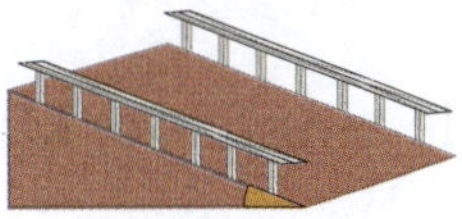

( )

171 Os ponteiros do relógio formam dois ângulos, um de maior abertura e outro de menor abertura. Observe o relógio representado ao lado e faça o que se pede a seguir.

a) Registre a hora que o relógio está marcando. ______________

b) O ângulo de menor abertura corresponde ao giro de $\frac{1}{4}$ de volta.

Destaque esse ângulo na figura.

172 Observe a sequência de imagens abaixo e marque com um X as alternativas corretas.

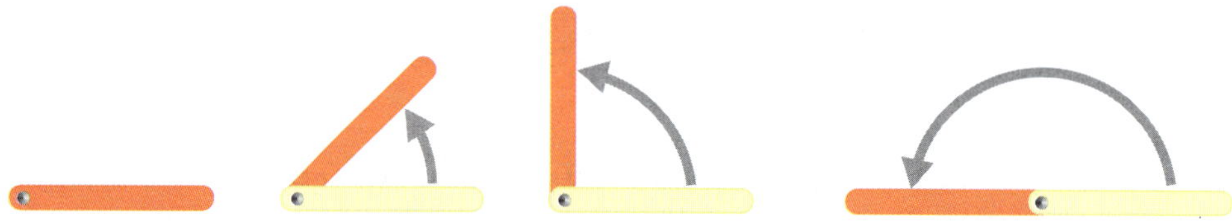

posição 1 posição 2 posição 3 posição 4

a) ( ) Da posição 1 para a posição 3, o palito laranja girou $\frac{1}{4}$ de volta.

b) ( ) O palito laranja girou $\frac{1}{2}$ volta da posição 3 para a 4.

c) ( ) Da posição 1 à posição 4, o palito laranja girou $\frac{1}{2}$ volta.

AMPLIAÇÃO E REDUÇÃO DE FIGURAS

Os alunos do Colégio Visconde de Porto Seguro cuidam com carinho do jardim da escola e estão confeccionando placas com alguns avisos aos visitantes.

Mário fez um molde para construir uma placa em forma de triângulo e percebeu que sua placa ficou pequena para escrever todo o aviso. Então, ele decidiu ampliar o molde da placa utilizando uma malha pontilhada.

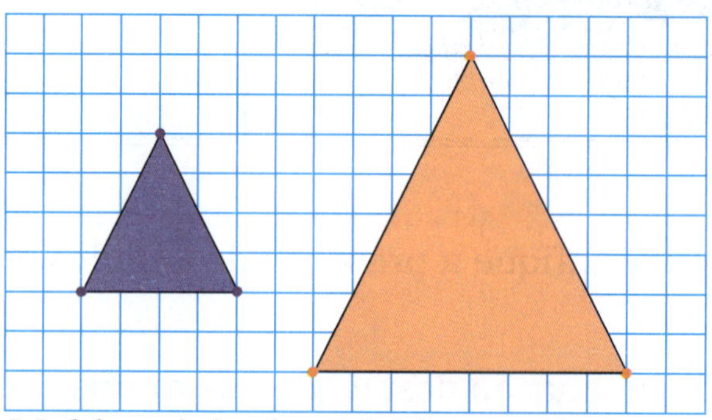

Molde original Molde ampliado

- Para obter o molde ampliado, Mário dobrou, triplicou ou reduziu à metade a medida dos lados do molde original? ______________

Veja como Daniel verificou quantas vezes o molde ampliado é maior do que o original.

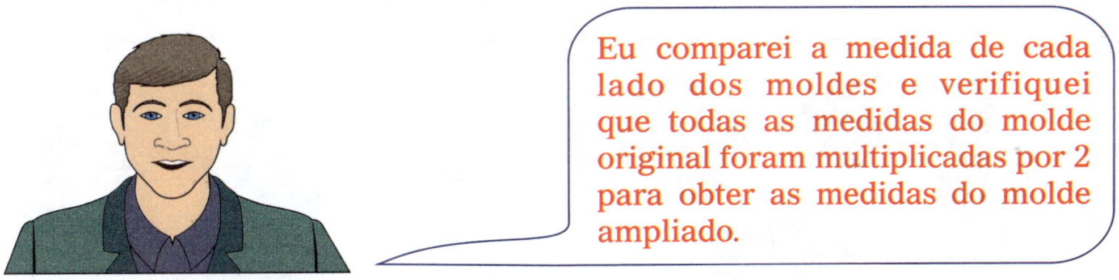

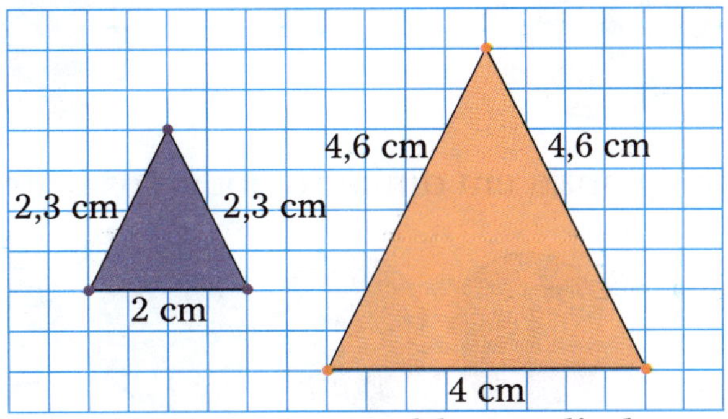

Molde original Molde ampliado

173 Faça o que se pede:

a) Reduzir a figura em 3 vezes.

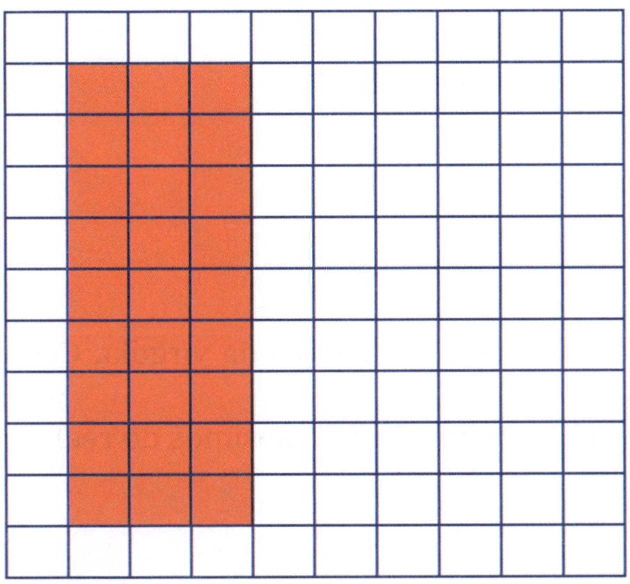

b) Ampliar a figura em 3 vezes

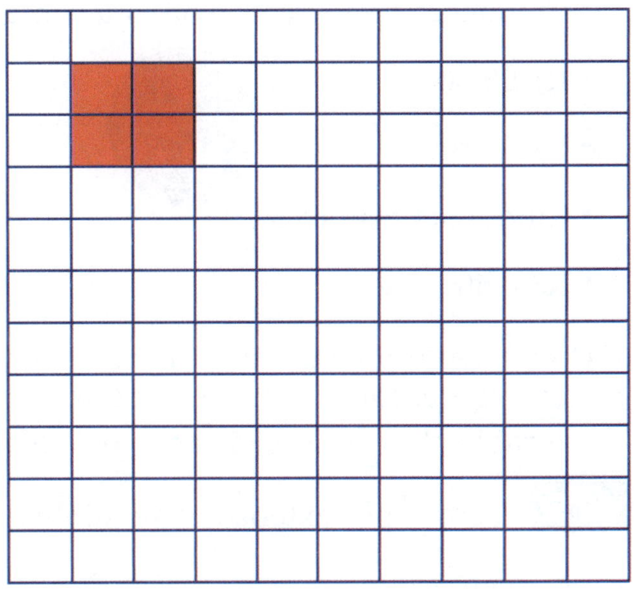

174 Carolina ampliou a figura abaixo dobrando a medida de cada um dos seus lados. Marque com X a ampliação que Carolina obteve.

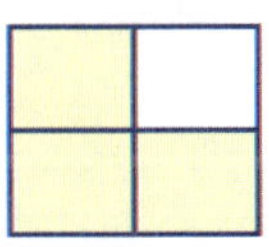

Figura

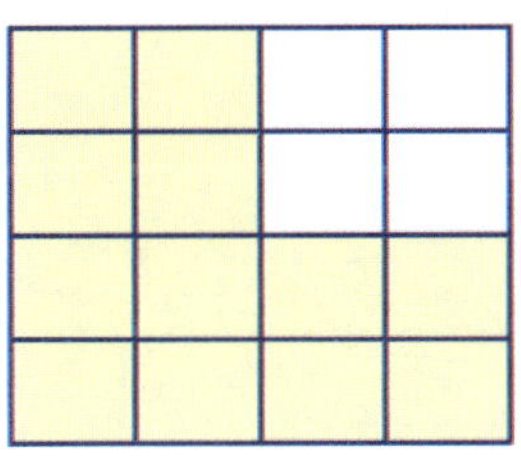

( )

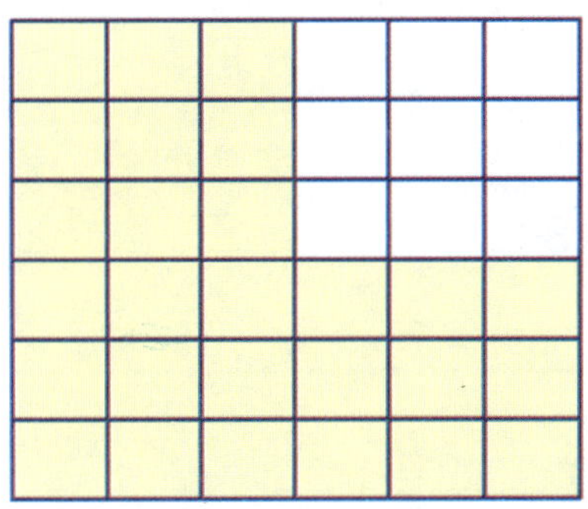

( )

SISTEMA MONETÁRIO BRASILEIRO

Quando escrevemos uma quantia em dinheiro podemos usar algumas formas.

- 56 reais e 80 centavos
- Cinquenta e seis reais e oitenta centavos
- R$ 56,80

- 50 centavos
- Cinquenta centavos
- R$ 0,50

O centavo é o centésimo do real, então escrevemos o centavo depois da vírgula. Cada centavo representa a centésima parte de um real.

Exemplo: 100 reais e 85 centavos é o mesmo que 100 inteiros e 85 centésimos do real.

175 Escreva por extenso os seguintes valores:

a) R$ 43,99 ____________________

b) R$ 1 000,00 ____________________

c) R$ 670,80 ____________________

d) R$ 1,50 ____________________

176 Consulte o dicionário e escreva em seu caderno de Matemática o significado das palavras e expressões relacionadas ao sistema monetário.

a) Parcelas ou prestações.
b) Entrada.
c) A prazo.
d) À vista.
e) Lucro.
f) Prejuízo.

177 Leia as situações vividas pelo dono de uma loja e escreva se elas proporcionaram lucro ou prejuízo.

a) Comprei 400 lápis por R$ 500,00. Vendi cada lápis por R$ 1,50.

______________________.

b) Em quatro caixas de 30 borrachas cada, paguei R$ 150,00. Cada borracha foi vendida a R$ 2,00.

______________________.

c) Comprei 1 000 cadernos por R$ 15 000,00. Ao final das vendas obtive R$ 12 500,00.

______________________.

d) Por 10 caixas com 100 canetas em cada, paguei R$ 2 500,00. Vendi-as por R$ 2,00.

______________________.

178 Forme uma dupla para resolver os problemas.

João juntou o valor das quatro notas que havia na carteira.

Quais são as notas que ele pode ter?

____

____

____

____

179 Para resolver o problema abaixo, complete o texto com valores do nosso dinheiro.

Leia o que a vendedora falou:

Claudia comprou 3 camisetas no valor de ____________ cada uma, uma calça por ____________ e um casaco por ____________ .

Antes de pagar, ela fez uma estimativa do total da compra. No caixa, Claudia deu quatro notas de 200 reais.

a) Qual foi o valor da compra? ____________

b) Quanto pode ter custado cada camiseta? ____________

c) Qual foi o valor da calça? ____________

d) Qual o valor do casaco? ____________

180 Em cada uma das mãos, Dulce tem moedas de valores diferentes. Na mão direita, ela tem 3 moedas de mesmo valor; na mão esquerda, ela segura quatro moedas de mesmo valor. Que valor ela pode estar segurando no total?

a) Escreva duas possibilidades:

- ____________

- ____________

b) Há outras possibilidades? Quais?

MEDIDAS DE TEMPO

O tempo pode ser medido de diversas maneiras.

O dia é dividido em horas; as horas, em minutos; e os minutos, em segundos.

1 dia = 24 horas

1 hora = 60 minutos

1 minuto = 60 segundos

Podemos medir o tempo também usando anos, meses, semanas ou dias. Para marcar essas medidas, usamos o calendário.

1 ano = 365 dias e seis horas

1 ano = 12 meses

1 semana = 7 dias

Atenção!

Os meses de janeiro, março, maio, julho, agosto, outubro e dezembro têm 31 dias.

Os meses de abril, junho, setembro e novembro têm 30 dias.

O mês de fevereiro tem 28 dias, mas de 4 em 4 anos tem 29 dias.

Para resolução de problemas, de modo geral, convencionou-se que: 1 mês = 30 dias ou 4 semanas.

Anos, **décadas**, **séculos**, **milênios** também são unidades de medidas de tempo.

Uma **década** corresponde a **10 anos**.

Um **século** corresponde a **100 anos**.

Um **milênio** corresponde a **1000 anos**.

Assinale a alternativa correta para cada problema.

181 Caio foi ao teatro. A peça teve a duração de 108 minutos. Esse tempo equivale a:

a) 1h 18 min. b) 1h 48 min. c) 1h 08 min. d) 2h 18 min.

182 Seu Jacinto tem 92 anos. Quantas décadas completas ele já viveu?

a) Oito décadas b) Dez décadas c) Cinco décadas d) Nove décadas

183 A tia de Silvana nasceu em 10 de março de 1 935 e faleceu em 10 de outubro de 2 011. Quantos anos e meses ela viveu?

a) 86 anos e 7 meses b) 76 anos e 7 meses

c) 76 anos e 8 meses d) 86 anos e 9 meses

184 Atualmente, os alunos das escolas brasileiras possuem 9 meses de aula durante um ano letivo. Que fração representa essa quantidade de meses?

a) $\frac{5}{12}$ b) $\frac{2}{12}$ c) $\frac{9}{12}$ d) $\frac{11}{12}$

MEDIDAS DE COMPRIMENTO

O quilômetro, o metro, o centímetro e o milímetro são unidades de medida de comprimento. A partir do metro, calculamos as demais medidas.

1 km = 1000 m

1 m = 100 cm

1 cm = 10 mm

Observe, na régua, que cada **centímetro** indicado está dividido em 10 partes iguais. Cada uma dessas partes corresponde a **1 milímetro**, e indicamos essa unidade por **mm**.

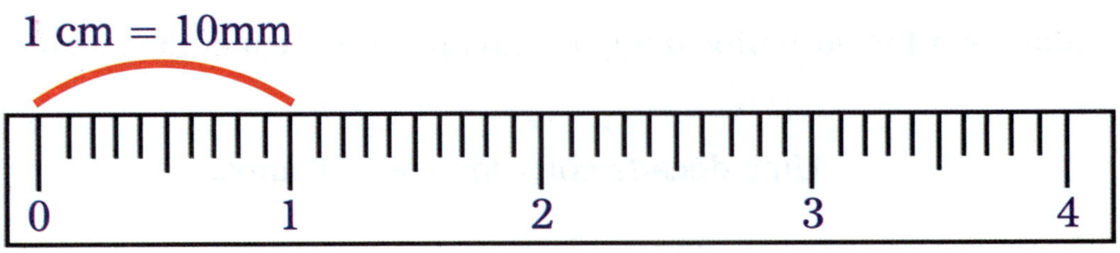

185 Transforme as medidas de acordo com o que é pedido e escreva-as por extenso:

156 cm = 1,56 m : Um metro e cinquenta e seis centímetros.

a) 180 cm = ________ m : ______________________________

b) 400 cm = ________ m : ______________________________

c) 172 cm = ________ m : ______________________________

d) 350 cm = ________ m : ______________________________

PERÍMETRO

A medida total do contorno de uma região é chamada de perímetro.

Exemplo: O perímetro de um polígono é a soma das medidas de seus lados.

O perímetro de uma quadra de futebol é a soma das medidas de seus 4 lados.

186 Calcule o perímetro dos polígonos representados a seguir:

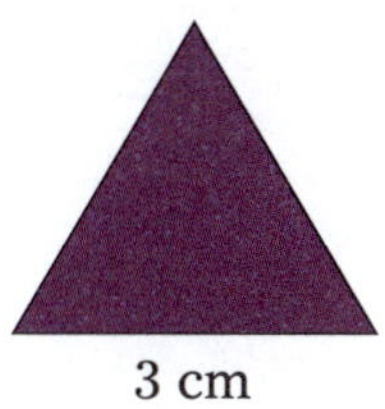

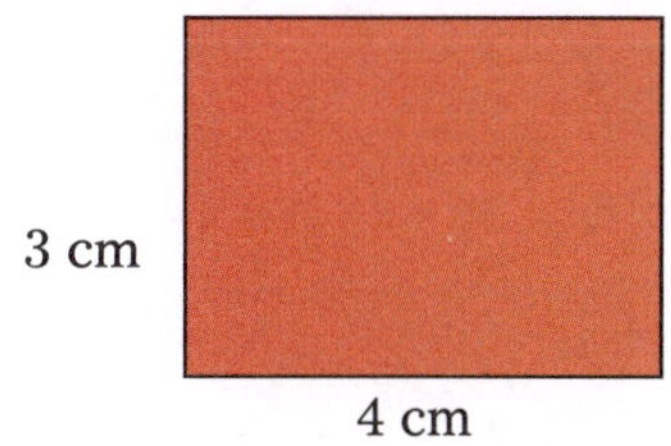

a) Perímetro do triângulo equilátero = ________ b) Perímetro do retângulo = ________

187 Veja as medidas da praça que fica próxima à casa de Joana.

Qual o perímetro desse praça? ______________________________

188 "Todo o rodapé da nossa sala de aula será trocado. Como saber quantos metros de rodapé serão necessários?"

Hipóteses:

Representação da sala de aula, com suas medidas.

Conclusões:

Quantidade de metros de rodapé necessários: ______

MEDIDAS DE SUPERFÍCIE - ÁREA

https://www.pinterest.fr/pin/350295677247076285/

A **medida da superfície** de uma região plana é a sua área.

Quando queremos trocar o piso de um banheiro, por exemplo, para saber a quantidade de lajotas que precisaremos comprar, calculamos a sua área.

Para representá-la usamos como unidade de medida: o cm^2 (centímetro quadrado), o m^2 (metro quadrado), o km^2 (quilômetro quadrado)... Medir a área é o mesmo que cobrir a superfície daquele espaço com quadrados de 1 centímetro de lado ou 1 metro de lado, por exemplo. A escolha da unidade de medida depende do tamanho da superfície que queremos medir.

189 Considere a malha quadriculada com quadradinhos de 1 cm de lado. Determine a área, em centímetros quadrados (cm^2), de cada região colorida.

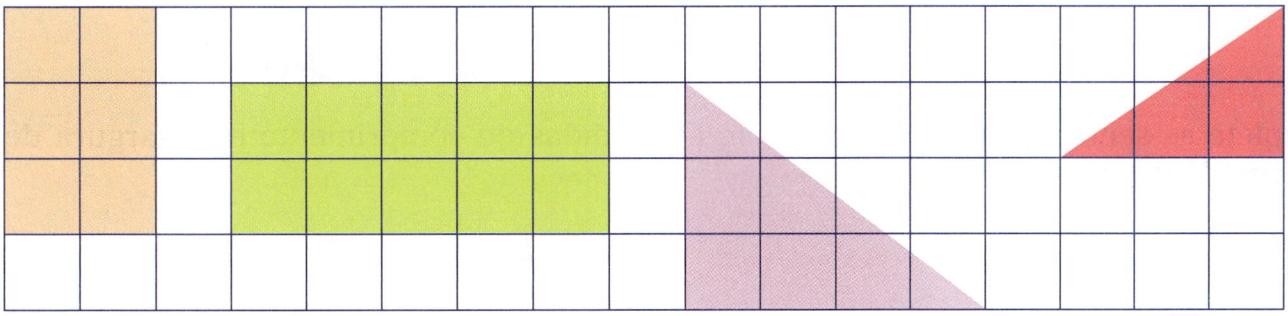

a) ______ b) ______ c) ______ d) ______

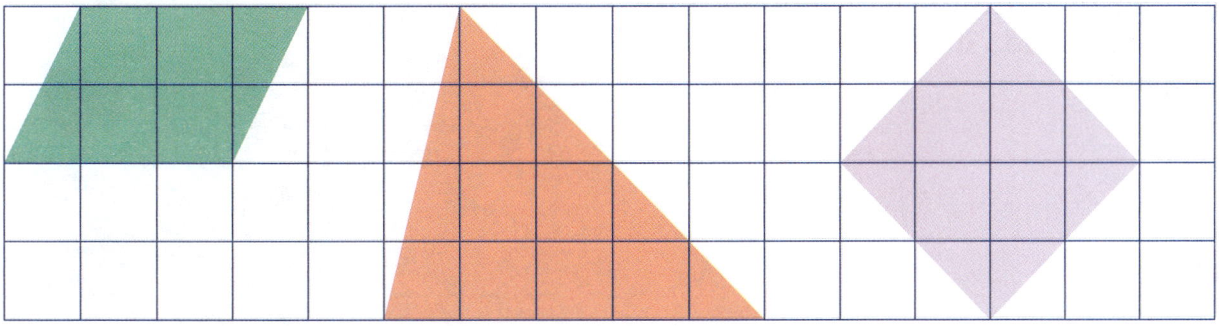

e) ______ f) ______ g) ______

190 Observe a figura de um parque retangular. A parte cinza é o calçamento e, as verdes, dois gramados.

a) Determine a área de cada uma dessas partes, sabendo que cada quadradinho representa um quadrado com 1m de lado.

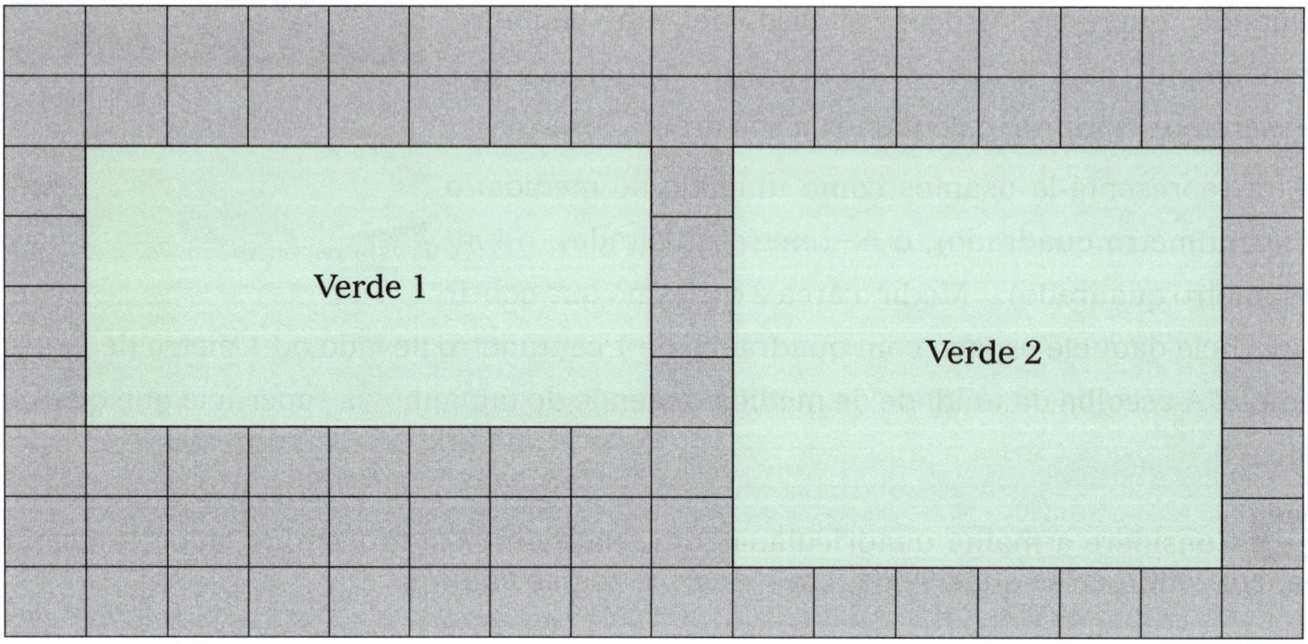

Verde 1: ______________ Verde 2: ______________ Cinza: ______________

b) Complete as sentenças matemáticas com as medidas do comprimento e da largura de cada gramado do exercício anterior.

Verde 1 ⇒ ________ × ________ = ________

Área: ______________ m²

Verde 2 ⇒ ________ × ________ = ________

Área: ______________ m²

•Os resultados obtidos nessas multiplicações foram os mesmos do exercício a? ______________

c) Agora que você já viu que para calcular **a área de retângulos, basta multiplicar a medida do comprimento pela medida da largura**, calcule a área de todo o parque.

Parque ⇒ ________ × ________ = ________

Área: ______________ m²

Veja outra situação em que a medida de área é muito utilizada.

Área territorial: 8 515 759,090 km²

<https://www.ibge.gov.br/estatisticas-novoportalpor-cidade-estado-estatisticas.html>.

191 Determine a área e o perímetro dos seguintes retângulos. A unidade das medidas indicadas é o metro(m).

a)

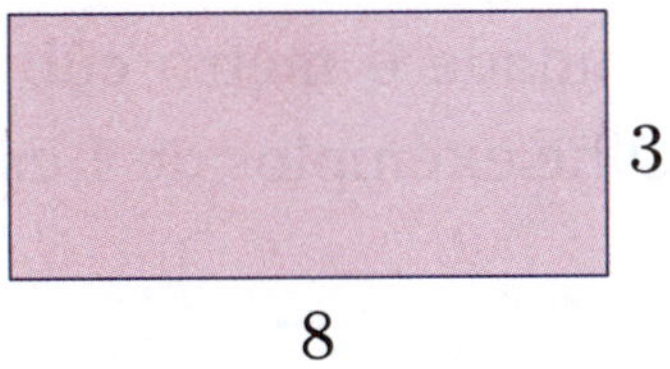

Área = ______________

Perímetro = ______________

b) Quadrado

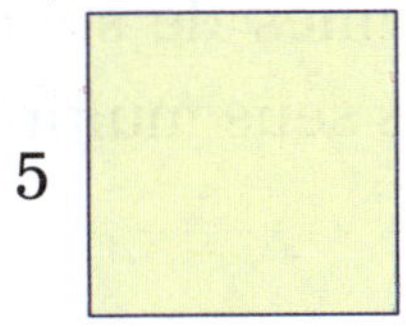

Área = ______________

Perímetro = ______________

c) Quadrado

Área = ______________

Perímetro = ______________

d)

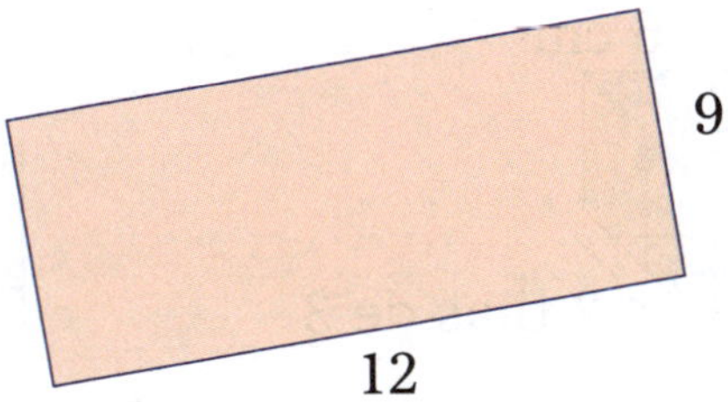

Área = ______________

Perímetro = ______________

192 Determine a área dos seguintes triângulos.

A unidade das medidas indicadas é o metro(m). ABCD é retângulo.

a)

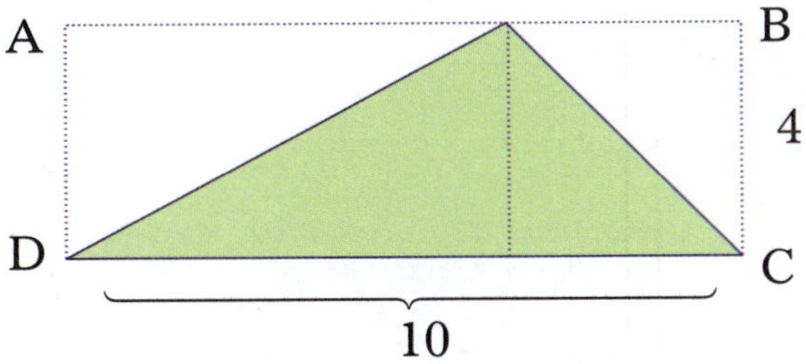

Área = ______________

b)

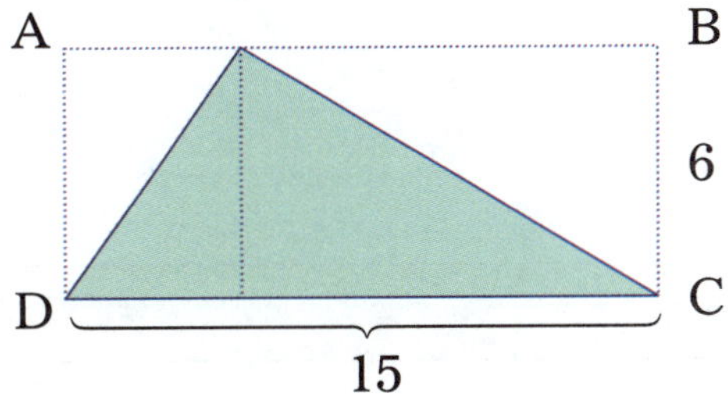

Área = ______________

193 Determine a área do trapézio destacado. ABCD é retângulo.

A unidade das medidas indicadas é o centímetro (cm).

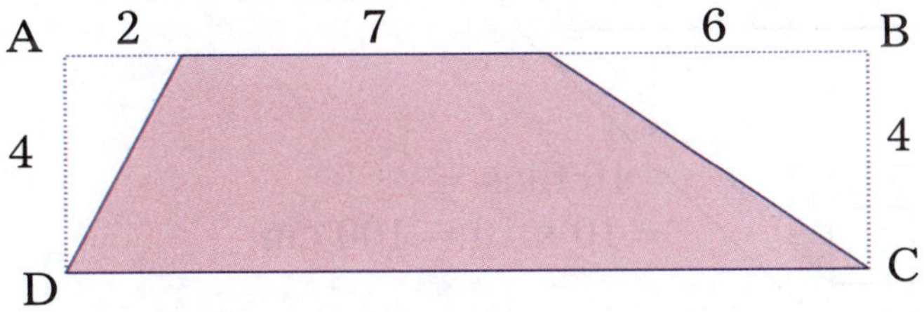

Área = ______________

MEDIDAS DE VOLUME

Em geral para o cálculo de volumes de sólidos, usamos como unidade o metro cúbico (m^3), mas também podemos usar os seus múltiplos e submúltiplos. Olhe exemplos de 1 cm^3, 2 cm^3, 3 cm^3, 6 cm^3 e 12 cm^3.

1 cm^3

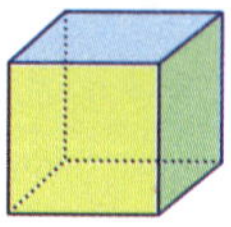

$2 \times 1 \times 1 = 2\ cm^3$

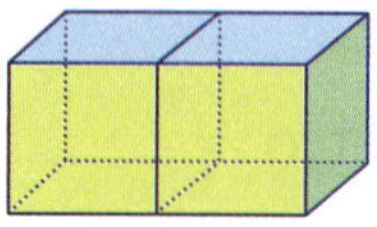

$3 \times 2 \times 1 = 6\ cm^3$

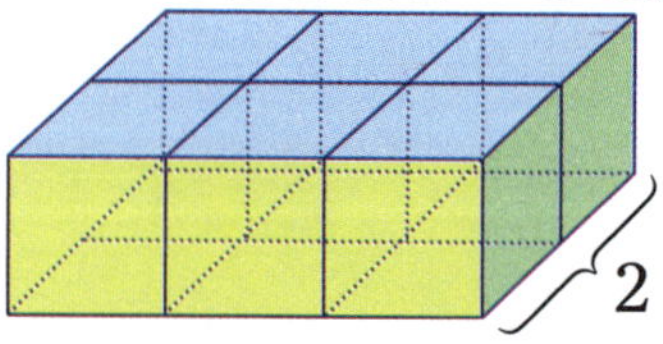

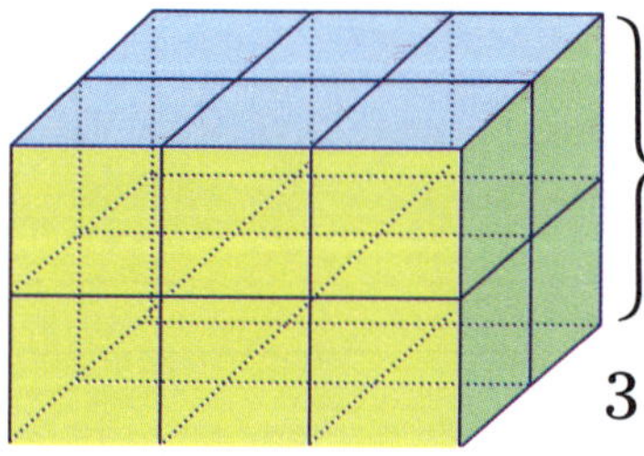

$3 \times 2 \times 2 = 12\ cm^3$

Vamos considerar 1 fila com 10 cubinhos. 10 filas de 10 cubinhos irão formar uma camada com $10 \times 10 = 100$ cubinhos. 10 camadas de 100 cubinhos irão formar um cubo de $10 \times 100 = 1\,000$ cubinhos.

Admitindo que a aresta do cubo abaixo meça 10 cm, temos:

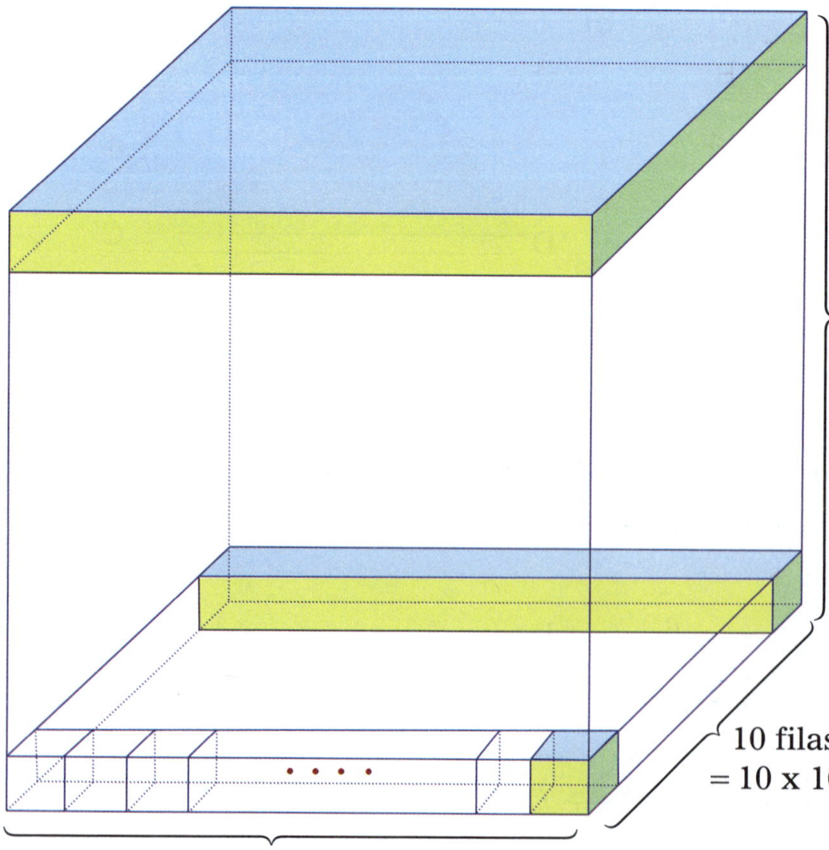

10 camadas =
$= 10 \times 100 = 1\,000\ cm^3$

$V_{cubo} = 10 \times 10 \times 10$

$V_{cubo} = 1\,000\ cm^3$

10 filas =
$= 10 \times 10 = 100\ cm^3$

1 fila = 10 cm^3

194 Tomando o 

como unidade de medida, determine o volume dos sólidos abaixo.

a) 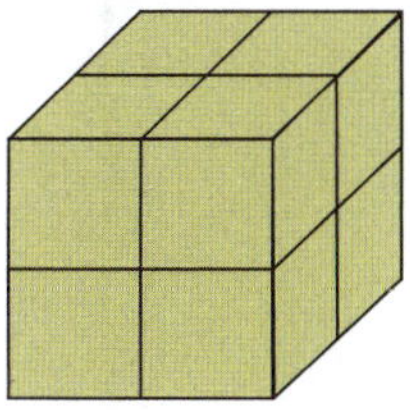 Volume: ______________

b)  Volume: ______________

195 Determine o volume das figuras abaixo, tomando por unidade um cubo que tem 1 cm de aresta.

a) 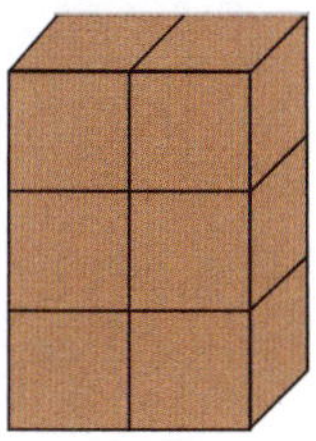

Volume: ______________

b) 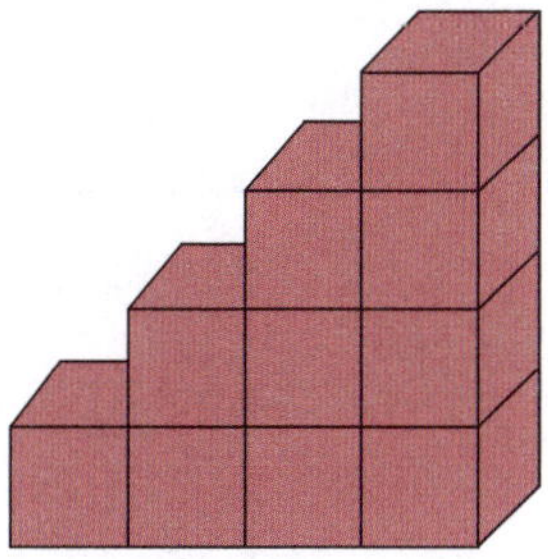

Volume: ______________

c) 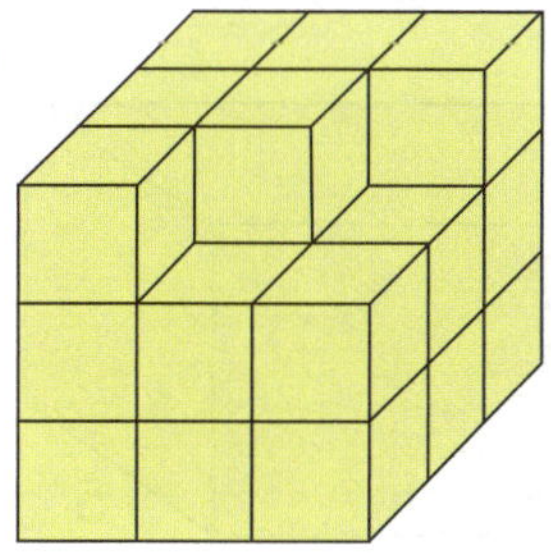

Volume: ______________

196 Responda à questão:

Fabiana tem alguns cubinhos de madeira, de 1 cm^3, todos iguais. Ela empilhou esses cubinhos como mostrado ao lado. Qual é o volume do empilhamento feito por Fabiana?

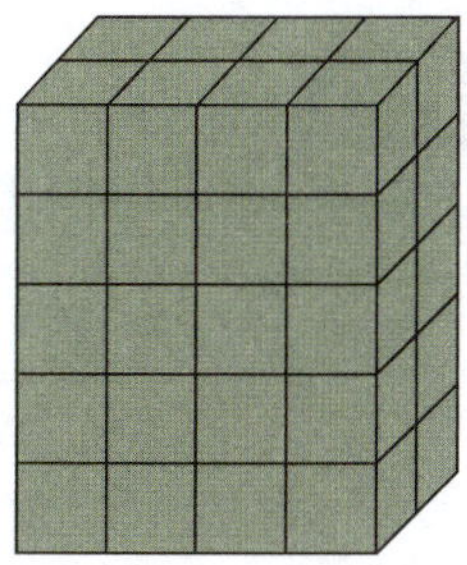

Volume: ______________

197 Observe a sequência e responda à questão.

1ª figura

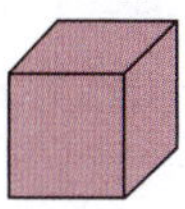

Volume = 1 m^3

2ª figura

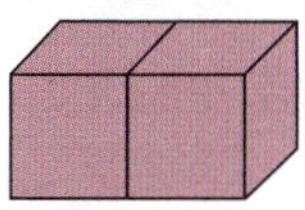

Volume = 2 m^3

3ª figura

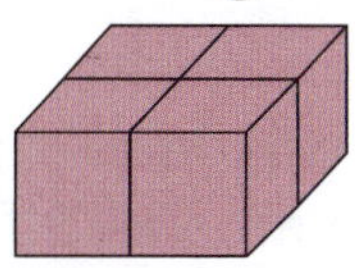

Volume = 4 m^3

4ª figura

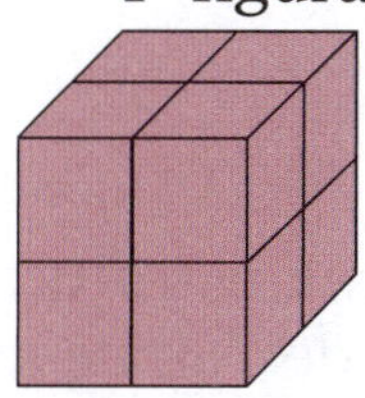

Volume = 8 m^3

De acordo com a sequência formada pelas figuras, qual será o volume da 6ª figura?

____

198 Determine o volume dos seguintes paralelpípedos retângulos (faces retangulares). Considere que a unidade das medidas seja o metro.

a)

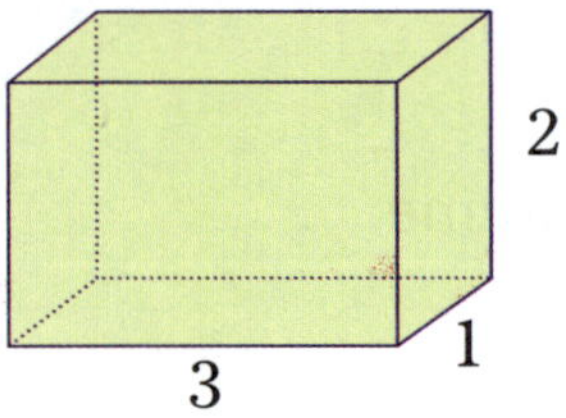

b)

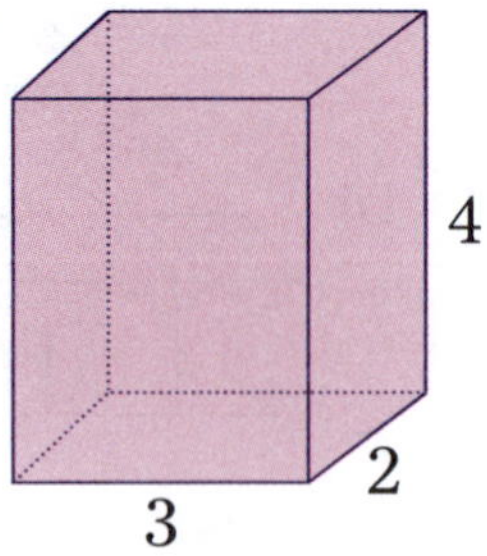

c)

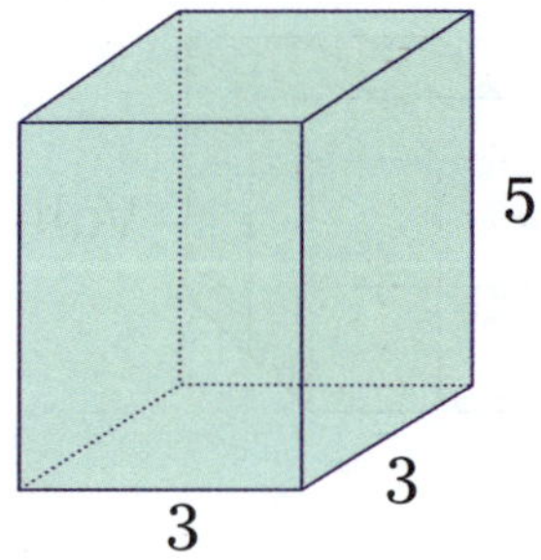

Volume: ____________

Volume: ____________

Volume: ____________

d)

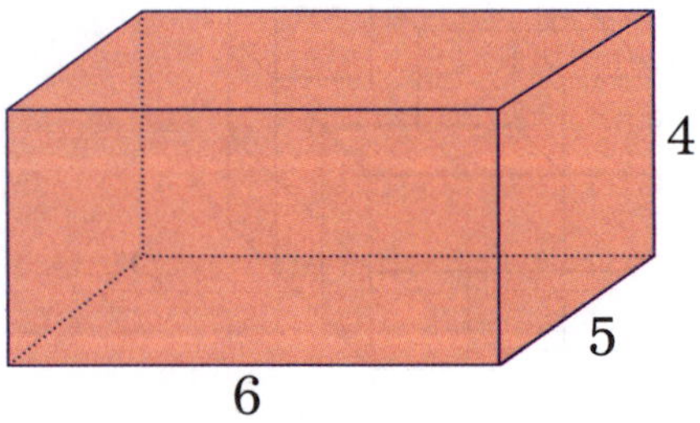

e) cubo

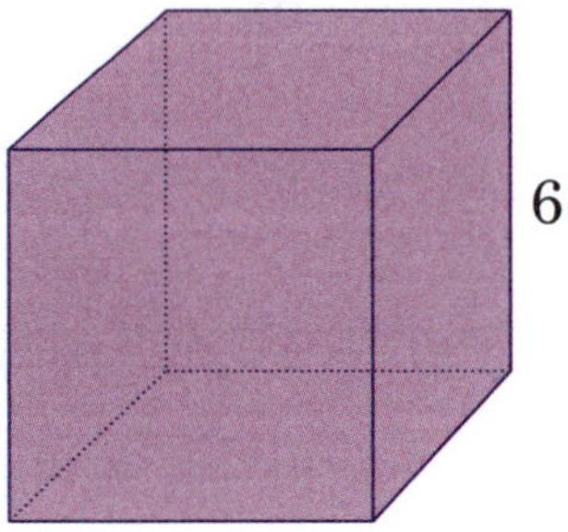

Volume: ____________

Volume: ____________

199 Determine a área dos seguintes paralelepípedos retângulos. A área de um sólido é a área da sua superfície. Neste caso é a soma das áreas de todas as suas faces.

a)

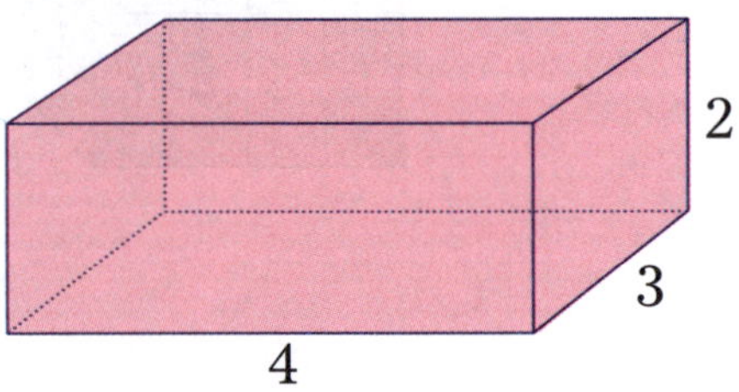

b) cubo

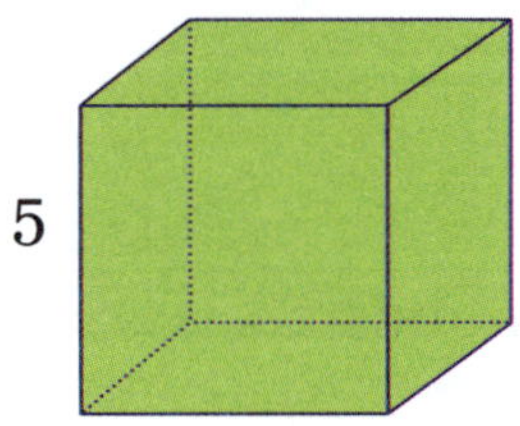

c)

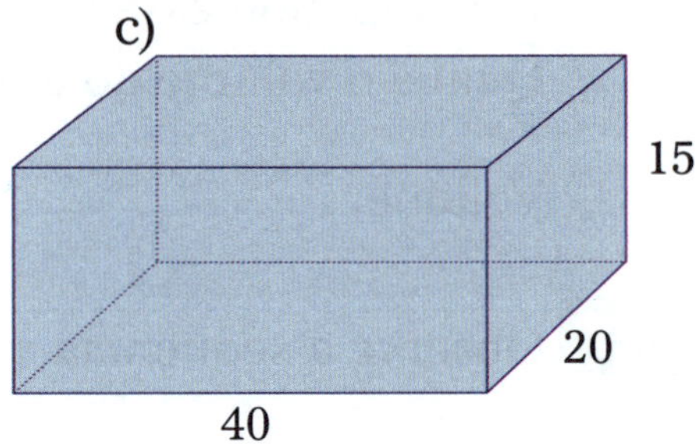

Área: ____________

Área: ____________

Área: ____________

200 Uma estrutura de vidro, criada por um artista, será preenchida com caixas cúbicas coloridas de 1 m de aresta, como mostra a figura.

a) Ao todo, quantas caixas cúbicas coloridas podem ser acomodadas no interior dessa estrutura?

____

b) Qual é o volume, em metros cúbicos, dessa estrutura?

____________ m^3

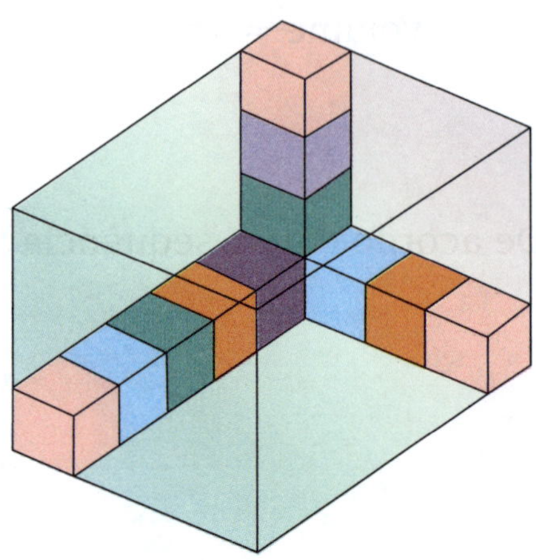

MEDIDAS DE TEMPERATURA

Geralmente as pessoas consultam a previsão do tempo e da temperatura antes de sair de casa. Saber a temperatura diária é importante para, entre outras coisas, escolher que roupas vestir.

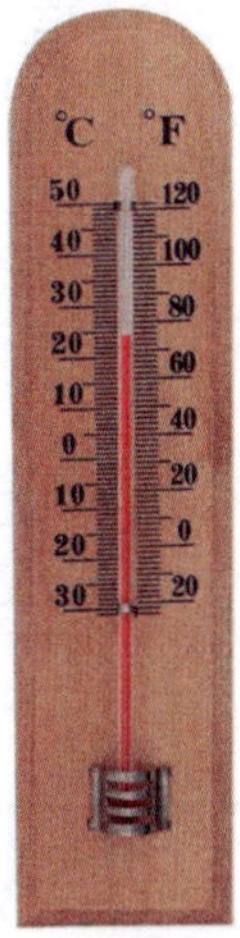

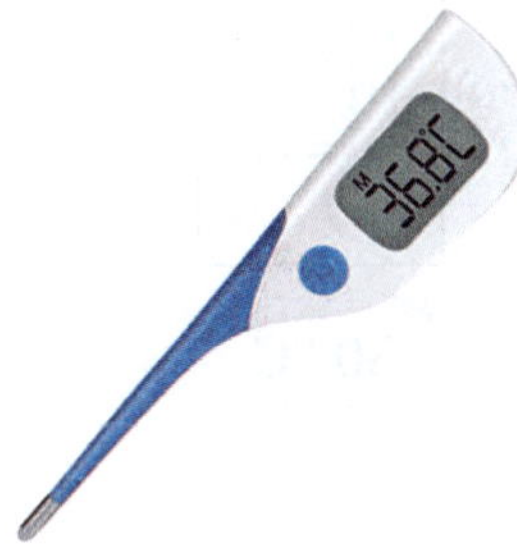

O instrumento utilizado para medir temperaturas é o termômetro. Há termômetros que marcam a temperatura nas ruas, nos diversos ambientes que frequentamos e também os que medem a temperatura do corpo.

201 Observe a temperatura prevista para o dia 10/10/2018.

26 °C máx.
18 °C mín.

Você sabe o que significam as abreviações **máx.** e **mín.**?

____

____

O grau Celsius é uma unidade de medida de temperatura. Indicamos 1 grau Celsius por 1 °C.

202 a) Qual a temperatura indicada em cada termômetro?

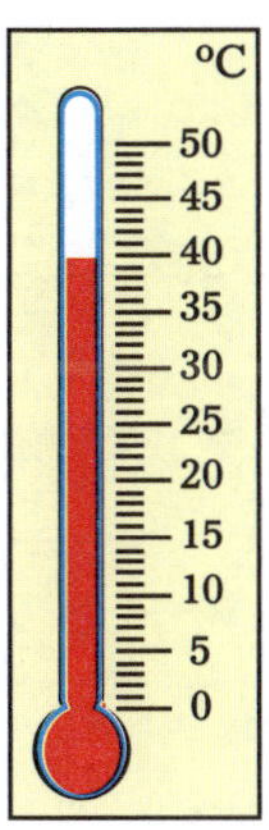

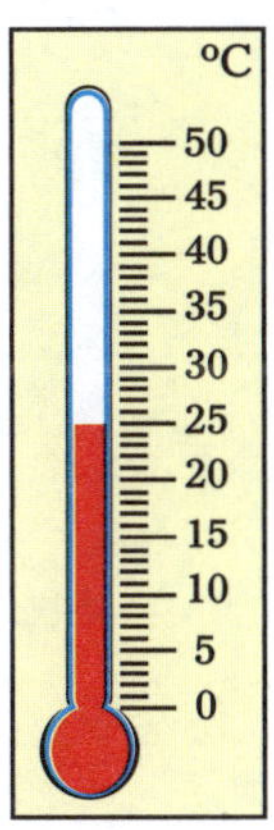

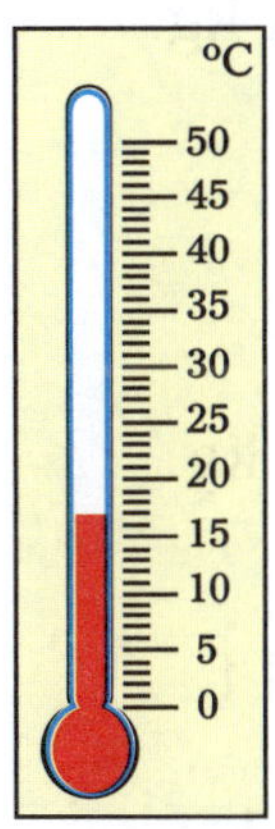

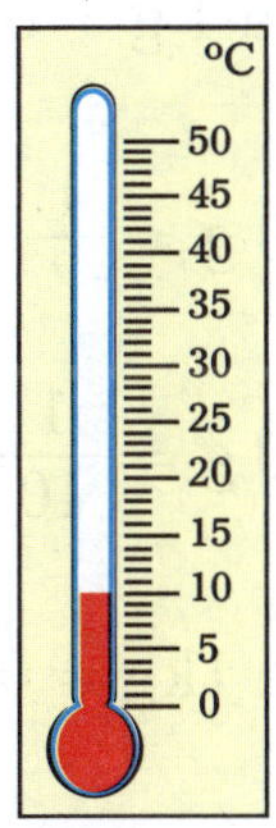

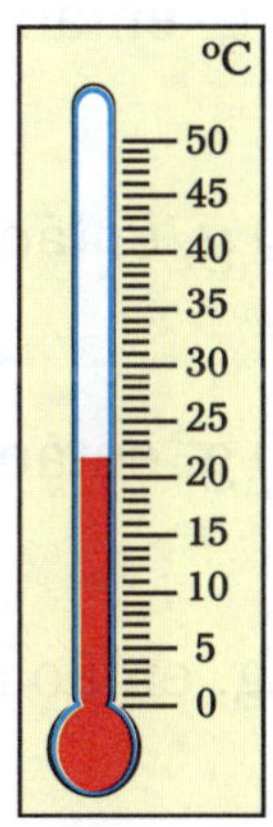

_____ °C   _____ °C   _____ °C   _____ °C   _____ °C

b) Usando lápis de cor vermelha, pinte em cada termômetro, a temperatura indicada.

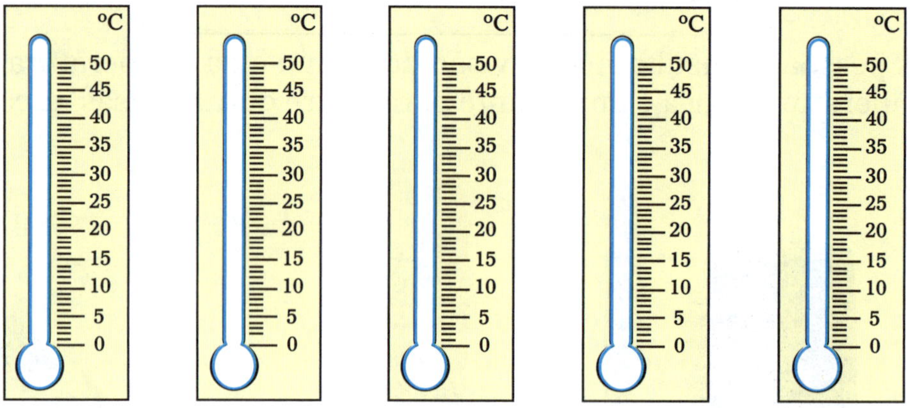

30 °C | 12 °C | 5 °C | 26 °C | 38 °C

MEDIDAS DE MASSA

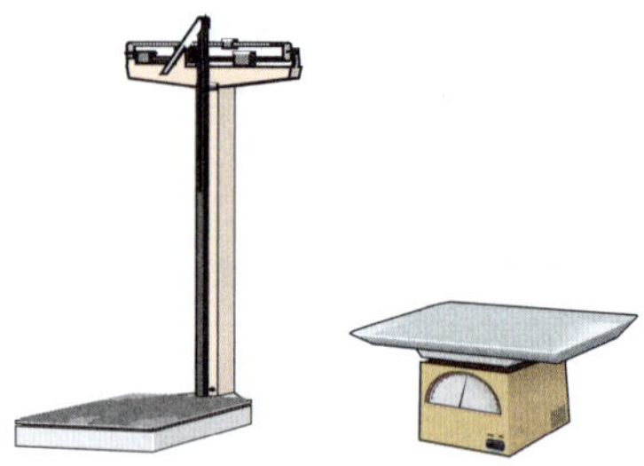

Apesar de ser o grama (g) a unidade fundamental de medida de massa, o quilograma (kg) é utilizado na prática como a principal unidade dessa medida. A tonelada (t) é usada quando nos remetemos a grandes quantidades de massa.

Outra medida de massa muito utilizada na pesagem de animais e produtos agrícolas, como o fumo e o algodão, é a arroba, que corresponde a 15 quilogramas (kg).

1 kg = 1 000 gramas
1 tonelada = 1 000 kg = 1 000 000 g

Relações entre medidas de massa e números decimais

Sabemos que:

- 1 kg = 1000 g, então cada 1 g = 0,001 kg.
- 0,5 kg = 500 g, então 500 g = $\frac{1}{2}$ kg.
- 0,1 kg = 100 g, então 100 g = $\frac{1}{10}$ do kg.
- 1 t = 1000 kg, então cada 1kg = 0,001 t.
- 0,5 t = 500 kg, então cada 500 kg = $\frac{1}{2}$ t.

203 Escreva por extenso:

a) 2,5 kg : ______________________________

b) 1,5 t : ______________________________

c) 0,600 kg: ______________________________

d) 400 g: ______________________________

e) 125 kg: ______________________________

204 Observe as relações estudadas e complete:

a) 200 g = ______________ kg

b) 200 kg = ______________ t

c) $\frac{1}{4}$ de kg = ______________ g

d) 0,3 kg = ______________ g

e) 500 g = ______________ kg

205 Numere a segunda coluna de acordo com a primeira.

(1) 0,5 kg	( ) 1 800 g
(2) 1,8 kg	( ) 2 500 g
(3) 2,5 kg	( ) 500 g
(4) 0,3 t	( ) 300 kg

206 Qual é a quantidade equivalente em gramas?

a) 1 quilograma ou ______________ g.

b) 1 quilograma e 200 gramas ou ______________ g.

c) 7 quilogramas e 80 gramas ou ______________ g.

d) 9 quilogramas e 500 gramas ou ______________ g.

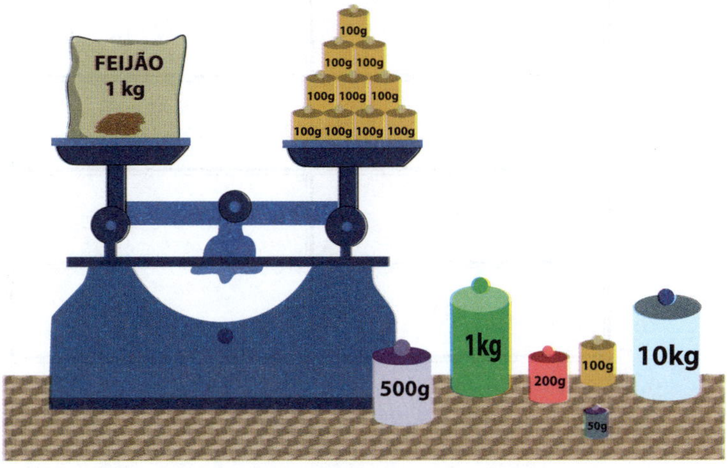

MEDIDAS DE CAPACIDADE

A capacidade de um recipiente corresponde à quantidade de líquido ou massa que ele pode conter. Em geral, utilizamos o litro (L) e o mililitro (ml) para medir a capacidade de um recipiente, portanto estas são as unidades usuais de medida de capacidade.

1 litro = 1 000 mililitros

Depois que o metro foi estabelecido como unidade de comprimento padrão, um grupo de cientistas construiu um recipiente cúbico de 10 cm de arestas e encheram-no de água. Eles chamaram de litro (L) a quantidade de água que encheu o cubo, estabelecendo que essa seria a unidade de medida de capacidade padrão. Eles estabeleceram também que a massa dessa quantidade de água seria a unidade de medida de massa padrão: o quilograma.

Relação entre medidas de capacidade e números decimais

Sabemos que:

1 L = 1000 ml, então cada 1 ml = 0,001 L.

0,5 L = 500 ml, então 500 ml $= \frac{1}{2}$ L.

0,1 L= 100 ml, então 100 ml $= \frac{1}{10}$ de 1 L = 100 ml.

207 Complete a tabela após relacionar as unidades de medida de capacidade.

litro	mililitro
1	1 000
$\frac{1}{4}$	
0,2	
30	
100	
0,4	

208 Escreva como se lê:

a) 7,5 L: ____________________

b) 0,4 L: ____________________

c) 600 ml: ____________________

d) 1,5 L: ____________________

e) 4 000 ml: ____________________

209 A seguir estão algumas quantidades retiradas de recipientes. Ligue as capacidades iguais.

900 ml •	• 2 litros
9,5 L •	• 0,9 L
2 000 ml •	• 0,2 L
200 ml •	• 9 500 ml

CHANCE E PROBABILIDADE

Quando você joga um dado, há 6 resultados possíveis, todos com a mesma chance de sair.

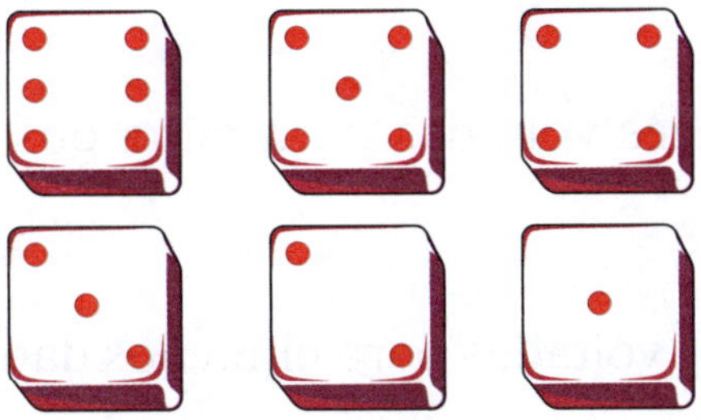

Podemos dizer que a chance de sair o número 6 é igual a 1 em 6 ou $\frac{1}{6}$.

210 Pensando nisso, complete:

a) A chance de sair números pares é __________ em __________ ou __________.

b) A chance de sair números ímpares é __________ em __________ ou __________.

c) A chance de sair o número 1 é __________ em __________ ou __________.

211 Vamos trabalhar agora com dois dados. No lançamento desses dois dados, qual é a chance de a soma das faces voltadas para cima ser par? E a chance de ser ímpar?

Para realizar essa atividade, você precisará compor o "espaço amostral", que nada mais é que o conjunto de todas as possibilidades de soma das faces voltadas para cima dos dois dados.

a) Complete a tabela.

2º dado / 1º dado	1	2	3	4	5	6
1	$1 + 1 = 2$	$1 + 2 = 3$	$1 + 3 = 4$			
2						
3						
4						
5						
6						

b) Quantas possibilidades há no espaço amostral? ______.

212 Agora responda:

a) A chance de a soma das faces voltadas para cima dos dados ser par é ______ em ______ ou ______.

b) A chance de a soma das faces voltadas para cima dos dados ser ímpar é ______ em ______ ou ______.

c) A chance de a soma das faces voltadas para cima dos dados ser 6 é ______ em ______ ou ______.

d) A chance de a soma das faces voltadas para cima dos dados ser 10 é ______ em ______ ou ______.

e) A chance de a soma das faces voltadas para cima dos dados ser um resultado que está na tabuada do 3 é ______ em ______ ou ______.

213 Imagine que você estivesse participando de uma brincadeira, na qual ganharia quem acertasse o resultado da soma, das faces voltadas para cima, de dois dados. Analisando os resultados da tabela do espaço amostral, qual soma você escolheria? Justifique.

______

______

214 Durante a festa junina do colégio de André, os alunos do 5º ano participarão de um sorteio (será sorteado um único aluno). Dos 150 alunos matriculados na série, 60 são do período da tarde e 90 são do período da manhã. Nesse sorteio, qual é a probabilidade de uma pessoa da tarde ser contemplada?

215 João possui em sua casa um canil com diferentes raças de cães: são três poodles, dois yorkshires e cinco beagles. Ao realizar a limpeza do canil, ele transferiu os cachorros cuidadosamente para outro espaço.

a) Qual é a chance de um cão da raça poodle ser transferido em 1º lugar?

b) Qual é a chance de um cão da raça beagle ser transferido em 1º lugar?

c) Qual é a chance de um cão da raça yorkshire ser transferido em 1º lugar?

216 Uma loja colocou uma grande roleta na entrada. Todos que fizessem compras teriam direito de girá-la e ganhariam um prêmio.

Qual é o prêmio que tem a maior chance de ser sorteado?

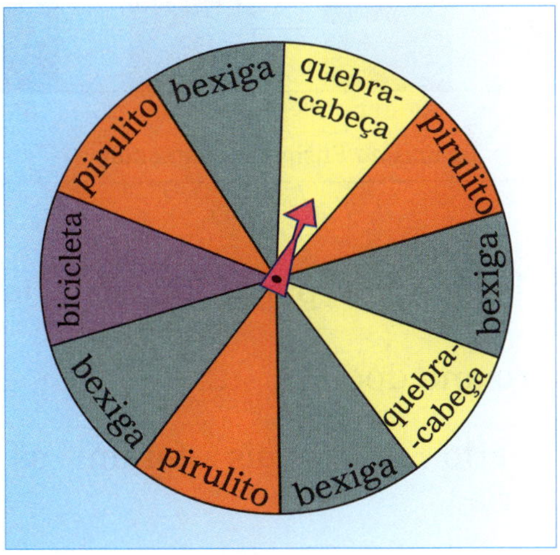

a) (   ) Bicicleta.

b) (   ) Bexiga.

c) (   ) Pirulito.

d) (   ) Quebra-cabeça.

GRÁFICOS

Gráfico de barras

Os gráficos de barras são utilizados para apresentar quantidades, facilitando a compreensão e a comparação entre elas. Ele mostra os dados utilizando um número de barras de mesma largura, cada uma delas representando uma categoria particular, indicadas em um dos eixos do gráfico, geralmente o eixo horizontal. A altura de cada barra é proporcional à quantidade indicada no outro eixo do gráfico, geralmente o vertical.

217 Os alunos do Ensino Fundamental I doaram brinquedos usados para que uma das turmas da escola organizasse, restaurasse e doasse esses brinquedos para crianças carentes. Depois de recolher os brinquedos, eles os separaram por faixa etária, conforme a legenda.

Observe os dados apresentados no gráfico para responder as questões.

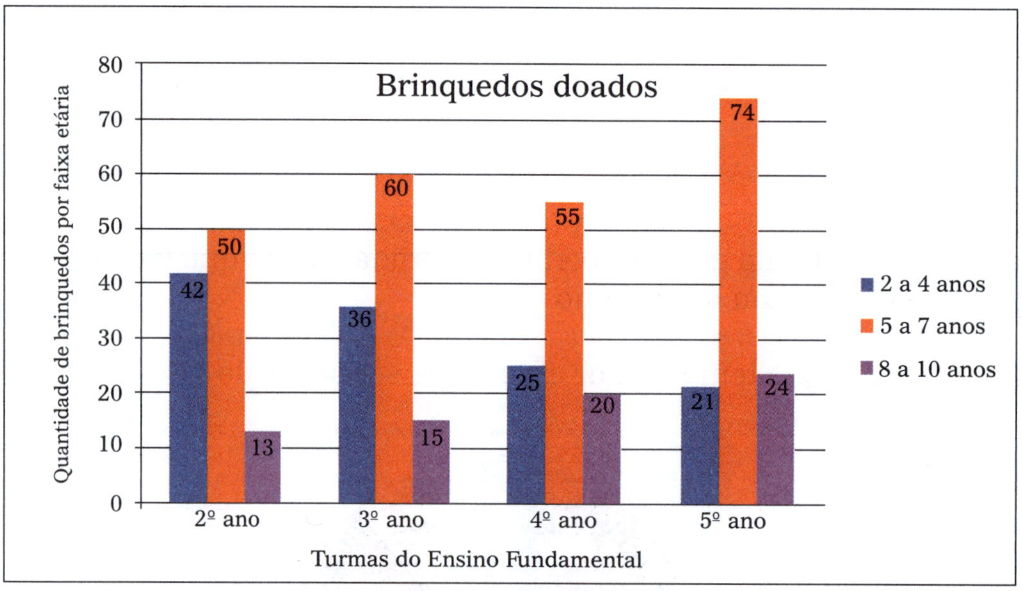

a) Qual foi o ano que doou mais brinquedos para a faixa etária de 5 a 7 anos? ______

b) Quantos brinquedos o terceiro ano doou? ______

c) Entre o segundo e o quarto ano, quais foram as diferenças nos números de brinquedos doados por faixa etária?

■ 2 a 4 anos: ______ ■ 5 a 7 anos: ______ ■ 8 a 10 anos: ______

Gráfico de linhas

O gráfico de linhas é utilizado para demonstrar variações dentro de um determinado período. Os dados são apresentados a partir de um ponto do eixo vertical e são ligados a outro ponto por meio de um segmento de reta.

218 O gráfico a seguir apresenta o número de páginas lidas por um aluno. O livro tem 200 páginas e deve ser lido em 3 semanas.

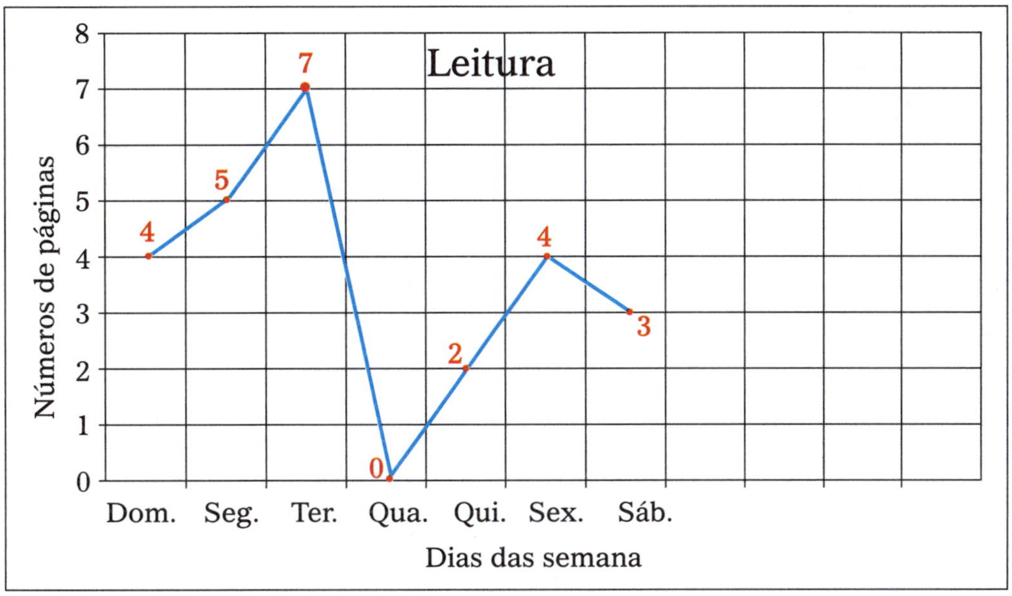

Você acha que este aluno está programando bem o seu tempo de leitura? Por quê?

____

____

Atividade prática

Durante a semana de ___ / ___ a ___ / ___, você registrará as temperaturas mínimas e máximas de cada dia. Anote as informações na tabela a seguir.

	2ª - feira ___ / ___	3ª -feira ___ / ___	4ª -feira ___ / ___	5ª -feira ___ / ___	6ª -feira ___ / ___	Sábado ___ / ___	Domingo ___ / ___
Mínima							
Máxima							

219 Agora, com as informações da tabela, construa um gráfico de linhas. Atenção, esse gráfico será composto por duas linhas, uma para mostrar a variação de temperatura mínima e outra para mostrar a variação de temperatura máxima, portanto faça uma legenda, usando duas cores diferentes, para identificá-las.

Legenda: ☐ ______________ ☐ ______________

a) Qual foi o dia mais quente?

____

b) Qual foi o dia em que a temperatura mínima foi menor?

____

c) Em qual dia desta semana, a diferença entre as temperaturas máxima e mínima foi maior?

____

Gráfico de setores

O gráfico de setores é usado para a análise de dados obtidos, principalmente, em uma pesquisa. Esse gráfico consiste em representar informações na forma de setores.Consideramos que 100% dos dados equivalem a um setor circular completo, de 360°.

Exemplo: Na escola de Joana, a turma do 5º ano se organizou e coletou material para ser reciclado. Eles separaram esse material em quatro grupos: papel, vidro, plástico e metal, assim divididos: 40% do material coletado foi de papel, 10% de vidro, 25% plástico e 25% de metal. Observe o gráfico de setores feito por Joana para registrar estes dados.

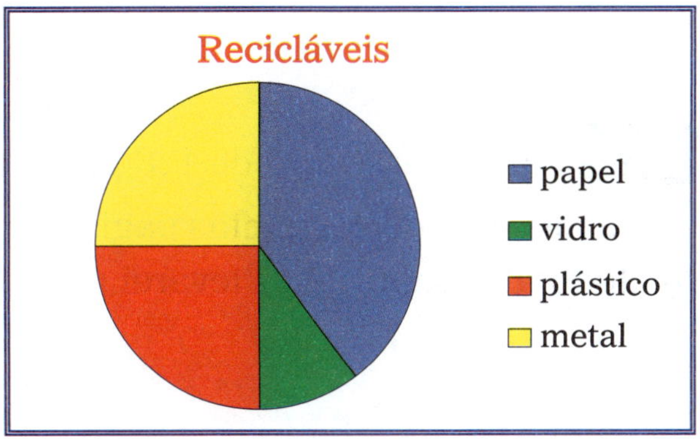

Atividade prática

220 Escolha 10 amigos e 5 sabores diferentes de sorvete. Organize essas informações na tabela abaixo, colocando um **X** de acordo com uma única preferência de sabor de sorvete de cada amigo.

Nome dos alunos	Sabor do sorvete				

221 No gráfico ao lado, cada setor representa preferência de sabor de sorvete de um dos seus amigos. Pinte-os de acordo com o sabor de sorvete preferido por eles. Crie uma legenda, com cinco cores diferentes, para identificar cada sabor.

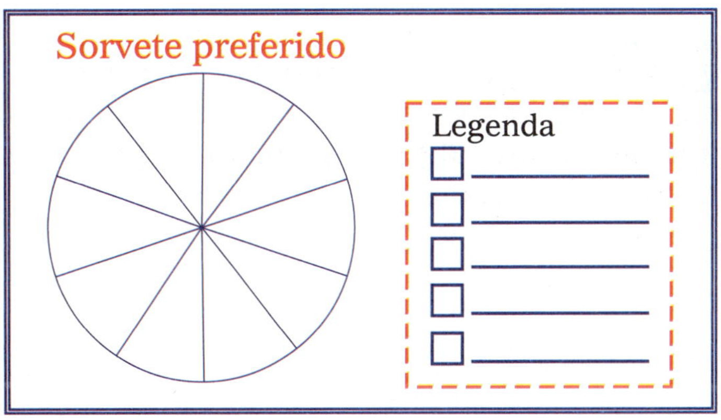

a) Cada setor deste gráfico representa ________% do total de amigos.

b) Qual é o sabor preferido pela maioria dos seus amigos? ________________

c) Represente o sabor preferido pela minoria dos seus amigos por meio de uma fração decimal. ________________

PROBLEMAS

222 Para ler um livro de 128 páginas, planejei a leitura de 8 páginas por dia.

a) Depois de 6 dias, quantas páginas do livro faltarão para eu ler?

b) No total, quantos dias levarei para ler esse livro?

a) ______

b) ______

223 Numa caixa azul, havia 250 figurinhas; numa caixa vermelha, 216 figurinhas. Da caixa azul foram retiradas 108 figurinhas e usadas 75, sendo o restante colocado na caixa vermelha.

a) Quantas figurinhas restaram na caixa azul?

b) Com quantas figurinhas ficou a caixa vermelha?

c) A caixa vermelha ficou com quantas figurinhas a mais do que a caixa azul?

a) ______

b) ______

c) ______

224 A empresa Alô produziu 34 678 celulares no mês de janeiro, mas 782 apresentaram algum defeito. No mesmo período, a empresa JV produziu 24 546 celulares, dos quais 965 apresentaram algum problema. Quantos celulares sem defeito essas duas empresas produziram juntas?

Resposta: ______

225 Bruno coleciona carrinhos. Para ficar mais fácil de contar, organizou-os em grupos de 25. Bruno formou 14 grupos completos. Quantos carrinhos ele tem?

Resposta: ______

226 Em uma escola, há 6 classes de terceiro ano com 24 alunos em cada uma, 8 classes de quarto ano com 26 alunos em cada e 12 classes de quinto ano com 27 alunos em cada. Qual é o total de alunos nessas classes?

Resposta: ______

227 Um auditório possui 36 filas com 45 assentos em cada uma delas e mais uma fila com 34 assentos. Para um espetáculo nesse auditório, já foram vendidos 1 234 ingressos. Quantos ingressos ainda estão à venda?

Resposta: ______

228 Observe o gráfico e elabore um problema que possa ser solucionado utilizando os dados sobre o consumo de papel e de plástico. Depois resolva-o.

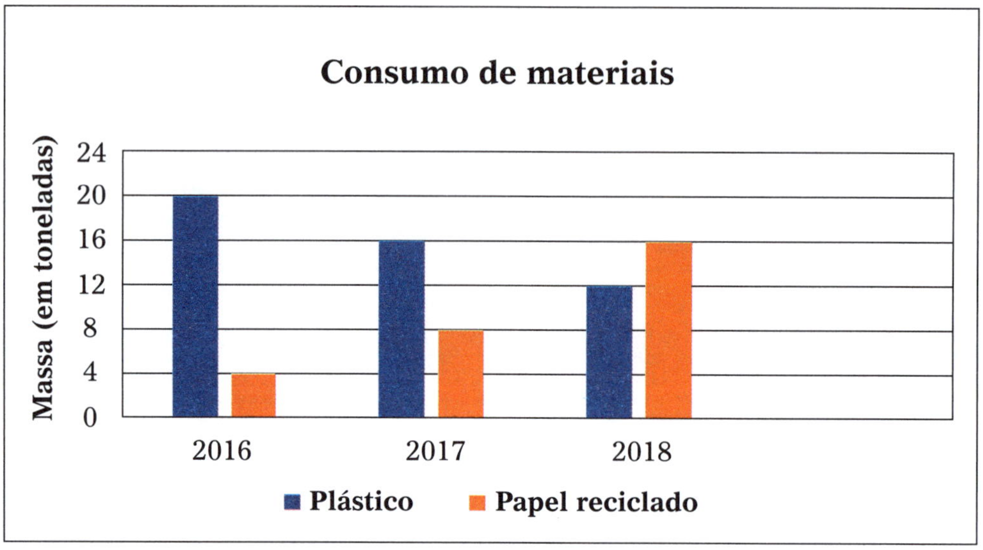

Resposta:

229 Para um campeonato de futebol, foram organizados 16 apitos, 64 cartões, 32 bandeirinhas e 24 faixas em 8 kits, com a mesma quantidade de itens em cada um. Quantos materiais foram colocados em cada kit?

Resposta:

230 Em uma fábrica de bolas, uma única máquina produz 352 bolas por hora. Em 6 horas, quantas bolas serão produzidas por 65 máquinas iguais a essa?

Resposta: ____________________

231 Numa embalagem, podem ser colocadas 18 garrafas de suco. Se um caminhão transportar 100 dessas embalagens, quantas garrafas de suco ele transportará? Quantas garrafas podem transportar 27 caminhões como esse?

Resposta: ____________________

____

232 Uma caixa tem 206 enfeites de Páscoa e outra caixa tem o triplo dessa quantidade. De quanto é a diferença entre a quantidade de enfeites das duas caixas?

Resposta: ____________________

233 Sofia tinha 567 adesivos. Deu 45 para Carla, 39 para Beto e 27 para Bia. Com quantos adesivos ela ficou?

Resposta: ______________________________

234 Assinale a pergunta adequada para o problema abaixo e resolva-o.

Nas férias, Paula viajou para Porto Seguro e tirou muitas fotos. Quando voltou, imprimiu todas e fez um álbum com 45 páginas. Em cada página, colocou 12 fotos; sobraram 4.

( ) Quantas fotos ficaram escuras?

( ) Quantas fotos Paula tirou na viagem?

( ) Quantos quilômetros há de São Paulo a Porto Seguro?

Resposta: ______________________________

235 Para uma manhã esportiva, foram compradas 2 caixas com 15 bolas de futebol cada uma, três caixas com 16 bolinhas de pingue-pongue cada uma, além de 25 bolas de vôlei. Quantas bolas foram compradas para o evento?

Resposta: ______________________________

236 Observe o gráfico abaixo e responda às questões.

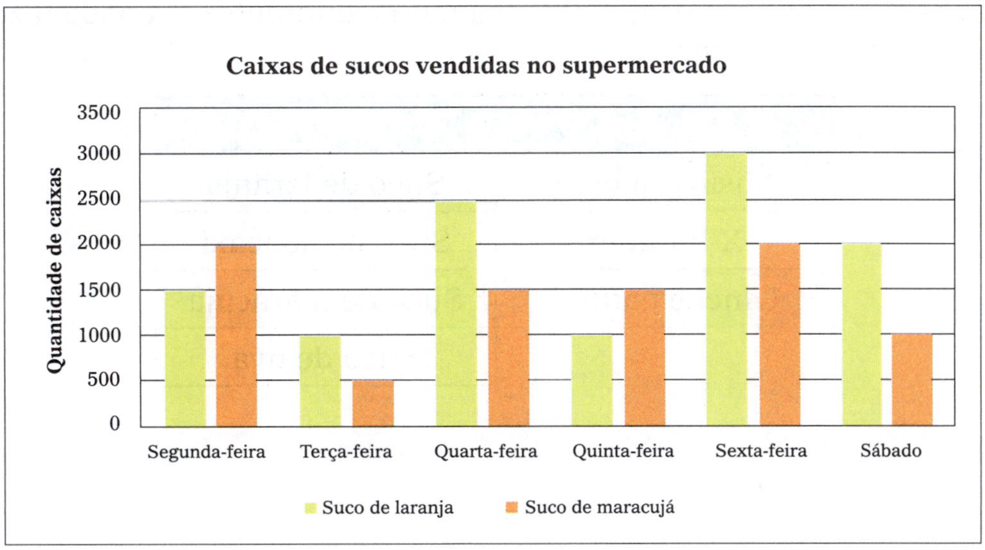

a) Em qual dia da semana foram vendidas menos caixas de suco de maracujá?

Resposta: ______________________________

b) Qual é a diferença entre a quantidade vendida de caixas de suco de laranja e a de suco de maracujá na quarta-feira?

Resposta: ______________________________

c) Qual é o total vendido de caixas de suco de laranja nesse período? E de maracujá?

Resposta: ______________________________

____

d) Sabendo que uma vez por semana há uma promoção em que o suco de laranja é vendido por um preço menor, observe o gráfico e responda: Que dia da semana você acha que é o da promoção? Justifique a sua resposta.

Resposta: ______________________________

____

____

Cálculos

237 Letícia foi à lanchonete da escola para comer um lanche e tomar um suco. Considerando as opções abaixo, de quantas maneiras diferentes ela pode fazer o pedido? Registre a forma como você resolveu.

Lanches	Bebidas
Misto - quente	Suco de laranja
X-burguer	Suco de abacaxi
Lanche natural	Suco de maracujá
	Suco de uva

Resposta: ____________________

238 Assinale a pergunta adequada para o problema e resolva-o.

Uma fábrica de chicletes produziu 38 880 unidades e organizou-as colocando 36 chicletes em cada embalagem.

( ) Quantas embalagens serão necessárias para organizar todos os chicletes?
( ) Quanto tempo levará para os chicletes ficarem prontos?
( ) Qual é o preço de cada chiclete?

Resposta: ____________________

239 A mãe de Juliana comprou carimbos para dar de lembrancinha a cada uma das 35 meninas que foram convidadas para o aniversário da filha. Ela colocou três carimbos em cada pacotinho e sobraram 2 carimbos.

a) Quantos carimbos foram comprados?
b) Quantos carimbos a mais ela precisaria comprar para que cada convidada recebesse 4 e não sobrasse nenhum?

a) ____________________

b) ____________________

240 Multipliquei o número 543 por 100. Do resultado, subtraí o quociente entre 4 500 e 90. Que número encontrei?

Resposta: ______________________________

241 Somando um número com 27 e multiplicando o resultado por 5 dá 200. Que número é esse?

Resposta: ______________________________

242 Pensei em um número, somei 25, dividi o resultado por 5 e obtive 12. Descubra em que número pensei.

Resposta: ______________________________

243 Quanto é o dobro de 24 mais o triplo de 13 menos o quádruplo de 15?

Resposta: ______________________________

244 Um supermercado recebeu 145 pacotes de refrigerante, cada um deles com 12 garrafas. Durante a semana, foram vendidas 958 garrafas. O supermercado vendeu todos os refrigerantes? Sobraram garrafas? Quantas?

Resposta: ______

245 Observe o gráfico.

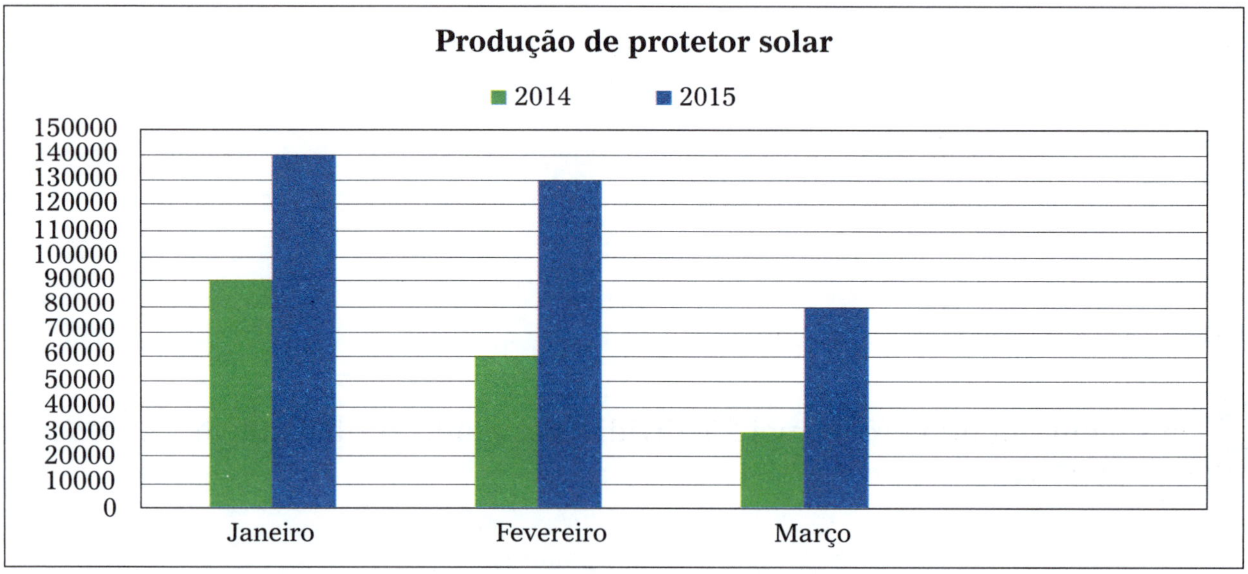

a) Coloque **C** para as afirmações corretas e **E** para as erradas.

( ) Houve uma redução na produção entre 2014 e 2015.
( ) O gráfico mostra um aumento na produção entre fevereiro e março de 2015.
( ) Houve um aumento na produção de 2014 para 2015.

b) Quantos protetores solares foram produzidos nos 3 primeiros meses de 2014?

Resposta: ______

c) De quanto é a diferença na produção do mês de março de 2014 para o de 2015?

Resposta: ______

d) Por que você acha que a quantidade produzida no mês de janeiro foi maior do que a do mês de março?

Resposta: ______

Cálculos

246 Em uma editora, foram produzidos 800 135 livros, sendo 369 180 de Língua Portuguesa, 232 490 de Matemática e o restante de Geografia. Quantos livros de Geografia foram produzidos no total?

Resposta: ______________________________

247 Uma gráfica imprimiu 34 948 folhetos de prevenção à dengue, que foram embalados em pacotes com duas dúzias cada. Quantos folhetos sobraram fora dos pacotes?

Resposta: ______________________________

248 Cristiano quer distribuir 646 pirulitos entre 80 crianças, mas antes vai retirar dois para seu irmão.

a) Quantos pirulitos cada criança receberá?

b) Os que sobrarem ficarão para Cristiano. Com quantos pirulitos ele ficará?

a) ______________________________

b) ______________________________

249 Veja a pontuação de cada criança numa partida de videogame.

Felipe: 1 278 pontos	Jorge: 2 188 pontos	Angélica: 1 895 pontos

a) Quantos pontos Angélica fez a mais que Felipe?

b) Quantos pontos Angélica fez a menos que Jorge?

c) Qual é a diferença de pontos entre Jorge e Felipe?

a) ______

b) ______

c) ______

250 Gustavo tem uma agência de turismo. A última excursão que organizou foi para o Parque da Chapada dos Guimarães. Foram 17 ônibus lotados, com 36 passageiros em cada um, e um ônibus com 32 passageiros. Cada um ganhou uma pequena bolsa com 3 garrafas de suco para consumir durante a viagem. Quantas garrafas foram distribuídas no total?

Resposta: ______

251 Em uma festa de aniversário, havia dois bolos. Cada um deles foi dividido em 24 partes. Em seguida, cada uma dessas partes foi dividida em três fatias. Cada pessoa da festa comeu uma fatia de bolo. No final, sobraram três fatias. Quantas pessoas estavam na festa?

Resposta: ______

252 Cecília deu bombons para seus 13 netos. Cada um recebeu 16 bombons e sobraram 9. Quantos bombons ela tinha?

Resposta: ______

253 Quando D. Pedro I voltou para Portugal, seu filho, Pedro, tinha 5 anos de idade. Nove anos mais tarde, foi coroado imperador com o título de D. Pedro II, permanecendo no cargo por 49 anos, até 1889.

Em que ano:

a) Seu pai voltou para Portugal?

b) D. Pedro II foi coroado imperador?

a) ______

b) ______

254 Um operário foi pegando latinhas de refrigerante de uma pilha e completando caixas de 24 latas. Ele completou 188 caixas; restaram 13 latas na pilha. Quantas latinhas havia antes de o operário começar a pegá-las?

Resposta: ______

255 No gráfico a seguir, aparecem alguns estádios de futebol brasileiros e o número de lugares disponíveis em cada um deles.

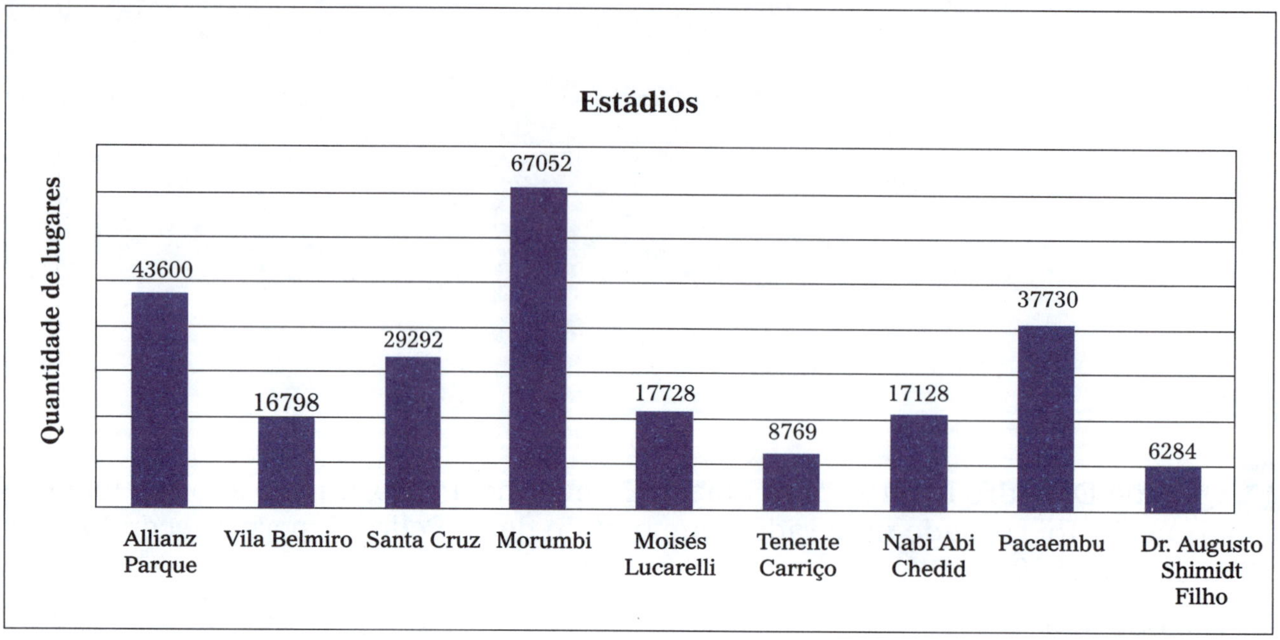

a) Para um jogo no estádio Pacaembu, foram vendidos 32 158 ingressos. Quantos lugares sobraram nesse estádio?

Resposta: ______________________________

b) Em um jogo preparatório para o Campeonato Paulista, no estádio Allianz Parque, foram vendidos $\frac{3}{5}$ da quantidade de lugares disponíveis. Quantos ingressos foram vendidos?

Resposta: ______________________________

c) No último jogo realizado na Vila Belmiro, o estádio ficou lotado, com todos os lugares disponíveis ocupados. Cada ingresso foi vendido por R$ 38,00. Quantos reais o estádio arrecadou com a venda dos ingressos?

Resposta: ______________________________

d) Quais estádios têm capacidade inferior a 20 000 lugares?

Resposta: ______________________________

Cálculos

256 Marcelo entrou numa livraria e se interessou por estes livros:

E separou alguns gibis das suas personagens preferidas.

a) Se ele quiser comprar 1 livro e um gibi, de quantas formas diferentes pode combinar esses dois itens?

b) Se resolver incluir 2 livros na sua lista de possibilidades e retirar 2 gibis, ficará com mais ou menos opções de escolha?

a) ______________________________

b) ______________________________

257 Com uma garrafa de suco de frutas concentrado, obtemos 15 copos de suco para beber. Dona Marta quer fazer suco para 20 crianças. Calculando que cada uma beba 4 copos de suco, quantas garrafas de suco concentrado ela deve comprar?

Resposta: ______________________________

258 Para responder à pergunta de quantos jornais tinha vendido, um jornaleiro saiu com esta: “Se eu tivesse vendido o dobro do que vendi mais a metade de 20, mais 2 e mais 3, teria vendido 55 jornais”. E agora, quantos jornais ele vendeu?

Resposta: ______

259 Lucas perguntou a seus amigos Alexandre, Roger e Lúcio:

– Qual é o número que, quando multiplicado por ele mesmo e somado com 6, tem como resultado o quíntuplo desse número?

Alexandre imediatamente respondeu:

– Ora, o número 2.

Roger respondeu em seguida:

– Não, Alexandre, o número é 3.

Lúcio retrucou:

– Na verdade, o número é 4.

Verifique quais dos amigos estão certos.

Resposta: ______

260 O gráfico a seguir refere-se a uma rede de lojas de brinquedos. Observe-o e responda às questões.

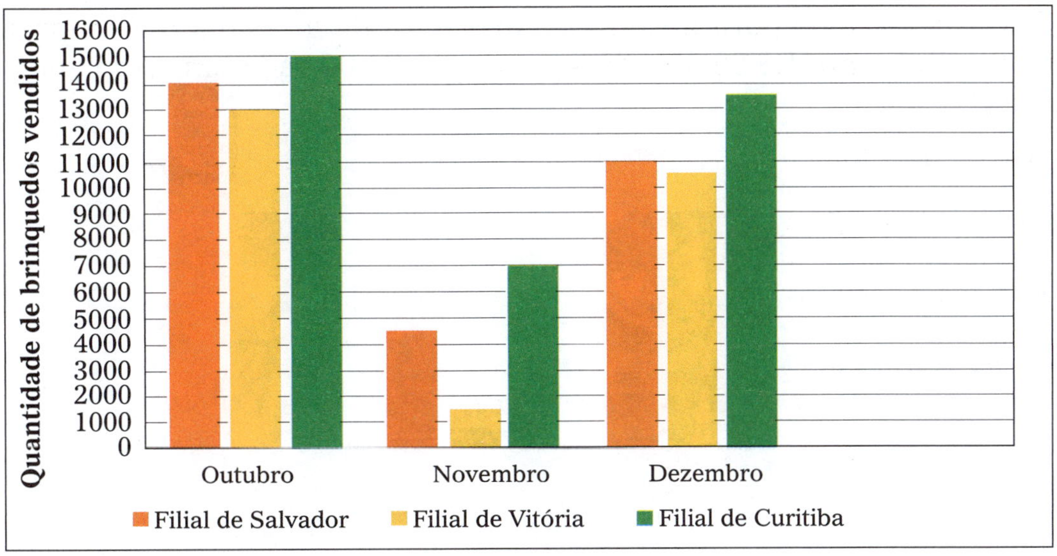

a) Elabore um título para o gráfico.

Resposta: ____________________

b) Nos três meses, quantos brinquedos foram vendidos na loja de:

Salvador: ____________________

Vitória: ____________________

Curitiba: ____________________

c) Observando o gráfico, é possível perceber que as vendas no mês de novembro caíram em relação ao mês anterior. Porém, no mês seguinte, voltaram a crescer. Por que as vendas de brinquedos foram maiores nos meses de outubro e dezembro?

Resposta: ____________________

____

____

Cálculos

261 Assinale a expressão numérica que resolve corretamente o problema. Em seguida, resolva-a.

Ana levou R$ 200,00 para gastar em uma feira de artesanato. Comprou um tapete por R$ 65,00, uma bolsa por R$ 95,00 e dois panos por 20,00 cada um. Com quantos reais ela voltou para casa?

a) $200 - 2 \times 10 + 65 + 95 =$

b) $200 - 2 \times (95 + 65 + 20) =$

c) $(95 + 65 + 2 \times 20) - 200 =$

d) $200 - (65 + 95 + 2 \times 20) =$

Resposta: ____________________

262 Beto ficou confuso depois de bater figurinhas com Marcos. Tinham jogado duas partidas. Beto lembrava que na primeira partida ganhou 65 figurinhas e na segunda perdeu 59 figurinhas. Agora contava várias vezes 72 figurinhas que ficaram em sua mão, sem se dar conta de quantas tinha antes de começar a jogar. Quantas figurinhas tinha Beto ao começar o jogo?

Resposta: ____________________

263 Em uma fábrica, as costureiras pregam 6 botões em cada uniforme. Uma cartela com 35 dúzias de botões é suficiente para fazer quantos uniformes?

Resposta: ____________________

264 Assinale a expressão numérica que resolve corretamente o problema. Em seguida, resolva-a.

Fernando levou R$ 50,00 para comprar lanche na escola. Comprou um sanduíche por R$ 8,70, um suco por R$ 6,00 e dois chocolates por R$ 5,40 cada. Quantos reais ele recebeu de troco?

a) 50,00 – 2 × (6,00 + 8,70 + 5,40) =

b) 50,00 – (8,70 + 6,00 + 2 × 5,40) =

c) (6,00 + 8,70 + 2 × 5,40) – 50,00 =

d) 50,00 + 2 × 5,40 + 8,70 + 6,00 =

Resposta: ______________________________

265 Observe a pirâmide abaixo e faça o que se pede.

Partindo da casa nº 1, que fica no alto da pirâmide, desça até a base, sempre passando por uma casa vizinha à anterior, de modo que obtenha um total igual a 61, somando todos os números por onde passar.

Atenção: Passe por apenas uma das casas de cada degrau da pirâmide.

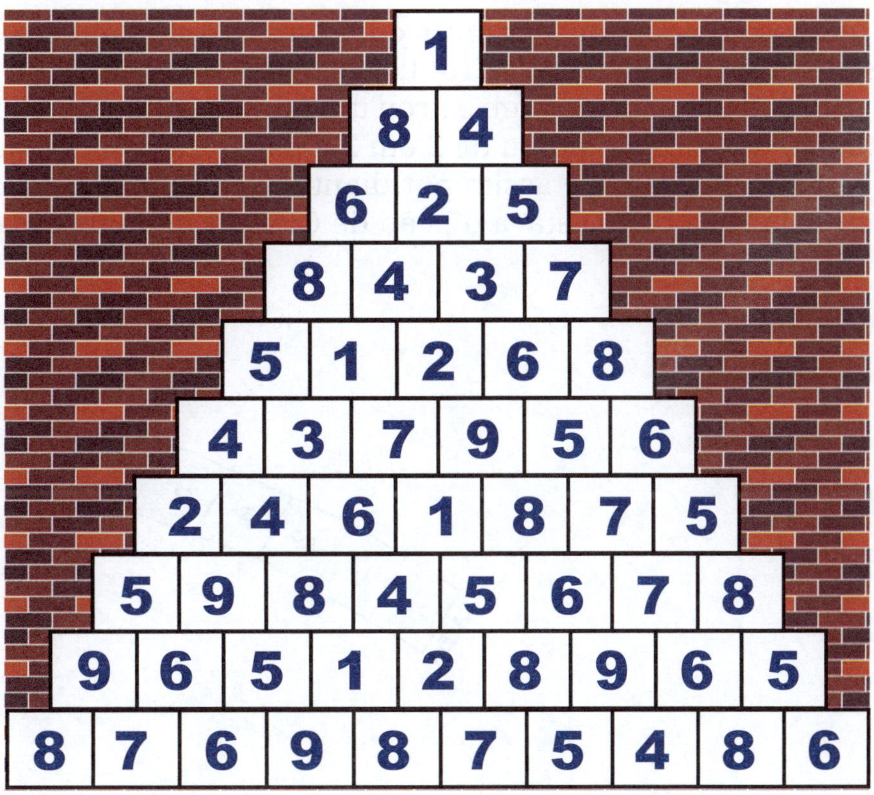

266 Felipe, funcionário de uma grande panificadora, devia embalar 357 bisnagas doces. Ele fez diversos pacotes com 15 bisnagas cada um e notou que sobraram algumas. Então, das que sobraram, acrescentou uma a cada pacote já pronto, de modo que alguns ficaram com 16 bisnagas. Quantos pacotes ficaram com mais bisnagas?

Resposta: ______________________________

267 Para uma festa de aniversário, foram encomendados 3 500 salgados, um bolo e 2 150 docinhos. Havia 5 tipos diferentes de docinhos e a mesma quantidade de cada tipo. Quantos docinhos de cada tipo foram feitos?

Resposta: ______________________________

268 Clara e 5 amigos começaram a brincar com um jogo de tabuleiro. Ela colocou seu peão em uma das casas numeradas de 1 e 10. Logo depois, para iniciar a sua jogada, cada um de seus amigos lançou um dado comum e tirou um número diferente dentre os seguintes: 2, 3, 4, 5 ou 6. O amigo que tirou 2 andou de 2 em 2 a partir da casa 2; aquele que tirou o 3 andou de 3 em 3 a partir da casa 3, e assim por diante. Nenhum de seus amigos, ao andar pelas casas, passou pela casa onde estava o peão de Clara. Em quais casas poderia estar o peão dela?

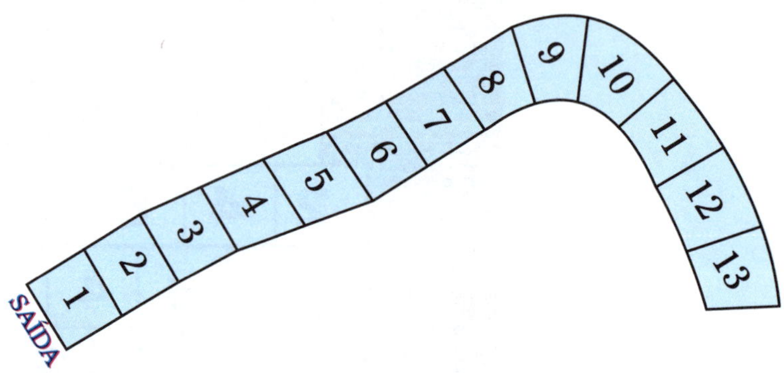

Resposta: ______________________________

269 Ricardo quer adicionar 214 a 407 usando a calculadora, mas a tecla **4** está quebrada. Como ele pode calcular o resultado dessa adição com essa calculadora? Registre as teclas usadas.

Resposta: ______________________________

270 Qual é o algarismo que corresponde a cada letra? Você pode usar os algarismos de 0 a 9 sem repeti-los.

a)

		3	4	A
x			2	B
		3	4	0
+	6	8	0	0
	C	**1**	**4**	**0**

A = ______________

B = ______________

C = ______________

b)

		1	D	5
x			1	E
		6	2	5
+	1	2	5	0
	1	**F**	**7**	**5**

D = ______________

E = ______________

F = ______________

c)

		1	G	H
x			1	I
	1	2	0	6
+	1	3	4	0
	2	**5**	**4**	**J**

G = ______________

H = ______________

I = ______________

J = ______________

271 Faça a expressão que resolve cada problema abaixo e encontre os resultados.

a) Dividi dois milhões por cem mil unidades. Ao resultado adicionei o quíntuplo de 3 dezenas de milhar. Que número encontrei?

b) Subtraí 45 780 unidades de 5 dezenas de milhar. Multipliquei o resultado por 6. Que número encontrei?

a) ______________________________

b) ______________________________

272 Em uma pesquisa sobre economia de água, perguntou-se aos participantes se o tempo que levavam para tomar banho era por volta de 4 minutos, 8 minutos ou 12 minutos. Veja os resultados na tabela.

Tempo aproximado do banho	Número de pessoas
4 minutos	40
8 minutos	16
12 minutos	8

a) Represente esse resultado no gráfico de setores. Escolha três cores diferentes e faça uma legenda.

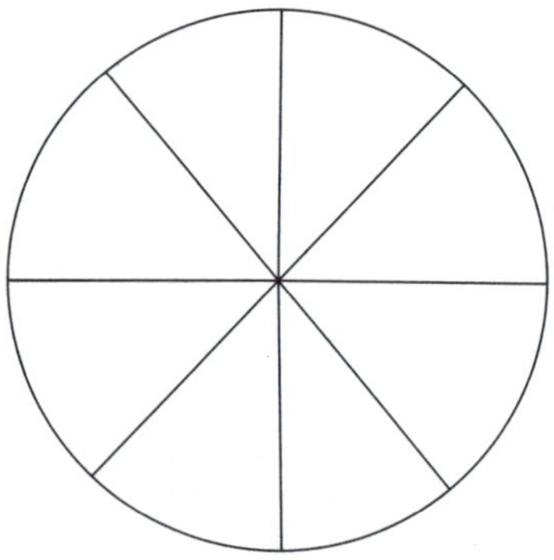

____

____

____

b) Complete com **C** para certo e **E** para errado.

( ) A quantidade de pessoas que tomam banho em 8 minutos é o dobro da quantidade que toma em 12 minutos.

( ) Apenas metade das pessoas entrevistadas tomam banho em 4 minutos aproximadamente.

( ) O total de pessoas que tomam banho em 4 minutos e 12 minutos corresponde a 75% dos entrevistados.

( ) O total de pessoas entrevistadas é igual ao produto entre 8 e 9.

( ) Um quarto das pessoas ficam 8 minutos no banho.

273 Numa festa na escola, havia refrigerante e suco para os alunos beberem. Ao todo, 20 alunos beberam refrigerante e 15 alunos beberam suco. Entre eles, havia os alunos que beberam refrigerante e suco, num total de 7 alunos. Quantos alunos estavam na festa?

Resposta: ______________________

274 Dona Eva está fazendo um tapete de tear de 15 metros para o corredor da capela que frequenta. Ela consegue fazer 5 metros de tapete por dia, mas à noite seu gato pega o tapete para brincar e desfaz 3,5 metros. Em quantos dias dona Eva terminará o tapete?

Resposta: ____________________

275 Em um dos setores de uma biblioteca, há 148 169 livros, sendo 57 295 de aventura, 38 976 de suspense, 19 008 de crônica e o restante de ficção. Quantos livros de ficção há nesse setor?

Resposta: ____________________

276 Na viagem de férias com a família, o pai de Lucas abasteceu o carro com gasolina três vezes. Na primeira parada, ele colocou 38,7 litros e pagou R$ 162,54; na segunda, ele colocou 36,74 litros e pagou R$ 154,30; e por fim colocou mais 32,83 litros.

a) Quantos litros de gasolina foram usados para abastecer o carro?

b) O pai de Lucas tinha R$ 500,00 para gastar com combustível. Depois de abastecer o carro as três vezes, ficou com R$ 45,16 de troco. Quanto ele gastou no último abastecimento?

a) ____________________

b) ____________________

277 Dulce tem uma caixa de 24 lápis de cor, sendo que 2 deles são prateados. Na caixa de Fátima, há apenas 12 lápis, sendo 1 prateado. Se cada menina tirar da caixa um lápis ao acaso, qual delas tem maior probabilidade de tirar um lápis prateado? Por quê?

Resposta: ______________________________

____

278 Melissa está brincando de tirar uma peça da caixa sem olhar. Na caixa, há 20 peças com forma de quadrado e triângulo, que podem ser das cores vermelha e azul. Observe a quantidade de algumas peças e descubra qual peça tem a menor probabilidade de ser sorteada.

QUANTIDADE DE ALGUMAS PEÇAS				
Triângulo vermelho	**Peça vermelha**	**Quadrado**	**Peça azul**	**Triângulo**
3	8	11	12	9

Complete as frases e registre os números obtidos na tabela abaixo.

a) As duas primeiras colunas nos informam que há ________ triângulos vermelhos e ________ peças vermelhas. Como há 3 triângulos vermelhos, então só pode haver ________ quadrados vermelhos.

b) A terceira coluna diz que há ________ quadrados. Como já temos ________ quadrados vermelhos, restam ________ quadrados azuis.

c) Se há ________ peças azuis, das quais ________ são quadrados, então há ________ triângulos azuis.

Figura \ Cor	Vermelho	Azul	Total
Quadrado			
Triângulo	3		
Total			

A peça em menor quantidade dentro da caixa tem a menor probabilidade de ser sorteada.

Essa peça é o ______________________________

279 Jéssica é uma youtuber tão conhecida que tem 3,4 milhões de seguidores. Já Lorena possui 3 047 800 de seguidores. Quem possui mais seguidores? Quantos a mais?

Resposta: ______________________________

280 Leia o texto abaixo e faça o que se pede.

A febre do etanol

Parece que o mundo passou a ver o etanol como a solução para todos os males das mudanças climáticas. Afinal, ele é renovável e contribui menos para o efeito estufa.

Segundo a Petrobras, tanto a gasolina quanto o álcool liberam, em média, 1,8 kg de CO_2 [gás carbônico] para rodar 10 km em um carro flex 1.0. "A diferença é que aquilo [que é] emitido pelo etanol e pela queima de cana é reabsorvido pelas plantações", diz Emílio La Rovere, da UFRJ. [...]

Juliana Tiraboschi. A febre do etanol, Revista Galileu. São Paulo: Editora Globo, abr. 2017, p. 13.

O texto afirma que a cada 10 km percorridos por um carro com motor flex 1.0 libera-se 1,8 kg de gás carbônico. Com base nessa informação, complete a tabela.

QUANTIDADE DE GÁS CARBÔNICO LIBERADO	
Quilômetros percorridos	**Quantidade de gás carbônico (em quilogramas)**
10	1,8
20	
30	
40	

De acordo com alguns estudos, para compensar a liberação de gás carbônico emitido por um veículo motor flex 1.0 que percorreu 800 km, é necessário o plantio de 1 árvore. Com base nesse dado, complete a tabela.

COMPENSAÇÃO COM PLANTIO DE ÁRVORES	
Quilômetros rodados	**Número de árvores plantadas**
2 400	
4 800	
8 000	

281 Uma loja de calçados vende sapatos masculinos, femininos e infantis. O gerente levantou alguns dados sobre as vendas nos quatro primeiros meses do ano e fez dois gráficos.

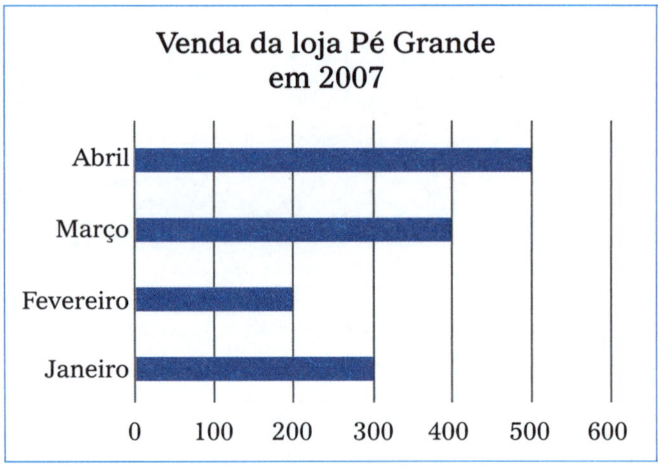

Gráfico de barras

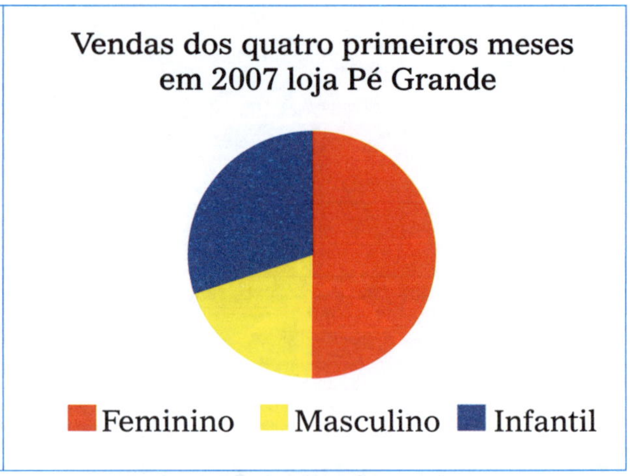

Gráfico de setores

De acordo com esses gráficos, responda:

a) Em que mês houve a maior queda nas vendas de sapatos? Que gráfico você consultou para responder a essa questão?

Resposta: ____

b) Pelo gráfico de barras é possível saber o tipo de sapato mais vendido nessa loja nesses quatro meses? Por quê?

Resposta: ____

c) Podemos afirmar que os sapatos infantis foram os mais vendidos? Que gráfico permitiu sua resposta?

Resposta: ____

d) Que porcentagem total de calçados vendidos corresponde aos sapatos femininos?

Resposta: ____

282 Um mercado vende pacotes de goiabada. Três pacotes do tipo **A**, juntos, pesam 7,5 kg. Cinco pacotes do tipo **B**, juntos, pesam 17,5 kg. Quantos pacotes de cada tipo Catarina deve comprar para obter exatamente 13 kg?

Resposta: ______________________________

283 Pinte a roleta com as cores azul, verde e amarela de forma que:

- a probabilidade de parar na cor azul seja o dobro da probabilidade de parar na cor verde.
- a probabilidade de parar na cor verde seja o dobro da probabilidade de parar na cor amarela.

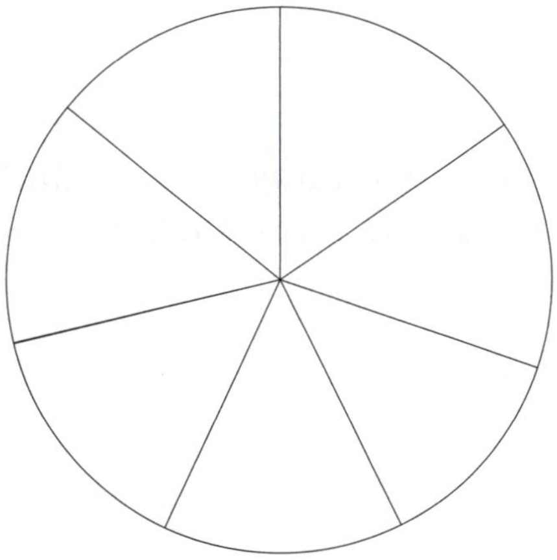

Escreva a fração que indica a probabilidade de a roleta parar na cor:

a) Azul: ____________

b) Verde: ____________

c) Amarela: ____________

SISTEMA MONETÁRIO

284 O avô de Chico distribuiu igualmente R$ 1 440,00 aos seus 12 netos para que fossem passar o sábado em um parque de diversões. Quanto cada neto recebeu?

Resposta: ______________________________

285 Carlos Henrique tem R$ 5 300,00 em sua conta no banco. Ele quer comprar um computador que custa R$ 3 890,00 e uma impressora que custa R$ 495,00. O dinheiro que tem para a compra é suficiente ou faltará? Quanto?

Resposta: ______________________________

286 Ana tem em sua carteira apenas uma cédula de dinheiro e quer comprar trufas que custam R$ 6,70 cada uma. Veja o que ela disse para uma amiga e indique qual a nota que Ana tem na carteira.

Se comprar três trufas, usando a quantia que tenho, sobrarão R$ 29,90.

Resposta: ______________________________

287 Um auditório possui 23 filas de 25 assentos e 1 fila de 20 assentos. Para um espetáculo nesse auditório, já foram vendidos 420 ingressos. Quantos ingressos ainda estão à venda? Quanto custa cada ingresso se, com o auditório lotado, a arrecadação é de R$ 5 950,00?

Resposta: ______________________________

____

288 Marta comprou uma camisa por R$ 148,00 e uma calça por R$ 247,00. Após pagar sua compra, ficou com R$ 215,00. Qual o valor que Marta tinha antes de fazer suas compras?

Resposta: ______________________________

289 Comprei uma máquina de lavar roupas no valor de R$ 4 680,00 em quatro parcelas iguais. Qual foi o valor de cada parcela?

Resposta: ______________________________

290 Para pintar seu apartamento, Roberta recebeu um orçamento com duas opções de pagamento:

- à vista: R$ 13 500,00.
- a prazo: entrada R$ 4 200,00 + 4 parcelas de R$ 2 500,00 cada uma.

De quanto é a diferença de preço entre as duas formas de pagamento?

Resposta: ____________________

291 Cláudio comprou uma televisão. Deu R$ 650,00 de entrada e pagará o restante em 5 prestações mensais de R$ 545,00 cada uma. Qual é o preço da televisão?

Resposta: ____________________

292 Patrick juntou dinheiro por vários meses e o guardou no seu armário que tem 2 gavetas. Cada gaveta contém dois envelopes grandes. Cada envelope tem dois envelopes menores. Cada envelope pequeno tem dois pacotes de notas. Cada pacote de notas tem 6 notas de 50 reais e 3 notas de 100 reais.

Quanto Patrick poupou?

Resposta: ____________________

293 Gustavo foi ao banco e retirou R$ 520,00 de sua conta. Depois, pagou a fatura de energia elétrica no valor de R$ 122,50. Mais tarde, recebeu R$ 136,00 de um cliente por um serviço realizado. E, no fim do dia, gastou R$ 157,00 em uma loja de calçados. Quanto restou do dinheiro?

Resposta: ______________________________

294 Otávio precisa comprar uma calça jeans e encontrou esta promoção:

Resolveu comprar duas calças. Quanto ele economizou?

Resposta: ______________________________

295 Elabore um problema usando as informações a seguir.

- Dados: os amigos receberam R$ 18,90 de troco.
- A multiplicação deverá fazer parte da resolução.

296 Num lava-rápido, a lavagem e higienização de bancos de carros grandes é sempre R$ 16,00 mais cara que a de carros pequenos. Faça os cálculos, complete a tabela e responda às questões a seguir.

	Carros pequenos	Carros grandes
Lavagem simples	R$ 42,00	
Lavagem com cera		R$ 65,00
Lavagem de motor	R$ 58,00	
Higienização de bancos		R$ 206,00

a) Qual o valor a ser pago por uma lavagem com cera e uma higienização de bancos de um carro pequeno?

b) Qual o valor a ser pago por uma lavagem simples e uma lavagem de motor de um carro grande?

c) Qual a diferença de valor entre a lavagem com cera e a higienização dos bancos de um carro pequeno e de um grande?

a) ________________________________

b) ________________________________

c) ________________________________

297 Duas canetas mais um lápis custam R$ 15,00. Um lápis mais três apontadores custam R$ 24,00. Quanto custa cada material?

 = R$ 15,00

 = R$ 24,00

 = ____________________

 = ____________________

 = ____________________

298 Com o aumento de casos de dengue em uma cidade do interior de Minas Gerais, a venda de repelentes do início do ano também aumentou. Veja as vendas da farmácia "Pró-Saúde" e sua tabela de preços.

	Preço por unidade	**Vendas**	
		Janeiro	**Fevereiro**
Pulseiras de citronela*	R$ 16,00	380 pulseiras	540 pulseiras
Repelente em gel	R$ 37,00	180 frascos	420 frascos
Repelente em spray	R$ 48,00	250 frascos	670 frascos

*Citronela = repelente natural

a) Quanto foi vendido de cada produto nos meses de janeiro e fevereiro?

b) Nesses dois meses, a farmácia recebeu mais dinheiro com a venda de repelente em gel ou de pulseiras de citronela?

a) ____

____

b) ____

____

299 Walter comprou uma moto. Como ele não tinha o valor total para pagar à vista, deu R$ 12 980,00 de entrada e o restante foi dividido em 6 parcelas fixas de R$ 1 605,00 cada uma.

a) O que é parcela fixa?
b) Qual foi o valor que Walter pagou pela moto?
c) Se Walter tivesse pago o valor restante em 9 parcelas iguais, qual seria o valor de cada prestação?

a) ______________________________

____

b) ______________________________

____

c) ______________________________

300 Luís comprou um relógio em 8 parcelas de R$ 350,00 cada uma. Já efetuou o pagamento de duas parcelas. No total, quanto ainda deve?

Resposta: ______________________________

301 No mês de março, Paulo pagou R$ 1 495,00 por suas aulas de violão. Ele teve aulas às segundas, quartas e sextas-feiras. Quanto custou cada aula?

MARÇO

Domingo	Segunda	Terça	Quarta	Quinta	Sexta	Sábado
					1	2
3	4	5	6	7	8	9
10	11	12	13	14	15	16
17	18	19	20	21	22	23
24	25	26	27	28	29	30
31						

Resposta: ______________________________

302 Antes de resolver os problemas a seguir, pense sobre as alternativas e marque um **X** naquelas que o ajudarão a chegar à resposta certa.

a) Para comprar 6 salgados, Paula gastou R$ 30,00. Ana comprou 24 salgados no mesmo local. Quanto ela gastou?

Para resolver esse problema, é preciso:

( ) descobrir o preço de cada salgado.

( ) fazer um cálculo.

( ) fazer três cálculos.

( ) fazer uma divisão.

( ) fazer uma multiplicação.

Resposta: ______________________________

b) Lúcia gastou R$ 15,00 para comprar salgados no mesmo local. Quantos salgados ela comprou?

Para resolver esse problema, é preciso:

( ) usar uma informação da questão **a**.

( ) fazer uma divisão.

( ) fazer dois cálculos.

( ) fazer uma multiplicação.

Resposta: ______________________________

303 Laura tem na carteira sete moedas de R$ 0,50, dez moedas de R$ 0,10, quatro notas de R$ 20,00 e três notas de R$ 50,00. Quantos reais ela tem na carteira?

Resposta: ______________________________

304 Sofia comprou um celular. Pagou R$ 626,00 de entrada e o restante em 6 prestações de R$ 495,00. Quanto custou o celular?

Resposta: ______________________________

305 Um grupo de amigos estava animado com o campeonato de futebol, pois o seu time de coração tinha chances de ser campeão. Para torcer, resolveram comprar alguns produtos.

Observe abaixo os preços de cada um:

CORNETA	CANECA	MASCOTE	CAMISA OFICIAL

R$ 47,00	R$ 89,00	R$ 45,00	R$ 220,00

João, um dos amigos do grupo, ficou responsável por comprar seis camisetas, três cornetas, uma mascote e seis canecas. Ele pagou a compra em cinco parcelas iguais. Qual o valor de cada parcela?

Resposta: ______________________________

306 O pai de Juca comprou para seu filho 1 tênis, 2 camisetas e 2 calças. No momento do pagamento, ele deu R$ 310,00 de entrada e o restante pagou em 4 prestações iguais de R$ 185,00. Quanto ele gastou?

Resposta: ______________________________

307 Quarenta e cinco moedas de 5 centavos correspondem a quantos reais?

Resposta: ______________________________

308 Paula foi ao mercado e comprou um pote de margarina, dois sacos de arroz, um óleo e uma garrafa de refrigerante. Pagou a conta com uma nota de R$ 100,00. Quanto ela recebeu de troco?

Resposta: ____________________

309 Marcela comprou uma casinha de cachorro por R$ 685,00. Deu de entrada R$ 250,00 e o restante pagou em três prestações. Qual foi o valor de cada prestação?

Resposta: ____________________

310 Veja os preços na cantina da escola de Lia. Usando sua nota de 20 reais, ela comprou o produto mais caro e o mais barato. Para gastar todo o dinheiro que tinha qual produto Lia ainda poderia comprar?

Produto	Preço
Sorvete	R$ 8,10
Misto - quente	R$ 8,30
Chocolate	R$ 5,20
Salada de frutas	R$ 7,30
Suco	R$ 6,50

Resposta: ____________________

311 Mário foi a uma livraria e comprou 7 livros de literatura no valor de R$ 49,90 cada um. Considerando essas informações, calcule a quantia que ele:

a) gastou na compra desses livros.

b) recebeu de troco, sabendo que deu 3 notas de R$ 100,00, 2 notas de R$ 20,00 e 1 nota de R$ 10,00.

a) ______

b) ______

312 Leia a tabela de preços dos ingressos para os jogos de um campeonato de futebol.

	Arquibancada Superior	**Arquibancada Lateral**	**Arquibancada Coberta**
Eliminatória	R$ 50,00	R$ 80,00	R$ 140,00
Semifinal	R$ 60,00	R$ 120,00	R$ 310,00
Final	R$ 65,00	R$ 140,00	R$ 420,00

Pedro combinou com seus amigos que compraria os ingressos para assistirem a um jogo das eliminatórias e a um jogo de semifinal.

Para assistir a uma partida das eliminatórias, comprou doze ingressos da categoria "Arquibancada Superior" e, para assistir a uma partida da semifinal, Pedro comprou doze ingressos da "Arquibancada Coberta". Quantos reais ele gastou com a compra de todos esses ingressos para as duas partidas?

Resposta: ______

313 Dona Isaura faz salgados para vender. Essa semana, teve uma encomenda de 300 salgadinhos. Ela gastou R$ 68,00 com os ingredientes para fazê-los e cobrou R$ 175,00 pela encomenda. Dona Isaura teve lucro ou prejuízo? De quanto?

Resposta: ______________________________

314 Carlos tem uma papelaria no bairro onde mora. Para abastecer seu estoque, compra os produtos de um fornecedor no centro da cidade. Veja a tabela com os preços que ele paga e com os preços que são cobrados na papelaria.

Produtos	Preço pago por Carlos	Preço cobrado na papelaria
Borracha	R$ 2,15	R$ 4,50
Lápis	R$ 0,25	R$ 0,90
Caixa de lápis de cor	R$ 3,90	R$ 10,00
Caderno	R$ 2,80	R$ 6,80

a) Se uma pessoa for à papelaria de Carlos e comprar: um caderno, uma caixa de lápis de cor, uma borracha e dois lápis, quanto ela gastará?

b) Quanto Carlos obterá de lucro com essa venda?

a) ______________________________

b) ______________________________

315 Elabore e resolva um problema cuja resposta seja: Fernanda ainda precisa guardar R$ 278,00.

Resposta: Fernanda ainda precisa guardar R$ 278,00.

316 Diego comprou um sapato por R$ 190,50 e uma jaqueta por R$ 470,00. No momento do pagamento, foi informado que recebeu um desconto de R$ 54,00. Para pagar, ele deu quatro notas de R$ 100,00 e cinco notas de R$ 50,00. Qual foi o valor do troco?

Resposta:

317 Uma agência de turismo está oferecendo pacotes individuais de viagens para capitais do Nordeste, incluindo passagem aérea, por R$ 199,00 de entrada e o restante em 12 parcelas de R$ 299,90. Qual é o preço total da viagem para duas pessoas?

Resposta: ____

318 D. Miriam comprou 300g de salame, 300g de queijo mozarela, 200g de presunto, 500g de queijo prato e três refrigerantes. Ela gastou R$ 94,00 com a compra. Observe a tabela com os preços de alguns produtos e descubra o valor que ela pagou por cada refrigerante.

Produto	**Preço por 100g**
Queijo mozarela	R$ 3,20
Queijo prato	R$ 4,80
Salame	R$ 8,90
Presunto	R$ 4,10

Resposta: ____

319 Pedro comprou um carro por R$ 73 200,00. No negócio, deu seu carro usado por R$ 23 700,00 e pagou o restante em 15 prestações iguais. Qual foi o valor de cada prestação?

Resposta: ______________________________

320 Edson comprou duas calças no valor de R$ 225,50 cada e três camisas que custaram R$ 179,90 cada. Pagou a compra usando dez notas de R$ 100,00. Quanto recebeu de troco?

Resposta: ______________________________

321 D. Juliana comprou para as filhas: 2 vestidos, 4 camisetas, 2 calças jeans, um colete e uma saia.

Observe a tabela com os preços de algumas peças da loja.

Produto	Preço
Vestido	R$ 253,00
Camiseta	R$ 86,00
Jaqueta	R$ 270,00

Produto	Preço
Colete	R$ 180,00
Calça jeans	R$ 290,00
Saia	R$ 190,00

D. Juliana pagou a conta em três vezes, sem juros. Quanto ficou o valor de cada parcela?

Resposta: ______________________________

322 A Padaria “Estoril” serve pizzas em pedaços. O preço da pizza inteira, dividida em seis partes iguais, é R$ 72,00. Marcelo comprou dois pedaços de pizza e um suco de laranja. Pagou com uma nota de 50 reais e recebeu de troco R$ 16,50. Qual o preço do suco?

Resposta: ______________________________

323 No edifício Di Cavalcanti, uma reforma custou R$ 29 484,00. Essa despesa foi dividida igualmente entre os proprietários dos 54 apartamentos, mas apenas 51 pagaram a sua parte. Quanto ainda falta arrecadar para cobrir a despesa?

Resposta: ______________________________

324 Uma academia de ginástica oferece os seguintes planos:

Mensal	Trimestral	Semestral	Anual
R$ 345,00	R$ 1 005,00	R$ 1 950,00	R$ 3 780,00

a) Adriana optou por fazer o plano mensal. Nesse caso, quanto pagará em um ano?
b) Quanto Adriana economizaria se optasse por fazer o pagamento anual?

a) ______________________________

b) ______________________________

325 Uma loja arrecadou R$ 2 565,00 em uma promoção de copos. Cada jogo de copos foi vendido por R$ 57,00.

a) Quantos jogos de copos foram vendidos pela loja?

b) O dono pagou R$ 21,00 por cada jogo de copos. Quanto ele obteve de lucro com essa promoção?

a) ______________________________

b) ______________________________

326 O Sr. Danilo pesquisou o preço de um smartphone e encontrou as seguintes opções:

- à vista: R$ 3 825,50.
- a prazo: 15 × R$ 275,40.

Calcule de quanto é a diferença entre o preço a prazo e o preço à vista.

Resposta: ______________________________

327 Observe a tabela de preços do estacionamento onde Letícia deixou o seu carro por 6 horas e calcule quanto ela pagou.

Tempo	Valor
1ª hora	R$ 12,00
2ª hora	R$ 8,00
Demais horas	R$ 5,00 por hora

Resposta: ______________________________

328 O supermercado Vila Nova lançou uma promoção. A cada 160 reais em compras, o consumidor recebe um cupom para concorrer a um cruzeiro pelas ilhas do Caribe. A família Souza fez quatro compras em dias diferentes.

Complete a tabela abaixo com a quantidade de cupons que essa família recebeu em cada compra.

Dia	Valor gasto em reais	Quantidade de cupons
1º	R$ 480,50	
2º	R$ 965,34	
3º	R$ 132,10	
4º	R$ 246,90	

⟹ Para receber outro cupom, quanto a mais a família Souza deveria ter gasto no 4º dia de compra?

Resposta: ______________________________

329 D. Teresa comprou um conjunto de sofás. Como não dispunha do valor total, deu uma entrada de R$ 930,00 e pagará o restante em 18 parcelas de R$ 178,65 cada uma. Quanto custará o conjunto de sofás?

Resposta: ______________________________

330 Gabriela tinha um saldo bancário disponível de R$ 18 365,70. Fez um depósito e ficou com um saldo de R$ 32 500,00. De quanto foi o depósito?

Vocabulário:

- Saldo bancário disponível ⟶ valor que o cliente tem em sua conta.
- Depósito ⟶ quantidade de dinheiro colocada na conta.

Resposta: ____________________

331 Mauro leu a seguinte notícia no jornal:

> No último sorteio da Mega-Sena um apostador que acertou os 6 números ganhou R$ 3 907 214,00.
>
> Oitenta e nove pessoas acertaram a quina e ganharam R$ 15 387,00 cada uma.
>
> As 976 pessoas que acertaram a quadra receberam R$ 305,80 cada uma.

Qual foi o valor total pago aos ganhadores desse sorteio?

Resposta: ____________________

____

332 No Dia das Crianças, Pedro, Felipe, Leonardo e Rafael foram a um parque de diversão.

Atração	Preço
Roda-gigante	R$ 6,00
Carrinho de bate-bate	R$ 7,50
Cine 3D	R$ 8,20
Carrossel	R$ 4,70
Simulador	R$ 9,75

Produto	Preço
Cachorro-quente	R$ 8,00
Cheeseburger	R$ 9,50
Pipoca	R$ 4,50
Algodão-doce	R$ 3,70
Refrigerante	R$ 5,00
Água	R$ 3,10

- Felipe foi duas vezes ao carrinho de bate-bate e uma vez ao Cine 3D.
- Pedro e Leonardo foram duas vezes ao simulador e uma vez à roda-gigante.
- Rafael foi duas vezes à roda-gigante e duas vezes ao carrossel.
- Cada um deles comeu um saquinho de pipoca e bebeu um refrigerante.

a) Sabendo que cada menino levou uma nota de R$ 50,00 para pagar suas despesas, qual foi o troco de cada um?

b) Quem gastou mais dinheiro, Rafael ou Felipe? Quanto a mais?

c) Quem, entre todos os meninos, gastou menos dinheiro?

a) ______________________________

____

b) ______________________________

c) ______________________________

333 Dona Lena fez uma pesquisa com toda a sua classe para saber quanto tempo por dia cada aluno:

- assiste à televisão;
- estuda em casa.

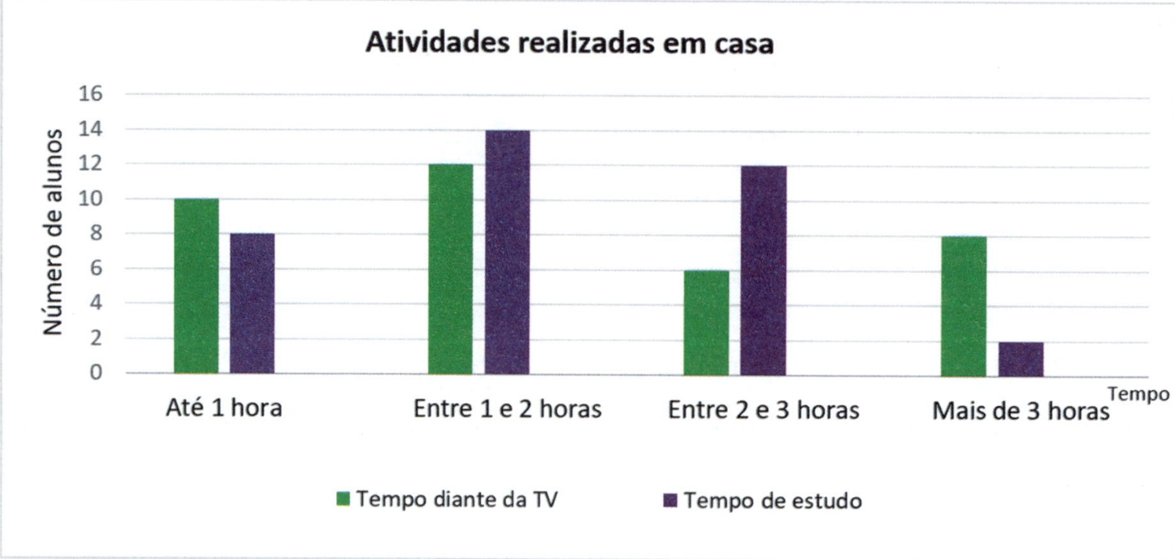

a) A classe de Lena tem quantos alunos?

b) Quantos alunos passam mais de 3 horas diante da TV?

c) Quantos alunos estudam entre 1 e 2 horas por dia?

d) Quantos alunos estudam mais de 2 horas por dia?

334 O Sr. José é caminhoneiro e mora em Campinas. Todos os dias, exceto sábados e domingos, ele viaja para São Paulo. A viagem de ida leva cerca de 1h30min. Quantas horas, aproximadamente, ele fica na estrada por semana, sabendo que gasta o mesmo tempo para a volta?

Resposta:

335 Leia a imagem e responda às questões:

Disponível em: <http://revistaescola.abril.com.br/matematica/pratica-pedagogia/problemas-calculo-temo-511235.shtml?page=0>

a) Quanto tempo durou o jogo, sem contar o intervalo?

b) Que horas acabou o jogo?

a) ____________________

b) ____________________

336 Adriana assistiu a um filme com duração de 125 minutos. Quantas horas e quantos minutos duraram o filme?

Resposta: ____________________

337 O tempo de gestação de um elefante é de aproximadamente 610 dias.

A quantos meses e dias isso corresponde?

Resposta: ____________________

338 Ricardo nasceu em setembro de 1998. Quantos anos ele tem atualmente?

Resposta: ____________________

339 Mário saiu de casa às 7h50min. Era um dia de trânsito, por isso chegou ao trabalho às 9h10min. Quanto tempo gastou no percurso?

Resposta: ____________________

340 Joana faz aula de ginástica duas vezes por semana. A aula começa às 15h e termina às 16h15min.

a) Quanto tempo por semana ela passa fazendo ginástica?

b) No mês passado, Joana participou de nove aulas. Quanto tempo ela passou fazendo ginástica, nesse período?

a) ____________________

b) ____________________

341 Carlos iniciou a tarefa de casa às 13h15min e terminou às 14h10min. Quanto tempo ele levou para fazer a lição de casa?

Resposta: ______________________________

342 Lucas e Clara são os pais de Samanta e Caio. Observe a linha do tempo que eles montaram com algumas informações da família e responda às questões.

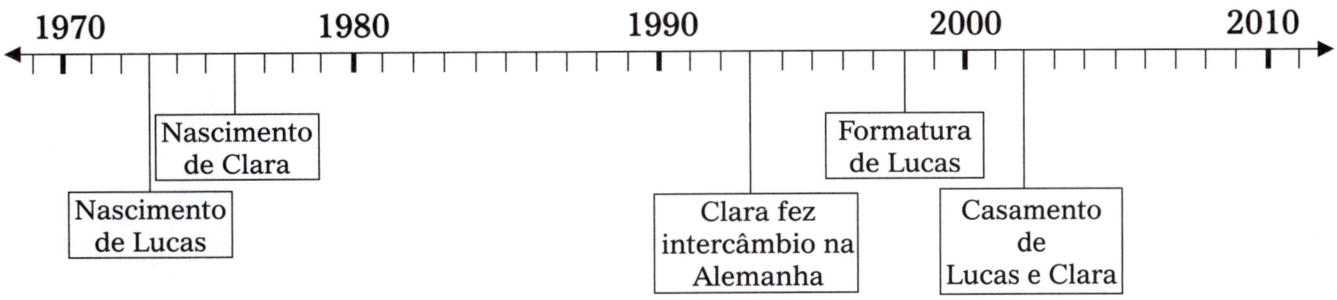

a) Quem é o mais velho: Lucas ou Clara?

b) Com quantos anos Clara foi para o intercâmbio?

c) Hoje, o casal tem dois filhos: Samanta e Caio, sendo ela a mais velha, com 12 anos. Em que ano Samanta nasceu?

d) Depois que Samanta completou 6 anos, nasceu Caio. Em que ano ele nasceu?

a) ______________________________

b) ______________________________

c) ______________________________

d) ______________________________

343 Leia o texto, complete a tabela e responda à questão.

> A cidade de São Paulo foi fundada em *25 de janeiro de 1554*, reunindo em seu primeiro território habitantes de origem tanto europeia quanto indígena.

a) Fundação da cidade de São Paulo:

Dia	Mês	Ano

b) Quantos meses e anos a cidade de São Paulo tem hoje?

Resposta: ______________________________

344 As amigas Márcia, Lúcia e Camila nasceram em 1 998, 2 001 e 2 004, respectivamente.

a) Qual é a diferença aproximada de idade entre a mais velha e a mais nova?

b) Quantos anos Márcia fará em 2 040?

c) Qual é a diferença de idade entre Camila e Lúcia?

d) Quantos anos Lúcia completará em 2 026?

a) ______________________________

b) ______________________________

c) ______________________________

d) ______________________________

345 Larissa sai de casa às 6h35min e chega ao clube 7h10min. Sua amiga Joana chega às 7h12min. Sabendo que Joana gasta 15 minutos a mais no trajeto de casa até o clube, a que horas ela sai de casa?

Resposta: ______________________________

346 Clarisse dividiu o seu dia desta maneira: a quarta parte para o estudo, um terço para dormir e a sexta parte para fazer ginástica.

Quantas horas do dia sobram para fazer outras atividades?

Resposta: ______________________________

347 Bruno viajou para a Espanha e descobriu que lá deveria adiantar seu relógio em cinco horas. Por exemplo, quando aqui são 10h, lá são 15h (3h da tarde).

a) Quando Bruno estava na Espanha, costumava levantar às 8h15min. Em São Paulo, qual seria a hora?

b) Ao voltar, saindo de Barcelona às 9h45min, Bruno chegou a São Paulo às 14h35min. O avião veio direto, sem escala. Quantas horas o avião levou para vir de Barcelona a São Paulo?

a) ______________________________

b) ______________________________

348 Roger começou a fazer ginástica. Para ouvir música em seus treinos de 30 minutos, ele montou algumas listas.

Lista	Tempo de duração
Rock nacional	12min20s
Rock internacional	9min30s
Pop	10min50s
MPB	6min10s

a) Quanto tempo duram as listas de Rock nacional e Rock internacional juntas?

b) Quantos minutos duram as listas de Pop e MPB?

c) Roger gravou músicas o suficiente para ouvir durante seu treino sem precisar repeti-las?

a) ____________________

b) ____________________

c) ____________________

349 As aulas de Rui começam às 7h. Ele demora 10 minutos para tomar seu café da manhã, 14 minutos para tomar banho e trocar de roupa, 3 minutos para escovar os dentes e 28 minutos para chegar à escola. Para não se atrasar, a que horas, no mínimo, ele precisa acordar?

Resposta: ____________________

350 O avô de Maurício tem 87 anos. Quantas décadas completas ele já viveu?

( ) Sete décadas
( ) Seis décadas
( ) Dez décadas
( ) Oito décadas

⟹ Já sua avó nasceu em 5 de fevereiro de 1932 e faleceu em 5 de novembro de 2 009. Quantos anos e meses ela viveu?

( ) 78 anos e 8 meses
( ) 77 anos e 9 meses
( ) 78 anos e 9 meses
( ) 77 anos e 8 meses

351 Pietro assistiu a um filme que teve início às 19h45min. A duração foi de 175 minutos. A que horas terminou o filme?

Resposta: ____

352 Olga tem duas primas; a mais nova tem 5 anos a menos que ela e a mais velha tem 5 anos a mais. As três juntas somam 30 anos. Quantos anos tem Olga?

Resposta: ____

353 Leia a situação abaixo, crie uma pergunta que possa ser resolvida a partir dos dados apresentados e resolva-a.

Às 16h05min, saímos de casa para ir ao cinema. Levamos 50 minutos para chegar lá. Entramos na sala para assistir à sessão das 17h. Quando acabou o filme, às 19h, voltamos para casa. Levamos o mesmo tempo da ida para chegar à nossa casa.

____

____

Resposta: ____

MEDIDAS DE COMPRIMENTO E SUPERFÍCIE

354 Sílvia e Cristiano fizeram uma caminhada de três dias, totalizando 29 307 m. No primeiro dia, eles andaram uma distância de 8 326 m; no segundo, andaram 12 757 m e o restante percorreram no terceiro dia.

a) De quanto é a diferença dos metros percorridos entre o primeiro e o segundo dia?

b) Quantos metros eles percorreram no terceiro dia?

a) ______________________________

____

b) ______________________________

355 A praça de uma cidade é quadrada e possui 45m de lado. Para realização de uma festa, será necessário cercá-la dando 4 voltas com uma corda. Quantos metros de corda serão gastos para cercar a praça?

Resposta: ______________________________

356 Imagine um trem de alta potência trafegando numa velocidade constante de 180 km por hora.

Com base nessa informação, complete a tabela a seguir:

Tempo de percurso (em horas)	Distância percorrida (em quilômetros)
1	
2	
4	
6	
	1 260
10	

357 Para entrar em uma determinada piscina e permanecer em pé dentro dela, com toda a cabeça para fora da água, é preciso medir no mínimo 1m 60cm. Observe a altura de algumas pessoas e circule o nome daquela que poderá entrar nessa piscina e ficar com a cabeça fora da água.

Mário: 106 cm   Lucas: 160 cm   Márcia: 1 m 6cm   Pâmela: 1 m 07 cm

358 Um ônibus percorreu 325 quilômetros em 5 horas. Sabendo que andou sempre na mesma velocidade, quantos quilômetros ele percorreu em uma hora?

Resposta: ______________________________

359 Os atletas de um time sempre correm em um bosque que existe ao lado do Centro de Treinamento Esportivo. Para dar uma volta completa ao redor do local, percorrem a distância de 230 metros.

Marque com um **X** a figura que corresponde à representação do bosque utilizado para o treino desses atletas.

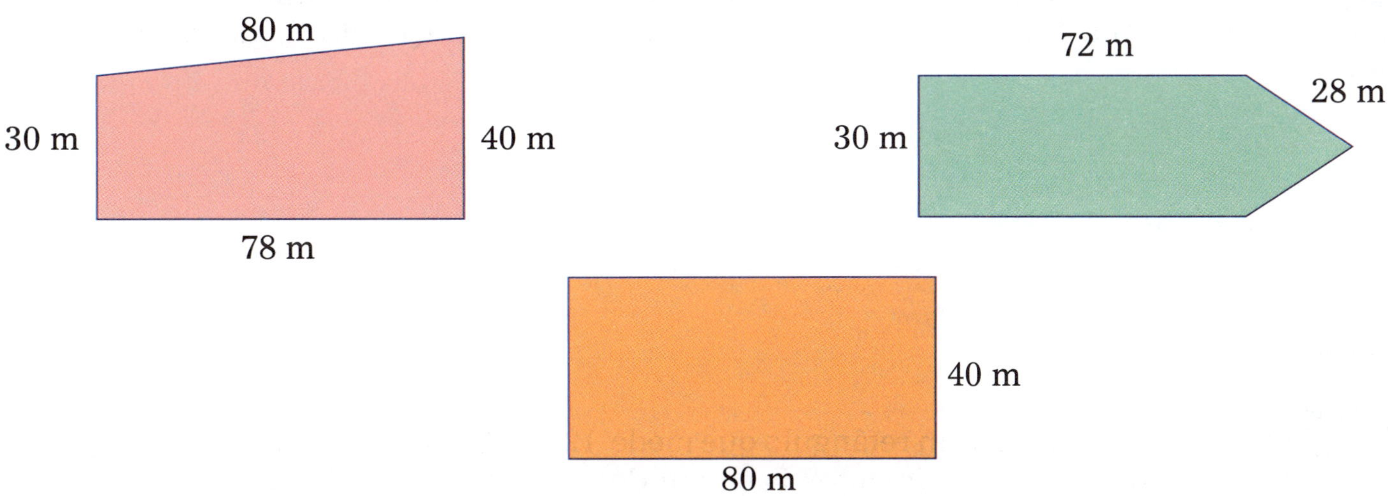

360 O dono de um terreno retangular com 228 m de largura por 85 m de comprimento vai cercá-lo com 8 voltas de arame farpado. Quantos metros de arame serão necessários?

Resposta: ______________________________

361 Qual é o perímetro de um quadrado que tem 7 cm de cada lado?

Resposta: ___

362 Observe o desenho da sala em que o Sr. Caio quer colocar um rodapé:

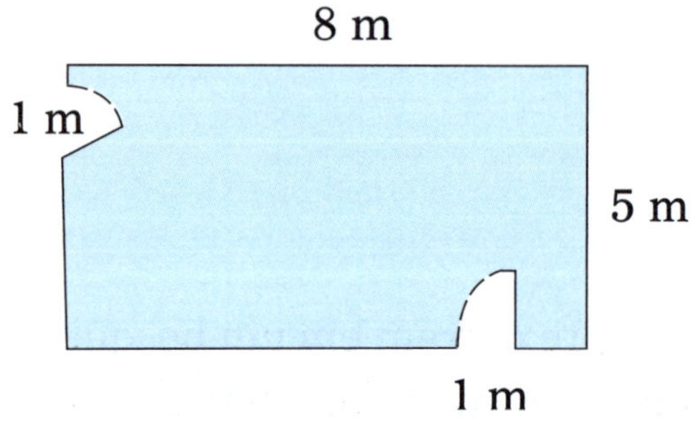

Quantos metros de rodapé ele vai utilizar?

Resposta: ___

363 Um fazendeiro cercou um terreno quadrado com três voltas de arame e nele plantou uma pequena horta. Foram usados 60m de arame na cerca. Quanto mede cada lado do terreno?

Resposta: ___

364 Qual é o perímetro de um retângulo que mede 12 cm de comprimento e tem de largura a metade da medida do comprimento? Faça um desenho do retângulo para representá-lo, registrando a medida de cada um de seus lados.

Resposta: ___

365 Elabore uma situação-problema utilizando a pergunta a seguir e resolva-a.

Qual o perímetro do quarto de Jéssica?

Resposta:

366 Um salão de festas retangular tem perímetro igual a 140 m. Sabendo que a largura desse salão é igual a 32 m, qual é o seu comprimento?

Resposta:

367 Veja as medidas de um campo de futebol e responda:

a) Qual o perímetro desse campo?

b) Para se aquecer, os jogadores deram 14 voltas em torno do campo. Quantos metros eles percorreram?

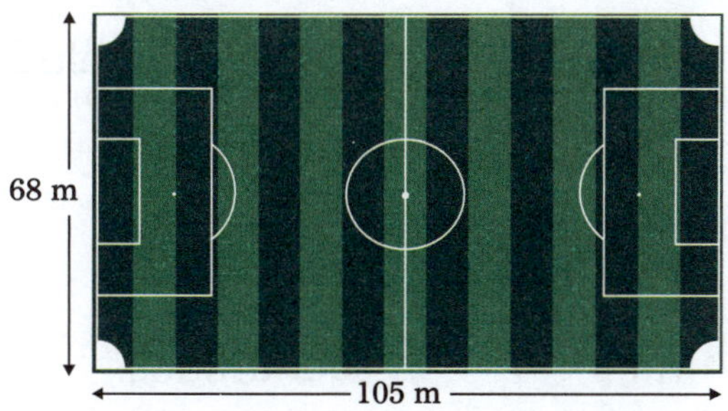

a)

b)

368 Para construir um muro ao redor de um terreno com 938m de perímetro, Fernando colocou 7 vigas de concreto com a mesma distância umas em relação às outras. Que distância separa cada uma das vigas de concreto?

Resposta: ________________

369 A distância entre a cidade **A** e a cidade **B** é de 45,76 quilômetros, e a distância entre a cidade **B** e a cidade **C** é de 74,48 quilômetros. Qual é a distância entre as cidades **A** e **C**?

Resposta: ________________

370 Observe o desenho abaixo que representa a visão superior de uma sala.

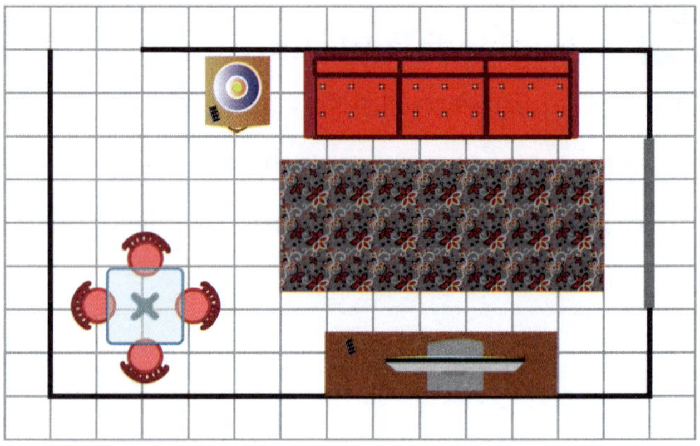

a) Registre a área ocupada pelo:

- tapete: ________ quadrados.
- sofá: ________ quadrados.
- rack: ________ quadrados.

b) Qual a área total ocupada pela sala?

________ quadrados.

c) Dona Raquel quer colocar um tapete quadrado na sala de jantar de forma que a mesa e todas as cadeiras fiquem sobre ele. No mínimo, de quanto deve ser a área desse tapete?

________ quadrados.

371 Observe os hodômetros de três carros e responda:

| 4 | 7 | 6 | 8 | 0 | km

Carro preto

| 4 | 9 | 6 | 0 | 8 | km

Carro vermelho

| 4 | 7 | 0 | 6 | 8 | km

Carro branco

> Hodômetro é um instrumento para medir as distâncias percorridas.
> Os automóveis têm no painel um hodômetro, que marca os quilômetros rodados.
> *Fonte: Dicionário da Língua*

a) De quanto é a diferença dos quilômetros percorridos pelos carros preto e branco?

b) Se o carro preto tivesse percorrido o triplo da distância registrada, quanto estaria marcando o seu hodômetro?

c) Qual é a maior quilometragem que o hodômetro pode registrar?

a) ____________________

b) ____________________

c) ____________________

372 O piso de uma sala retangular de 6 metros de comprimento por 4 metros de largura será coberto por carpete. O custo do serviço, incluindo o carpete, é de R$ 35,00 por metro quadrado (m^2). Quanto vai custar para acarpetar essa sala?

Resposta: ____________________

373 Jair comprou um terreno retangular na praia cujo lado maior mede 22 m e o lado menor mede 15 m.

a) Qual é a área desse terreno?

b) Jair pretende construir uma casa usando $\frac{1}{3}$ da área do terreno. Quantos metros quadrados terá essa casa?

a) ____

b) ____

374 Bernardo e Roberto fizeram uma pesquisa e descobriram que uma volta completa na pista do autódromo de Interlagos corresponde à distância de 4,309 km.

Em comemoração ao Dia da Criança, houve um passeio ciclístico no autódromo.

a) Roberto parou depois de percorrer 3,58 km, e Bernardo depois de percorrer 2,795 km. De quanto é a diferença, em quilômetros, entre os pontos de parada dos dois amigos?

b) Quanto faltou para cada um deles completar uma volta na pista?

c) Quantos metros percorreu uma pessoa que deu 3 voltas no autódromo?

a) ____

b) ____

c) ____

375 Elabore um problema utilizando os dados da tabela e resolva-o.

AMIGOS	ALTURAS
Tainá	1,65m
Gisele	1,63m
Miguel	1,39m
Ramiro	1,50m

Resposta:

376 Dona Mariângela decidiu trocar o piso da sala de seu apartamento. Ela escolheu um piso que custa R$ 65,00 o metro quadrado (m^2), e colocará também um rodapé de R$ 25,00 o metro. Observe abaixo a representação da sala do apartamento de Dona Mariângela. Sabendo que na sala há duas portas de 1 metro de largura cada uma, descubra quanto ela gastará para comprar todo o material necessário.

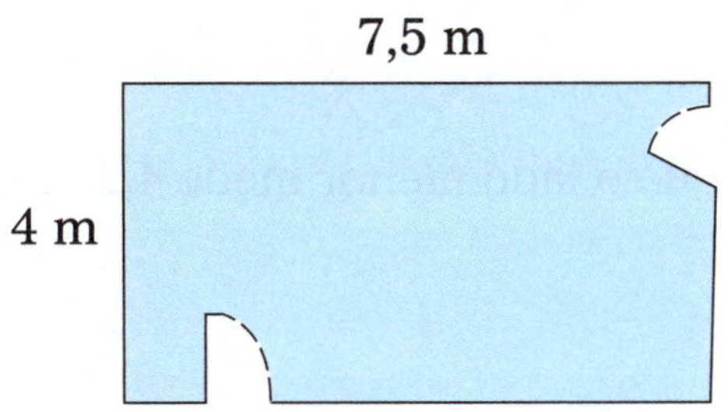

Resposta:

377 Observe a planta abaixo:

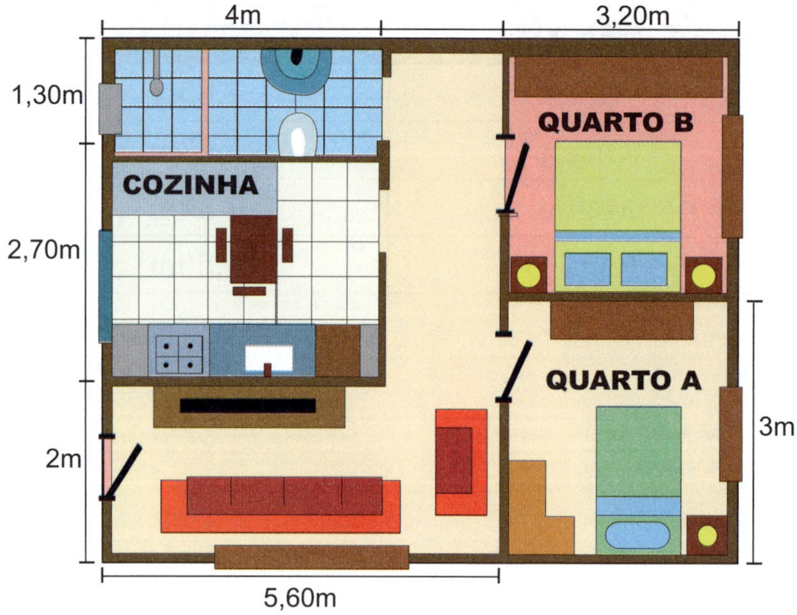

a) Calcule a área do quarto **A**.

b) A área da cozinha é maior ou menor que a área do quarto **A**? De quanto é a diferença?

c) Quantos metros quadrados tem esse apartamento?

a) ___

b) ___

___

c) ___

378 Calcule o perímetro e a área de uma sala retangular em que o lado menor mede 4,25 m e o lado maior 5 m.

Resposta: ___

379 Cláudia quis comprar um sítio. Selecionou quatro anúncios e resolveu comprar a propriedade que tinha a maior área.

a) Circule o anúncio do sítio que ela comprou.

VENDO URGENTE!

Sítio de 500m de frente por 40m de fundo.
Vale a pena!
Fone: 0101 - 2345

VENDO SÍTIO!

Terreno plano de 250m de frente e 100m de fundo.
Preço de ocasião!

Fone: 1234-9876

ÓTIMO NEGÓCIO!

Sítio excelente terreno de 18 000m^2.
Preço muito bom!

Fone: 3000 - 1111

VENDE-SE SÍTIO!

Condomínio fechado.
Terreno com 40m de frente e 700m de fundo.
Excelente preço!

Fone: 9999 - 9999

b) Desafio!

Assim que comprou o sítio, Cláudia construiu uma piscina conforme a representação abaixo.

Quantos metros quadrados de azulejos foram necessários para revestir o fundo e as laterais internas da piscina?

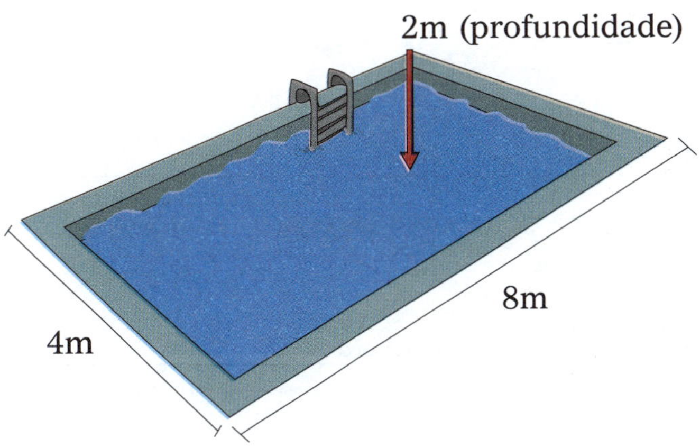

Resposta: ______________________________

MEDIDAS DE TEMPERATURA

380 Em uma cidade, a temperatura pela manhã era de 13 °C. Na hora do almoço, os termômetros marcavam 8 °C a mais que de manhã; no fim da noite, 11 °C a menos que na hora do almoço. Em qual desses momentos do dia o termômetro marcou a menor temperatura? Quanto era a temperatura nesse horário?

Resposta: ____

____

381 Alguns jornais publicam a previsão do tempo diariamente, indicando as temperaturas máxima e mínima num determinado período.

Observe a previsão que foi feita para o período de 16/7 a 22/7 de 2018 para São Paulo.

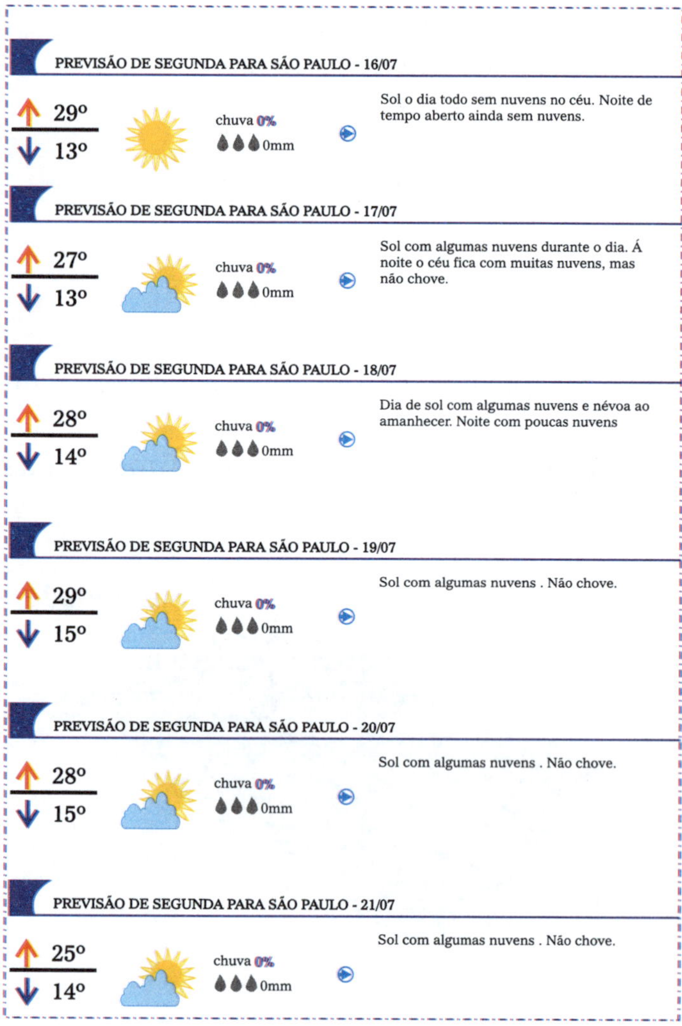

Disponível em: <https://www.climatempo.com.br/previsao-do-tempo/15-dias/cidade/558/saopaulo-sp>

a) Segundo essa previsão, em quais dias as pessoas tiveram que sair de casa mais agasalhadas? Explique o que você analisou para responder a essa questão.

____

____

____

____

____

____

____

b) Em qual dia a diferença entre as temperaturas mínima e a máxima foi maior? De quanto foi?

____

____

____

____

Cálculos

382 Marcos acordou indisposto e sua mãe o levou ao médico, que o examinou e constatou que ele estava resfriado.

A mãe foi orientada a medir a temperatura do filho a cada duas horas e a medicá-lo se estivesse com 38 °C ou mais.

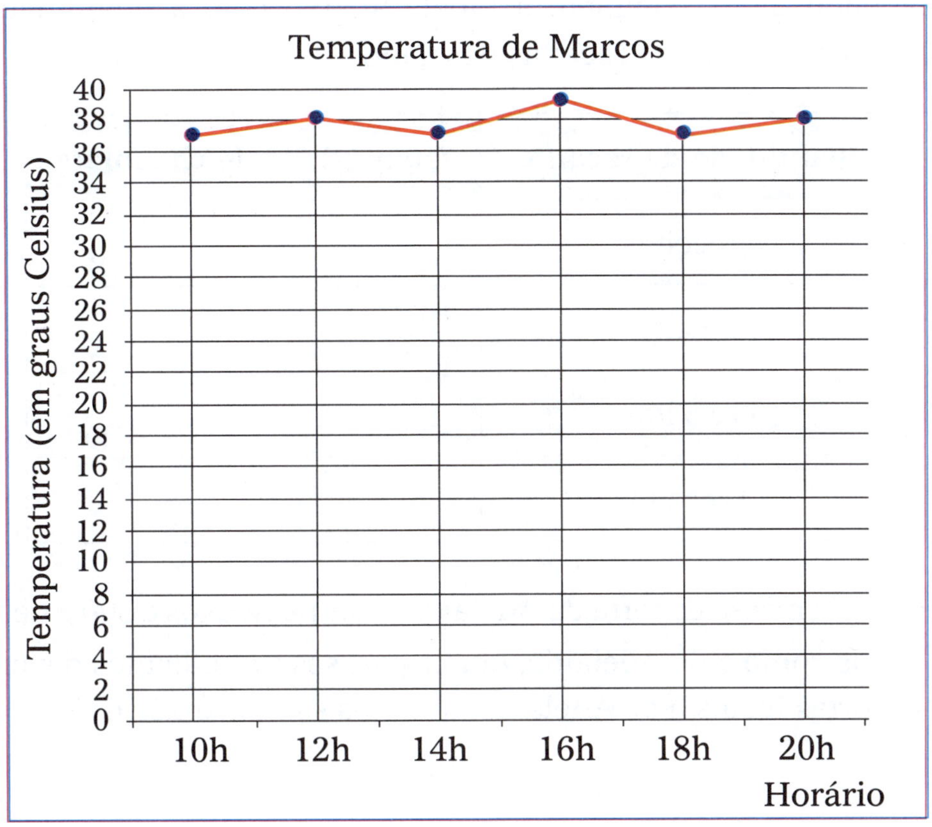

a) Observe o gráfico. Quantas vezes Marcos precisou tomar remédio para a febre? Em quais horários?

b) De quantos graus foi a diferença entre a menor e a maior temperatura?

383 Às 6 horas da manhã de sábado, os termômetros registravam 18,9 °C. Ao meio-dia, a temperatura aumentou 6,8 °C. Às 20 horas, a temperatura diminuiu 9,6 °C.

Assinale o item que apresenta a temperatura em cada horário.

a)

18,9 °C	25,7 °C	16,1 °C
6 horas	12 horas	20 horas

b)

18,9 °C	23,7 °C	14,1 °C
6 horas	12 horas	20 horas

c)

18,9 °C	15,6 °C	16,5 °C
6 horas	12 horas	20 horas

d)

18,9 °C	25,7 °C	16,4 °C
6 horas	12 horas	20 horas

MEDIDAS DE MASSA

384 Para fazer uma receita de mousse de chocolate, deve-se usar 1 tablete de 250 g de chocolate. Sabendo disso, complete a tabela abaixo com a quantidade de chocolate necessária para fazer o número de receitas desejado.

Quantidade de receitas	Quantidade de chocolate
2 receitas	______ g
5 receitas	______ g
8 receitas	______ g
10 receitas	______ g

385 Para a receita da massa de torta da Adelaide, usam-se 2 ovos e 300 g de farinha de trigo.

a) Para fazer 6 tortas como à de Adelaide, quanto desses ingredientes devem ser usados?

b) E para fazer 12 tortas iguais à de Adelaide, quantos são necessários?

a) ______________________________

____

b) ______________________________

____

386 Helena, Ana e Vitória "pesam" juntas 90 kg. Sabendo que as massas delas são representadas por três números consecutivos, descubra o "peso" de cada uma.

- Ana tem 1 quilograma a mais que Helena.
- Helena tem 1 quilograma a mais que Vitória.

Resposta: ______________________________

387 Um atleta utiliza em seus treinos 5 halteres (pesos), cujas massas são 5 kg, 15 kg, 25 kg, 35 kg e 40 kg. Ele quer dividi-los em dois grupos de mesma massa. Mostre como pode ser feita essa divisão.

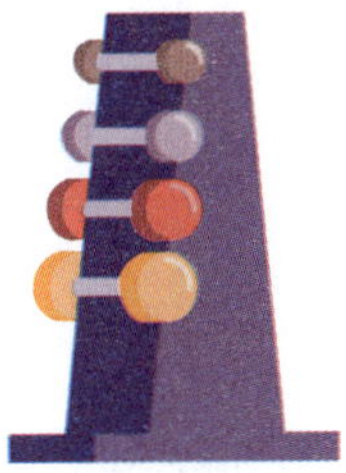

388 Dona Irene fez um bolo de doce de leite de 1,6 kg e outro de morango, de 1,3 kg.

a) Quantos gramas cada bolo pesa?

b) Se cada pessoa comer, em média, 50 g de bolo, quantas pessoas poderão comer cada um dos bolos?

a) __________

b) __________

389 Três meninos querem atravessar um rio. O barco que eles possuem suporta, no máximo, 70 kg. Eles "pesam" 30 kg, 35 kg e 50 kg. Registre como devem proceder para atravessar o rio, sem afundar o barco, fazendo o menor número de viagens possível.

390 Em um supermercado, há uma balança de dois pratos e pesos com massas de 1 kg, 2 kg, 3 kg, 4 kg, 8 kg, 9 kg, 10 kg, 12 kg e 13 kg.

O funcionário quer colocar todos os pesos nos pratos da balança, de modo que fiquem equilibrados. Quais pesos devem ser colocados em cada prato? Indique na ilustração onde deve ficar cada peso.

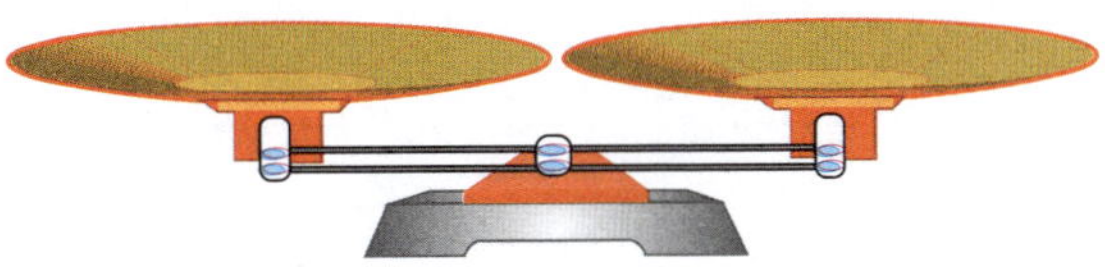

391 Ao passar por um posto rodoviário de fiscalização, um caminhão "pesou" 8 200 kg. Se o caminhão vazio "pesava" 3 800 kg e cada caixa de sua carga "pesava" 55 kg, quantas caixas o caminhão transportava?

Resposta: ____________________

392 Marcela subiu em uma balança para saber seu "peso" e verificou que marcava 42,150 kg, porém ela se esqueceu de tirar sua mochila das costas. Então subiu de novo, agora sem a mochila, e a balança marcou 38,675 kg. Qual o "peso" da mochila?

Resposta: ____________________

393 Cada elevador do prédio onde Roberto mora pode transportar, no máximo, 600 kg por viagem. Para reformar o seu apartamento, os pedreiros distribuíram os 48 sacos de cimento para serem transportados em 4 viagens com o mesmo número de sacos. Quanto "pesa" cada saco de cimento?

Resposta: ____________________

394 O dono de um caminhão de carga foi contratado para transportar 72 toneladas de equipamento de som de um bairro para outro da cidade. Considerando a capacidade do caminhão, ele planejou fazer 8 viagens, transportando a carga máxima em cada uma. Infelizmente, após 5 viagens, o caminhão quebrou.

a) Quantas toneladas ele transportava de cada vez?

b) Quantas toneladas ele deixou de transportar?

a) ____________________

b) ____________________

395 Quatro amigas entraram em uma farmácia e subiram na balança, uma de cada vez.

a) Elas descobriram que Rute "pesa" 0,900 kg a mais do que Patrícia. Se Rute "pesa" 60,8 kg, quanto "pesa" Patrícia?

b) As outras duas amigas, Sara e Bianca, também se "pesaram". A massa de Sara é de 63,75 kg e a de Bianca, 64,9 kg. De quanto é a diferença entre o "peso" das duas?

a) ________________________

b) ________________________

396 Observe a ilustração e crie um problema que envolva medida de massa:

397 Um padeiro precisa organizar uma bandeja com 1,5 kg de brigadeiro. Quantos gramas de doce faltam se na bandeja já tem 650 g de brigadeiro?

Resposta: ________________________

MEDIDAS DE CAPACIDADE

398 Cada recipiente tem capacidade para 1 litro de líquido.

Observe-os, complete os espaços com a quantidade de líquido que há em cada um e responda às questões.

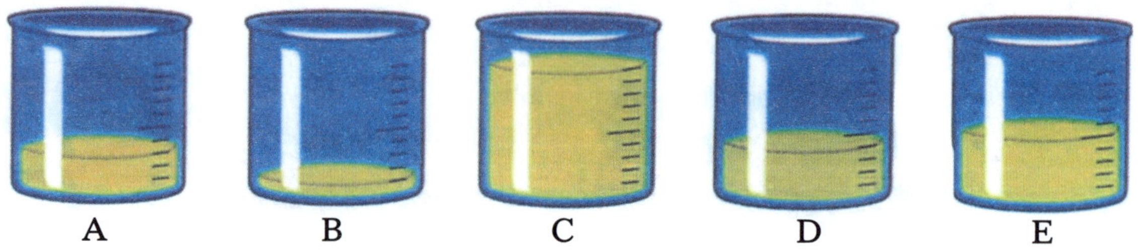

_______ ml _______ ml _______ ml _______ ml _______ ml

a) Se juntarmos o líquido dos recipientes **D** e **E**, teremos mais ou menos que 1 litro?

b) Se juntarmos o líquido de todos os recipientes, quantos litros teremos?

a) ______________________________

____

b) ______________________________

399 Observe a caixinha de suco e responda às questões a seguir:

a) Juntando em um único recipiente o suco de seis caixas iguais a essa, quantos mililitros teremos?

b) Se alguém comprar 24 caixinhas de suco, quantos mililitros levará para casa?

c) Para obter 1 litro desse suco, quantas caixas são necessárias?

d) Três vezes por semana, Caio leva no lanche da escola 1 caixinha desse suco. Quantos litros de suco ele consome por mês?

a) ______________________________

b) ______________________________

____

c) ______________________________

d) ______________________________

400 De acordo com a Organização das Nações Unidas (ONU), cada pessoa necessita de cerca de 110 litros de água por dia para atender às necessidades de consumo e higiene. No Brasil, esse consumo ultrapassa 200 litros por pessoa.

Numa família de 4 pessoas, quantos litros de água são consumidos a mais da quantidade indicada pela ONU?

Resposta: ____________________

____

401 Observe as embalagens de chá e seus respectivos preços:

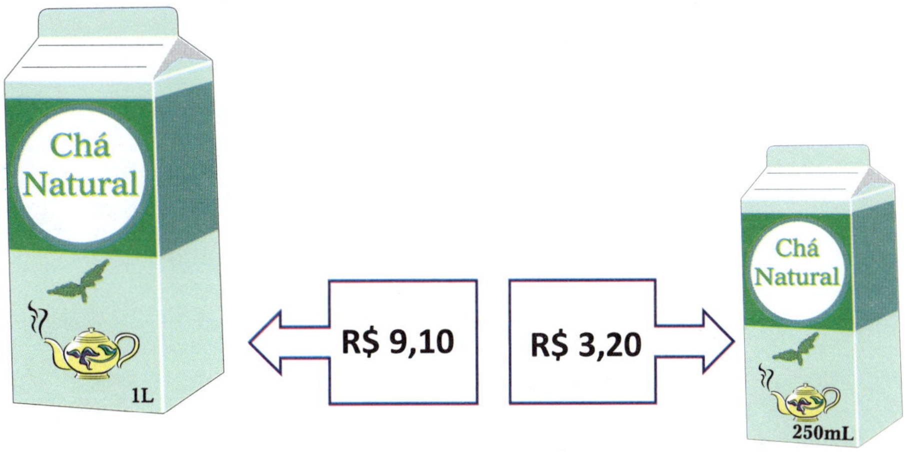

Tereza quer comprar 1 litro de chá. Conforme as imagens acima, podemos considerar que é mais econômico ela comprar o recipiente de 1 litro ou embalagens de 250 ml ? Justifique.

Resposta: ____________________

____

402 Leia algumas dicas que foram distribuídas para os moradores de um condomínio:

> A conta de água do condomínio é rateada entre suas unidades.
> Por isso, todos devem economizar em casa e, é claro, no uso das áreas comuns.
>
> 
>
> • **Para lavar a calçada gastam-se, em média, 300 litros de água,** o que pode ser evitado com o uso de uma vassoura.
>
> • Regar o jardim também deve ser realizado com moderação, e as piscinas, quando não utilizadas, devem ser mantidas cobertas.
>
> • **Uma lavadora de 5 quilogramas gasta 135 litros de água**. Utilize a máquina de lavar roupas somente na capacidade máxima.
>
> • Atenção com a manutenção das torneiras. O gotejamento de uma torneira pode desperdiçar até 46 litros por dia, 1380 litros por mês.
>
> • Outra dica importante é consertar rapidamente os vazamentos para evitar a perda de até 3 200 litros de água por dia (vazão estimada de um buraco de 2 milímetros no encanamento).
>
> Vale lembrar que 13% em média do valor do condomínio é gasto com conta de água. Portanto, ajude a economizar este bem tão precioso.

a) Se uma família usar uma lavadora de roupas com capacidade para lavar 5 kg, quatro vezes por semana, qual será o gasto de água semanal?

b) No apartamento de Pedro, uma torneira com defeito demorou 27 dias para ser consertada. Durante esse tempo, a torneira permaneceu gotejando. Quantos litros de água, aproximadamente, foram desperdiçados nesse apartamento?

a) ________________________________

b) ________________________________

403 Para preparar 100 ml de molho para salada, é necessário misturar 60 ml de azeite, 30 ml de vinagre e 10 ml de molho de soja. Cristina pretende preparar 150 ml de molho. Quantos mililitros necessitará de cada um dos ingredientes?

Resposta: ________________________________

404 Leia o quadro abaixo, com informações da Companhia de Saneamento Básico do Estado de São Paulo (Sabesp) sobre algumas atividades que realizamos cotidianamente usando a água, e responda às questões.

> → **Por água abaixo**
>
> **Acabar com o desperdício pode ser mais fácil do que se imagina. Bastam algumas pequenas mudanças de hábito.**
>
> **Consumo médio de água:**
>
> **Escovar os dentes por 5 minutos**
> Com torneira aberta - **12 litros**
> Fechar enquanto escovar - **1 litro**
>
> **Fazer a barba por 10 minutos**
> Com torneira aberta - **24 litros**
> Abrir só para enxaguar - **4 litros**
>
> **Lavar a louça por 15 minutos**
> Com torneira aberta - **117 litros**
> Lavar tudo numa cuba cheia - **220 litros**
>
> **Regar o Jardim por 10 minutos**
> Com mangueira aberta - **186 litros**
> Com mangueira de fecho - revólver - **96 litros**
>
> **Lavar o carro por 30 minutos**
> Com mangueira aberta - **560 litros**
> Com balde - **40 litros**
>
> **Dica:**
>
> **Prefiro o chuveiro elétrico**. Num banho de 15 minutos, são gastos 45 litros, enquanto um banho de ducha consome 135 litros. Feche a torneira ao ensaboar-se.
>
> **Armazene a água do chuveiro** enquanto o espera esquentar. Essa água pode ser usada para deixar a roupa de molho.
>
> **Não use a privada como lixeira ou cinzeiro**.
> A cada descarga são gastos 10 litros de água.
>
> **Antes de lavar a louça**, limpe os restos de comida.
> Encha a pia para ensaboar e troque a água para enxaguar.
>
> **Uma piscina média perde 3 785 litros** por mês por evaporação. Mantendo-a coberta perdem-se 380 litros.

a) Quantos litros de água são economizados quando escovamos os dentes por 5 minutos com a torneira fechada?

b) Quantos litros de água serão gastos por uma pessoa que lava a louça por 30 minutos com a torneira aberta?

c) Se uma piscina média descoberta perde 3 785 litros de água em um mês por evaporação, quanto perderá, aproximadamente, em um ano se continuar descoberta?

a) ______________________________

b) ______________________________

____

c) ______________________________

____

405 Mônica comprou um frasco de líquido para higiene bocal com 500 ml do produto. Se ela usar 15 ml todos os dias, durante o mês de agosto, o frasco que ela comprou será suficiente? Justifique.

Resposta: ____________________

406 Sabe-se que 20 gotas de um medicamento correspondem a 1 ml, aproximadamente.

a) Quantas gotas encontramos em uma embalagem com 15 ml?

b) Se uma pessoa precisa tomar 20 gotas desse medicamento a cada 8 horas, em quantos dias o frasco terá esvaziado?

a) ____________________

b) ____________________

407 Com o suco armazenado em uma determinada jarra é possível encher 9 copos menores com capacidade de 200 ml cada um e mais 4 copos maiores com capacidade de 300 ml cada um.

a) Quantos litros de suco há nessa jarra?

b) Se uma pessoa só tivesse desses copos maiores, quantos conseguiria encher com o suco dessa jarra?

c) E se ela tivesse apenas 6 desses copos maiores, quantos dos menores precisaria comprar para esvaziar o restante da jarra?

a) ____________________

b) ____________________

c) ____________________

408 Todos os sábados Raul anda de bicicleta. Depois de percorrer $\frac{3}{4}$ do caminho parou para beber água. Quanto percorreu na segunda etapa?

Resposta: ______________________________

409 Seis amigos foram a um rodízio de pizza e comeram três pizzas, sem sobrar nenhum pedaço. Quanto cada um comeu, sabendo que todos comeram a mesma quantidade? Faça desenhos para representar a divisão das pizzas e use fração para responder a questão.

Resposta: ______________________________

410 Otávio e dois amigos resolveram construir pipas de papel de seda para soltar no parque. Eles dividiram quatro folhas de papel de seda vermelha entre os 3 amigos, de modo que todos receberam a mesma quantidade. Quanto cada criança recebeu?

Resposta: ______________________________

411 Uma pista de ciclismo foi dividida em 10 trechos iguais, sendo o ponto **A** o seu início.

a) A que fração da pista corresponde cada um desses trechos?

b) Bruno percorreu do ponto **A** até o **E**. Que fração da pista ele percorreu?

c) Mário saiu do ponto **C** e parou no ponto **G**. Que fração falta para ele chegar no início novamente?

d) Ciça iniciou no ponto **A** e parou na metade da pista. Em que ponto ela parou?

e) Jéssica andou a pista toda. Que fração da pista ela percorreu?

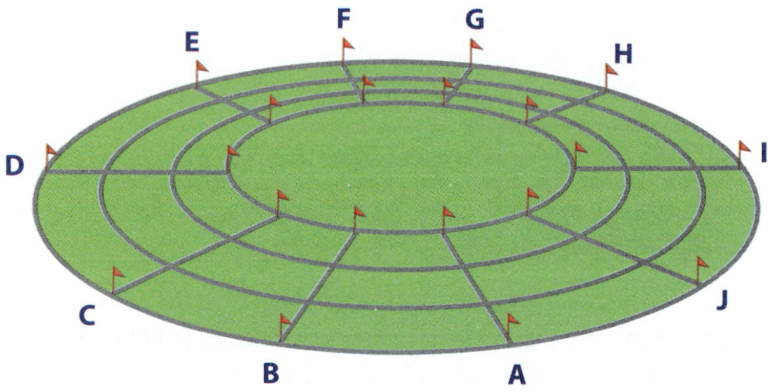

a)

b)

c)

d)

e)

412 O clube que Marta frequenta oferece aulas dos seguintes esportes: futebol, judô e basquete. Ela fez um levantamento para saber qual curso tem o maior número de alunos e chegou aos seguintes dados: $\frac{3}{8}$ dos sócios fazem futebol, $\frac{1}{8}$ dos sócios praticam judô e $\frac{2}{8}$ dos sócios praticam basquete. Nenhum sócio pratica mais do que um esporte e alguns sócios não praticam nenhum esporte.

a) Qual esporte é praticado pelo maior número de sócios? E qual é praticado pelo menor número de sócios?

b) Qual a fração que representa os sócios que não praticam nenhum esporte?

a)

b)

413 Júlio comprou um terreno para plantar árvores frutíferas e pretende dividi-lo assim: $\frac{2}{10}$ do terreno com os limoeiros e o restante será dividido igualmente entre a plantação de goiaba e de maçã. Qual a fração que representa a parte onde ficarão as goiabeiras?

Resposta: ______________________________

414 Assinale a pergunta adequada para o problema abaixo e resolva-o.

Em uma sala de 5º ano, há 36 alunos e $\frac{4}{12}$ são meninas.

( ) Quantos meninos estão no 4º ano?

( ) Quantos alunos há na escola?

( ) Quantas meninas estão nessa sala de aula?

Resposta: ______________________________

415 Renata e sua irmã Maria dividiram uma barra de chocolate de 500 gramas. Renata comeu $\frac{1}{4}$ da barra e sua irmã $\frac{2}{4}$ do chocolate. Quantos gramas sobraram?

Resposta: ______________________________

416 A turma de amigos de João gastou R$ 1 200,00 em um restaurante. Ao final do encontro, cada um deveria pagar $\frac{1}{6}$ desse valor, já que estavam em 6 amigos. Quanto cada um gastou no encontro?

Resposta: ______________________________

417 Em uma classe com 33 alunos, $\frac{2}{3}$ já completou 10 anos e o restante tem 9 anos. Quantos alunos têm 9 anos?

Resposta: ______________________________

418 A capacidade de um reservatório de água é de 250 000 litros. Nesse momento, o reservatório está com água em $\frac{4}{5}$ de sua capacidade. Quantos litros há no reservatório?

Resposta: ______________________________

419 O Teatro Municipal tem capacidade para 1 584 pessoas. Em um concerto, $\frac{8}{9}$ dos lugares estavam ocupados. Qual foi o número de pessoas que assistiram a esse concerto?

Resposta: ______________________________

420 Rosa já pagou $\frac{3}{5}$ dos R$ 100,00 que está devendo para seu amigo André. Quantos reais ela já pagou a André? Que fração representa a parte que Rosa ainda tem de pagar?

Resposta: ______________________________

421 Realizei uma viagem de 700 km. Fiz de carro $\frac{3}{7}$ do percurso e o restante, de ônibus. Quantos quilômetros percorri de ônibus?

Resposta: ______________________________

422 Uma escola com 1 240 alunos programou uma saída para ir ao Day Camp. Desses alunos, foram $\frac{6}{8}$ e o restante permaneceu na escola. Quantos alunos foram ao Day Camp?

Resposta: ______________________________

423 A soma das frações que estão na mesma linha, coluna ou diagonal do quadro a seguir é sempre a mesma: igual a 1 inteiro. Complete o quadro.

$\frac{5}{24}$		$\frac{11}{24}$
$\frac{7}{24}$	$\frac{13}{24}$	

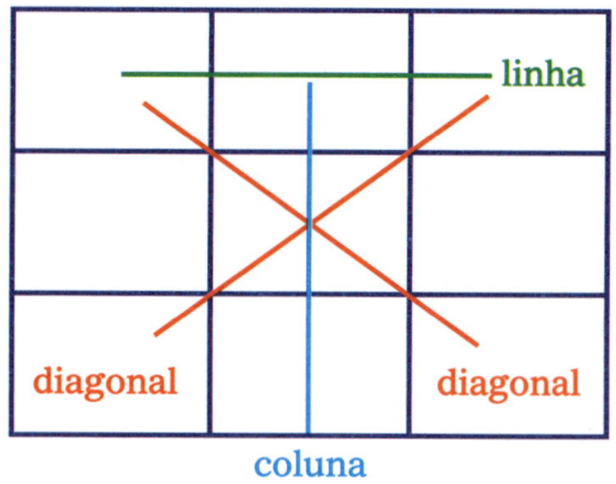

424 Um carro tem um tanque de gasolina com capacidade para 64 litros de combustível. O ponteiro do marcador de combustível está indicando $\frac{3}{4}$ do tanque. Quantos litros de gasolina há no tanque? Quantos litros são necessários para completar e deixar o tanque cheio?

Resposta: ______________________________

425 Em uma classe, a metade dos alunos são meninos. A terça parte dos meninos está presente. Sabendo que estão presentes 6 meninos, qual é o total de alunos da classe?

Resposta: ______________________________

426 O prêmio de R$ 1 800,00 deve ser dividido entre os três primeiros colocados de um torneio esportivo. Ao 1º colocado, cabe $\frac{1}{2}$ dessa quantia; ao 2º colocado, cabe $\frac{1}{3}$ dessa quantia; e ao 3º colocado, cabe a quantia restante. Nessas condições, qual a quantia que cada um receberá?

Resposta: ______________________________

427 Durante um ano, Caio economizou R$ 1 260,00, e Tati economizou a terça parte dessa quantia. Quanto Tati economizou? Quanto Caio economizou a mais que Tati?

Resposta: ______________________________

428 Para a festa de aniversário de sua filha, D. Paula encomendou 680 docinhos. Durante a festa, foram consumidos $\frac{3}{4}$ do total de doces. Dos doces que sobraram, ela congelou a metade. Quantos doces congelou?

Resposta: ______________________________

429 Em uma escola de Educação Infantil, um sexto dos 126 alunos tem menos de dois anos. Os demais alunos têm entre dois e cinco anos. Quantos alunos dessa escola têm entre dois e cinco anos?

Resposta: ____________________

430 Na portaria de um prédio, chegaram, certo dia, 91 correspondências. Desse total, $\frac{1}{7}$ era para ser entregue no primeiro andar. Quantas correspondências foram entregues nos outros andares?

Resposta: ____________________

431 A distância da casa de Rafael à escola é de 1,5 km. Ele caminha com Marcos $\frac{1}{3}$ dessa distância e percorre sozinho o restante do caminho. Quantos metros ele caminha sozinho?

Resposta: ____________________

432 Em uma estação de reciclagem de resíduos, chegam diariamente 9 000 toneladas de materiais recicláveis. Desse total, $\frac{1}{10}$ é de embalagens de vidro, $\frac{3}{5}$ de papel, $\frac{1}{5}$ de metal e o restante de plástico. Quantas toneladas de plástico chegam a essa estação de reciclagem por dia?

Resposta: ____________________

433 Marisa comprou um carro por R$ 84 500,00. Deu de entrada $\frac{2}{5}$ do valor total e o restante pagará em 50 parcelas. Qual será o valor de cada parcela?

Resposta: ______________________________

434 Alexandre e Felipe não conseguiram completar seus álbuns de 180 figurinhas. Para Alexandre, faltaram $\frac{3}{9}$ do total de figurinhas e, para Felipe, faltou $\frac{1}{3}$ da quantidade de figurinhas que Alexandre tem. Os dois amigos encomendaram juntos as figurinhas que faltavam. Quantas figurinhas eles encomendaram?

Resposta: ______________________________

435 Sérgio vende balões a gás em um parque de diversões. No período da manhã, Sérgio vendeu 28 balões, ou seja, vendeu $\frac{7}{10}$ dos balões que tinha levado.

a) Quantos balões Sérgio tinha levado para vender?

b) Quantos balões restaram para vender no período da tarde?

c) Se, no período da tarde, Sérgio vendeu $\frac{1}{2}$ dos balões que restaram, quantos balões ele vendeu nesse período?

a) ______________________________

b) ______________________________

c) ______________________________

436 Um pen drive pode armazenar 80 minutos de gravação. Pedro gravou algumas músicas e ocupou $\frac{2}{5}$ de sua capacidade. Qual é o número de minutos de gravação que ainda resta?

Resposta: ________________________________

437 Cátia e sua avó fizeram algumas compras no Mercadão.

Compraram:

- $\frac{3}{4}$ kg de café.
- 250 g de peixe.
- $\frac{1}{2}$ kg de castanha-do-pará.

Observe o preço do quilo de cada produto e calcule quanto elas gastaram.

Café ⇒ R$ 24,00	**Peixe** ⇒ R$ 52,00
Castanha-do-pará ⇒ R$ 136,80	

Resposta: ________________________________

438 Se $\frac{4}{10}$ do preço de um terreno é igual a R$ 60 000,00, qual é o preço total do terreno?

Resposta: ______________________________

439 Rafaela vai a uma excursão cuja duração será de 8 horas. Ela sabe que o tempo será dividido da maneira indicada abaixo.

Quanto tempo Rafaela utilizará em cada etapa? Complete a tabela.

Etapas da excursão	Tempo
$\frac{1}{6}$ para alimentação: almoço e lanches.	
$\frac{3}{6}$ para visitar o centro histórico e o museu da cidade.	
$\frac{2}{6}$ no percurso de ida e volta e em atividades recreativas.	

Cálculos:

LÓGICA

440 Um dia, na hora do recreio, quatro alunos conversavam sobre seus animais de estimação. Preste atenção ao que eles disseram:

Responda:

a) Quem não tem gato nem cachorro?

b) Quem não tem cachorro e tem pelo menos um gato?

c) Quem não tem gato e tem pelo menos um cachorro?

d) Quem tem pelo menos um cachorro e um gato?

a) ______________________________

b) ______________________________

c) ______________________________

d) ______________________________

441 Janaina, Marta e Paola foram à cozinha e cada uma delas pegou um doce e um salgado para o lanche.

Com base nas dicas abaixo, descubra qual o doce e o salgado que cada uma pegou e complete a tabela.

- Janaina não pegou nem pudim de leite nem torta de chocolate da geladeira.
- Marta não pegou nem coxinha nem pão de queijo.
- A pessoa que pegou o sorvete de morango da geladeira pegou também uma coxinha.
- Quem pegou o pudim de leite não pegou a empada.

Nome	Doce	Salgado

442 Três amigos: Roger, Lúcio e Alexandre tinham 60 reais cada um. Eles fizeram uma aposta, vencida por Roger, que ganhou metade do dinheiro de Lúcio e metade do dinheiro de Alexandre. Em seguida, fizeram outra aposta, vencida por Lúcio, que ganhou metade do dinheiro de Roger e metade do dinheiro de Alexandre.

a) Com quanto ficou cada amigo depois da primeira aposta?

b) E depois da segunda aposta?

a) ______________________________

____

b) ______________________________

____

443 Na adição a seguir, cada um dos símbolos representa um algarismo distinto.

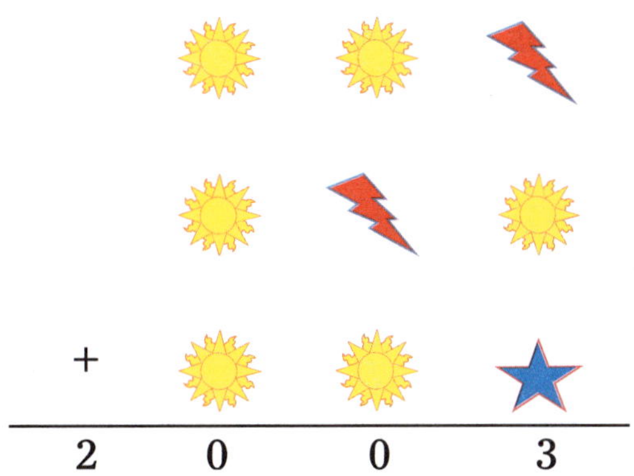

Determine o valor de cada símbolo.

 ____________  ____________  ____________

444 Um biólogo está estudando uma planta rara que possui 10 folhas, sendo que, a cada mês, caem 5 folhas e crescem 3 simultaneamente. Sabendo disso, em quantos meses a planta estará completamente sem folhas?

Resposta: ______________________________

445 Vasco ganhou 4 cards para sua coleção. Observe as dicas abaixo e complete a tabela com a cor, a figura e o país de origem de cada um deles.

- O card com a figura de um carro é vermelho.
- É alemão o que tem a figura de uma bicicleta.
- O card cuja figura é um par de patins não é francês.
- Não é vermelho o card da Suíça.
- O que tem a figura do skate não é amarelo.
- O azul é o dos Estados Unidos.
- O card com a figura de um par de patins é verde.

País				
Cor				
Figura				

446 Uma prova continha apenas dois problemas: **A** e **B**.

- 350 alunos acertaram o problema **A**.
- 220 alunos acertaram o problema **B**.
- 70 alunos acertaram os dois problemas.
- 40 alunos erraram os dois problemas.

a) Quantos alunos acertaram só o problema **A**?

b) Quantos alunos acertaram só o problema **B**?

c) Quantos alunos fizeram a prova?

a) ____________________

b) ____________________

c) ____________________

447 Observe, a seguir, as balanças em equilíbrio:

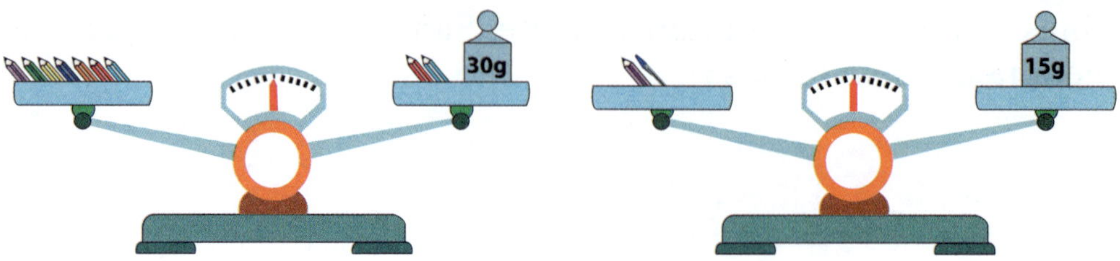

Todos os lápis têm o mesmo peso. Quanto pesa a caneta?

Resposta: ____________________

448 Cinco amigos estão brincando com dados. Siga as pistas e preencha o quadro indicando a cor e os pontos dos dados de cada criança.

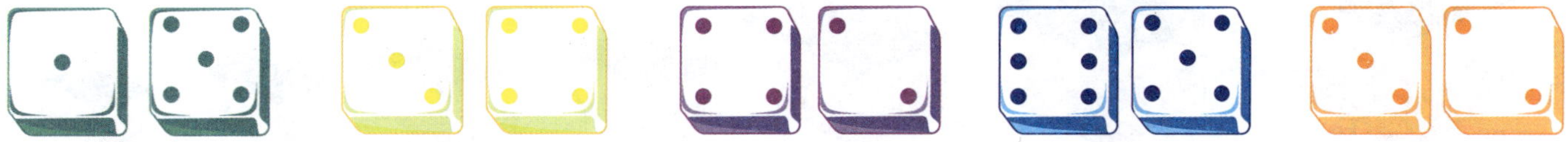

verde amarelo roxo azul laranja

- Os dados de Celina são amarelos.
- Os de Henrique são roxos.
- Henrique fez mais pontos que Íris.
- Celina fez mais pontos que Moisés e menos que Davi.

	Pontos	Cor
Celina		
Davi		
Henrique		
Íris		
Moisés		

449 Numa folha de papel quadriculado, coloca-se um dado, como mostra a figura seguir:

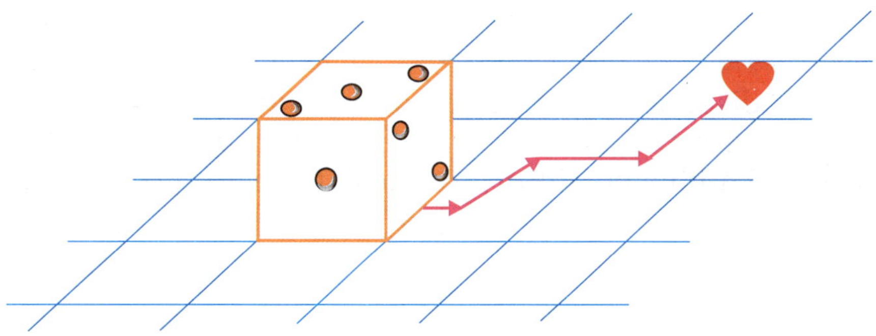

Sabe-se que a soma das quantidades marcadas em faces opostas é 7. Movimentando-se o dado como indicam as flechas, que valor estará na face superior quando ele atingir a casa com o coração?

Resposta: ______________________________

450 Veja como Lívia organizou algumas caixas que estavam na copa de sua mãe.

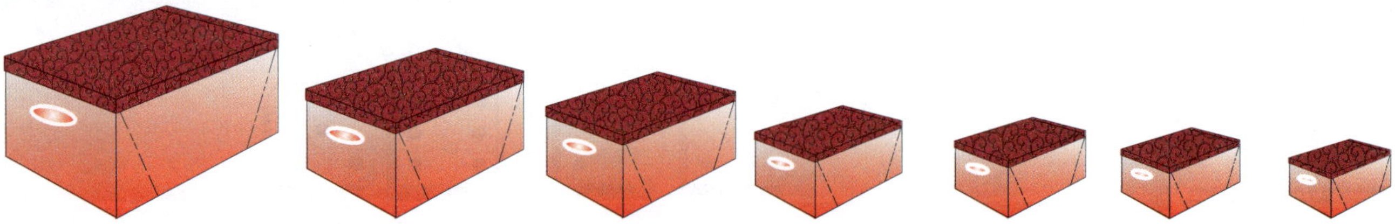

- Na caixa 1, ela colocou duas caixas do tamanho da caixa 2.
- Na caixa 2, ela colocou duas caixas do tamanho da caixa 3.
- Na caixa 3, ela colocou duas caixas do tamanho da caixa 4.
- Na caixa 4, ela colocou duas caixas do tamanho da caixa 5.
- Na caixa 5, ela colocou duas caixas do tamanho da caixa 6.
- Na caixa 6, ela colocou duas caixas do tamanho da caixa 7.

a) Quantas caixas 7 ficaram dentro da caixa 1?

b) Qual é o total de caixas que ela colocou dentro da caixa 1?

a) ______________________________

b) ______________________________

451 Fátima e Marcos disputaram um jogo no qual são atribuídos 2 pontos por vitória e é retirado um ponto por derrota. Inicialmente, cada um tinha 5 pontos. Se Marcos ganhou exatamente 3 partidas, e Fátima, no final, ficou com 10 pontos, quantas partidas no mínimo eles disputaram?

Resposta: ______________________________

452 Flavio e Armando voltaram da última pescaria falando:

Quantos peixes cada um pescou?

Resposta: ____________________

453 Descubra o valor de cada letra seguindo as regras nas operações abaixo.

- Cada letra representa um algarismo de 0 a 9.
- Letras diferentes representam algarismos diferentes.

$$\begin{array}{cccc} & & P & Y \\ + & & L & P \\ \hline & P & Y & P \end{array}$$

$$\begin{array}{ccccc} & N & O & V & E \\ + & T & R & Ê & S \\ \hline & D & O & Z & E \end{array}$$

P = ________ N = ________ E = ________ S = ________

Y = ________ O = ________ T = ________ D = ________

L = ________ V = ________ R = ________ Z = ________

454 Divida o quadro abaixo em partes, de modo que, em cada parte, apareçam os algarismos de 1 a 9 uma só vez.

5	5	2	9	8	6
8	7	2	4	7	6
9	1	1	4	1	1
3	3	2	3	3	9
6	7	2	4	7	8
6	8	9	4	5	5

455 Em uma apresentação de dança, cinco bailarinas estão representadas pelas letras **A**, **B**, **C**, **D**, **E** e **F**.

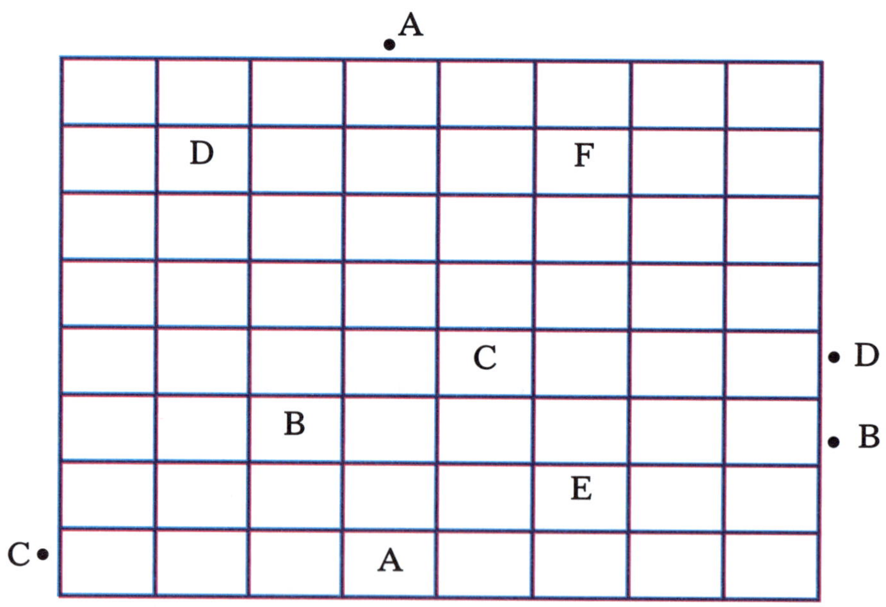

Num determinado momento da música, a bailarina **A** se retira pela *saída A*; a **B**, pela *saída B*; a **C**, pela *saída C*; a **D**, pela *saída D*; e a **E** vai para a *posição F*.

Trace o deslocamento que cada uma delas fará, obedecendo à recomendação abaixo:

⇒Uma bailarina não pode cruzar o percurso de outra, cada uma fará um caminho único e nenhuma pode passar por onde outra já passou.

456 Observe o gráfico que apresenta a distribuição do consumo de água residencial por tipo de uso. Em seguida, responda às questões.

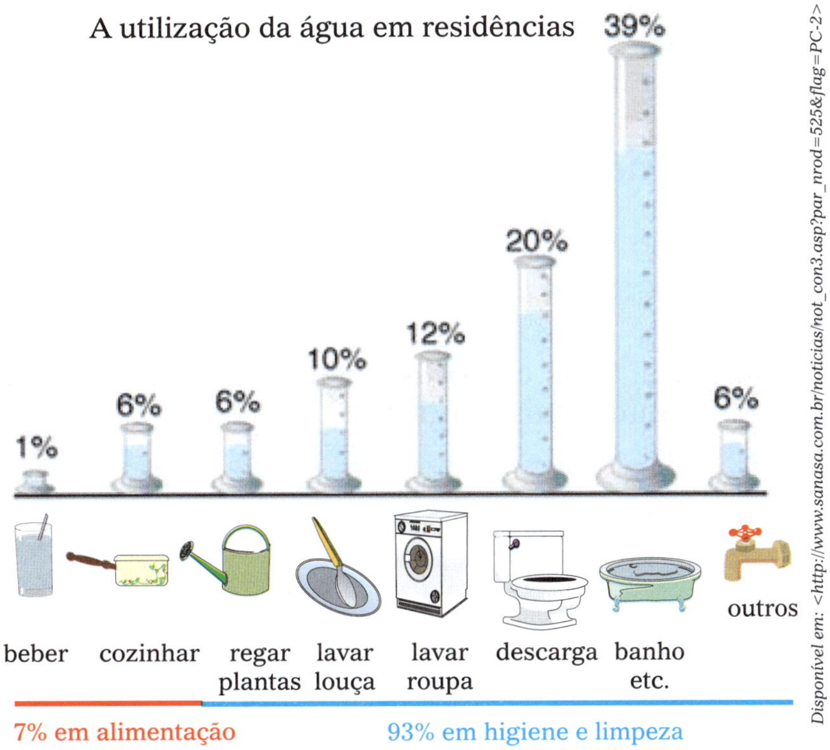

a) Em qual atividade diária as pessoas consomem mais água?

Resposta: ______________________________

b) E em qual atividade diária se consome menos água?

Resposta: ______________________________

c) Qual a diferença em percentual entre a quantidade de água que é gasta em higiene pessoal e limpeza e a que é gasta com alimentação?

Resposta: ______________________________

d) Sabendo que o consumo médio por pessoa é de 200 litros por dia, quanto um brasileiro gasta de água num dia lavando louça?

Resposta: ______________________________

Cálculos

457 Cláudia acertou 7 das 10 questões de uma prova. Que porcentagem da prova ela errou?

Resposta: ____________________

458 Sr. Pedro foi à farmácia. Suas compras totalizam R$ 260,00. Como pagou à vista, recebeu 25% de desconto. Quantos reais ele gastou?

Resposta: ____________________

459 Li 25% de um livro de 200 páginas. Quantas páginas faltam para eu terminar a leitura?

Resposta: ____________________

460 O Sr. Francisco foi contratado para cortar a grama de uma chácara. A área gramada possui 600 m^2. Ele levou 4 dias para fazer o serviço, pois, em alguns dias, choveu muito e ele não pôde trabalhar como gostaria. Observe a porcentagem e complete a tabela com a quantidade de metros quadrados de grama que o Sr. Francisco cortou em cada dia.

Dias	Porcentagem de grama cortada	m^2 de grama cortada
1º dia	25%	
2º dia	10%	
3º dia	o restante	
4º dia	50%	

Cálculos

461 Larissa comprou uma máquina de lavar e secar roupas por R$ 6 510,00. Deu 50% de entrada no dia da compra e o restante pagará em cinco prestações iguais. Qual será o valor de cada prestação?

Resposta: ______

462 Após uma pesquisa realizada com um grupo de 500 alunos de uma escola sobre a preferência de sucos, foi construído o seguinte gráfico:

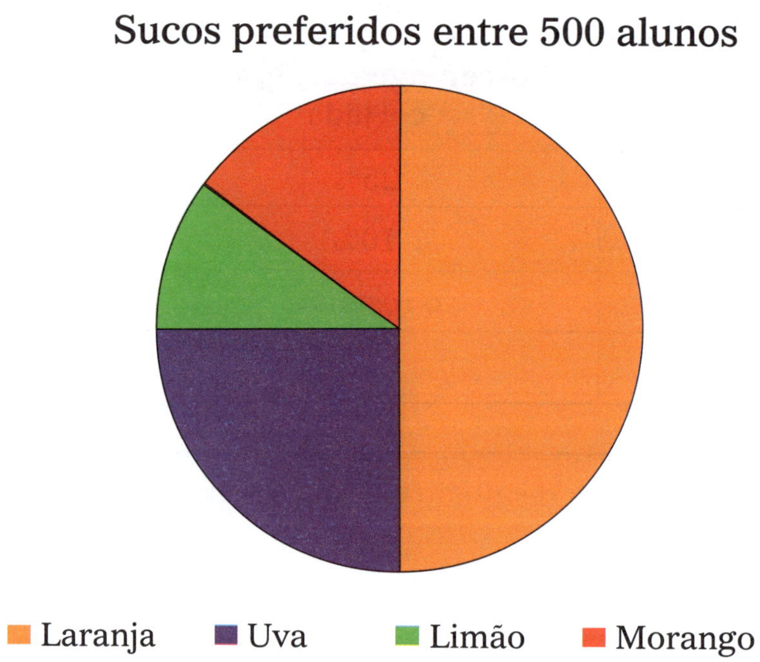

a) Complete a tabela abaixo de acordo com o gráfico.

	Laranja	Uva	Limão	Morango
Porcentagem		25%		
Fração	$\frac{50}{100}$			
Número decimal			0,10	
Nº de alunos				

b) Quantos alunos preferem suco de morango?

Resposta: ______________________________

463 Das 1 500 pessoas esperadas para um evento, compareceram 90%. Que porcentagem de pessoas faltou? Quantas pessoas faltaram?

Resposta: ____________________

464 O gráfico abaixo mostra o resultado de uma pesquisa que foi feita com 1 200 pessoas para saber os motivos que as levam a adquirir um cão.

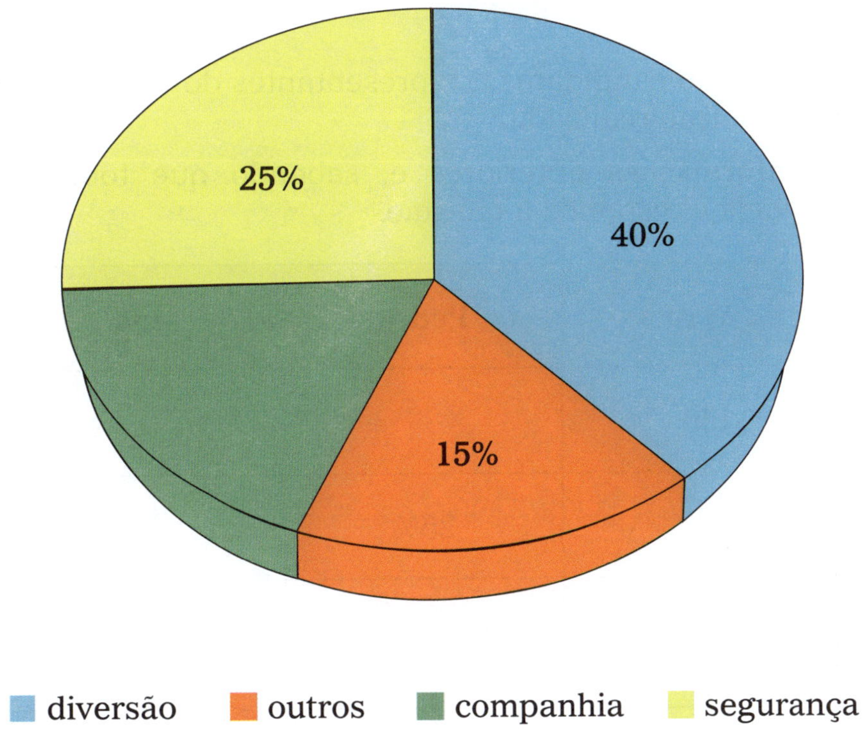

a) Qual a porcentagem de pessoas que adquirem um cão para ter uma companhia?

Resposta: ____________________

b) Quantas pessoas têm um cachorro por motivo de segurança?

Resposta: ____________________

465 Paula comprou um pacote de viagem para Florianópolis, em Santa Catarina. O valor do pacote seria de R$ 4 900,00, mas obteve 10% de desconto na compra. Ela pagou em 7 prestações iguais. Qual foi o valor de cada prestação?

Resposta: ____________________

466 Vera, Pedro e Ana são candidatos a representantes do 5º ano. A tabela mostra uma parte dos resultados da eleição realizada.

Com base nas informações anteriores e, sabendo que todos os alunos da escola votaram, complete a tabela e responda à questão.

	Vera	Pedro	Ana	Votos Nulos
Número de alunos	30			
Porcentagem	10%	25%		
Fração decimal			$\frac{50}{100}$	
Número decimal				

• Se os alunos que anularam seus votos tivessem votado em Pedro, ele teria ganhado as eleições? Por quê?

Resposta: ____________________

____

BLOCOS DE OPERAÇÕES

Bloco 1	Bloco 2
a) 489 + 34 + 1 065 = b) 76 + 2 178 + 905 = c) 897 – 256 = d) 2 976 – 743 = e) 6 × 235 = f) 8 × 324 = g) 678 ÷ 5 = h) 945 ÷ 3 =	a) R$ 567,00 + R$ 89,00 = b) R$ 409,00 + R$ 376,00 = c) R$ 728,00 – R$ 76,00 = d) R$ 945,00 – R$ 389,00 = e) 21 × 438 = f) 32 × 519 = g) 1 053 ÷ 9 = h) 4 379 ÷ 7 =
Bloco 3	**Bloco 4**
a) 12 098 + 3 456 = b) 23 007 – 1 986 = c) 23 × 1 209 = d) 68 × 2 145 = e) 79 × 4 008 = f) 6 732 ÷ 6 = g) 24 809 ÷ 8 = h) 12 938 ÷ 2 =	a) R$ 345,87 + R$ 1 298,60 = b) R$ 2 754,67 – R$ 905,40 = c) 8 × R$ 427,00 = d) 37 × R$ 269,00 = e) 63 × 12 409 = f) 684 ÷ 12 = g) 903 ÷ 21 = h) 745 ÷ 15 =
Bloco 5	**Bloco 6**
a) O quádruplo de 3 478. b) O produto entre 7 982 e 36. c) O quíntuplo de 12 087. d) A diferença entre 90 000 e 7 064. e) 876 ÷ 32 = f) 385 ÷ 14 = g) 3 298 ÷ 25 = h) 1 863 ÷ 27 =	a) 59 × 4 786 = b) 46 × 13 780 = c) 70 × 21 745 = d) 65 × 54 098 = e) 4 704 ÷ 31 = f) 2 978 ÷ 26 = g) 3 096 ÷ 18 = h) 5 238 ÷ 11 =
Bloco 7	**Bloco 8**
a) A metade de R$ 1 318,00. b) O quociente entre 2 965 e 17. c) A soma entre 34 569 e 2 837. d) O produto entre 4 dezenas de milhar e 63. e) 48 × 65 179 = f) 35 × 90 678 = g) 1 425 ÷ 19 = h) 8 479 ÷ 42 =	a) 256 + 5 896 + 23 578 = b) 27 × 65 236 = c) 45 × 36 069 = d) 128 × 371 = e) 209 × 245 = f) 62 713 ÷ 33 = g) 39 054 ÷ 17 = h) 47 215 ÷ 28 =

Bloco 9	Bloco 10
a) R$ 32 657,60 + R$ 9 035,75 = b) R$ 106 500,40 – R$ 85 148,00 = c) R$ 345,50 × 16 = | d) 49 × 62 804 = e) 234 × 1 067 = | f) 302 × 2 179 = g) 18 238 ÷ 29 = | h) 26 011 ÷ 37 =	a) $\frac{1}{3}$ de 27 bolas = | b) $\frac{1}{6}$ de 24 ovos = c) $\frac{4}{6}$ de 24 ovos = | d) $\frac{3}{7}$ de 35 canetas = e) $\frac{2}{4}$ de 1 hora = | f) $\frac{8}{9}$ de 72 reais = g) $\frac{2}{5}$ de 100 carros = | h) $\frac{6}{8}$ de 96 figurinhas =

Bloco 11	Bloco 12
a) $\frac{1}{3} + \frac{1}{3} =$ | b) $\frac{2}{5} + \frac{1}{5} =$ c) $\frac{3}{7} + \frac{4}{7} + \frac{2}{7} =$ | d) $\frac{4}{6} + \frac{1}{6} =$ e) $\frac{7}{10} - \frac{5}{10} =$ | f) $\frac{18}{12} - \frac{7}{12} =$ g) $\frac{8}{8} - \frac{3}{8} =$ | h) $\frac{12}{9} - \frac{2}{9} =$	a) 18 × 98 346 = | b) 34 × 21 984 = c) 241 × 2 908 = | d) 183 × 1 298 = e) 85 009 ÷ 12 = | f) 69 887 ÷ 56 = g) 23 918 ÷ 28 = | h) 123 367 ÷ 11 =

Bloco 13	Bloco 14
a) A terça parte de 8 250. b) O triplo de 308 567. c) A quarta parte de 26 804. d) O quociente entre 42 e 54 978. e) 31 × 29 043 = f) 225 × 2 047 = g) 43 780 ÷ 85 = h) 35 972 ÷ 69 =	a) $\frac{2}{9}$ de 297 pessoas = b) $\frac{4}{6}$ de R$ 1 026,00 = c) $\frac{3}{8}$ de 192 lápis = d) $\frac{4}{5}$ de 26 605 ingressos = e) 44 × R$ 2 065,30 = f) 29 × R$ 1 376,80 = g) 465 074 ÷ 21 = h) 132 489 ÷ 25 =

Bloco 15	Bloco 16
a) $\frac{7}{18} + \frac{9}{18} =$ | b) $\frac{10}{11} + \frac{6}{11} =$ c) $\frac{18}{24} - \frac{9}{24} =$ | d) $\frac{13}{7} - \frac{5}{7} =$ e) 90 × 17 862 = | f) 84 × 13 076 = g) 47 324 ÷ 37 = | h) 107 083 ÷ 41 =	a) 9 087 + 12 340 + 79 = | b) 356 984 + 98 607 = c) 80 921 – 8 564 = | d) 722 506 – 55 555 = e) 56 × 204 178 = | f) 24 × 312 459 = g) 85 940 ÷ 22 = | h) 131 924 ÷ 43 =

Bloco 17

a) 76 × 12 037 =	b) 83 × 24 169 =
c) 30 × 31 458 =	d) 25 × 504 678 =
e) 49 137 ÷ 42 =	f) 56 021 ÷ 31 =
g) 300 050 ÷ 50 =	h) 128 038 ÷ 63 =

Bloco 18

a) 15,7 + 9,06 =	b) 9,812 + 0,5 =
c) 2 + 1,7 + 0,9 =	d) 23,4 + 0,208 + 5 =
e) 6,85 – 0,45 =	f) 7 – 0,15 =
g) 2,8 – 0,004 =	h) 27,6 – 9,03 =

Bloco 19

a) 57 × 43 286 =	b) 19 × 90 855 =
c) 82 407 ÷ 38 =	d) 70 543 ÷ 54 =
e) 195,6 + 0,247 =	f) 80,019 + 6 + 9,5 =
g) 29 – 8,63 =	h) 7,08 – 2,456 =

Bloco 20

a) 61 × 43 286 =	b) 58 × 90 855 =
c) 95 137 ÷ 44 =	d) 110 476 ÷ 71 =
e) 5 × 3,02 =	f) 4 × 0,18 =
g) 9 × 12,7 =	h) 8 × 4,175 =

Bloco 21

a) 53 × 64 809 =	b) 215 830 ÷ 45 =
c) 87,04 + 8,127 =	d) 123,5 – 70,409 =
e) 3,2 × 0,4 =	f) 1,5 × 6,07 =
g) 7,6 × 2,9 =	h) 0,8 × 12,03 =

Bloco 22

a) 82 × 30 873 =	b) 66 × 41 054 =
c) 71 392 ÷ 34 =	d) 110 834 ÷ 47 =
e) 158 – 28 – 10 + 15 =	f) 240 + 60 – 50 + 30 =
g) 230 + 170 – 100 + 78 =	h) 500 – 300 – 200 + 839 =
i) 110 + 32 × 2 =	j) 80 – 35 ÷ 7 =
k) 12 × 4 + 30 × 2 =	l) 50 + 10 ÷ 2 – 3 × 5 =

Bloco 23

a) 91 × 56 305 =

b) 39 × 82 176 =

c) 69 349 ÷ 23 =

d) 209 712 ÷ 51 =

e) 75 – 5 × 5 + 63 ÷ 7 + 21 =

f) 2 × 500 + 2 000 ÷ 2 – 600 + 2 × 4 =

g) 90 ÷ 9 – 40 ÷ 8 + 20 × 8 =

h) 4 × 25 + 9 × 100 – 5 × 200 =

i) 650 + 150 × 2 – 30 × 30 + 81 ÷ 9 =

j) 380 – 2 × 90 + 120 ÷ 2 + 35 =

k) 40 + 45 + 100 × 6 ÷ 2 – 25 × 3 =

l) 530 – 72 ÷ 9 × 50 + 2 × 35 =

Bloco 24

a) 74 × 21 862 =

b) 97 × 18 005 =

c) 36 × 74 988 =

d) 56 033 ÷ 24 =

e) 74 448 ÷ 72 =

f) 105 984 ÷ 46 =

g) (38 + 4 × 5) – 18 =

h) 12 ÷ 4 + (9 ÷ 3 + 2 × 2) =

Bloco 25

a) 48 × 120 087 =

b) 81 × 35 719 =

c) 84 136 ÷ 20 =

d) 135 392 ÷ 32 =

e) 9 × 9 + (7 × 6 – 2) =

f) (4 × 10 – 4) – 6 × 6 =

g) (50 + 100 ÷ 2) – 45 + 9 × 5 =

h) 10 ÷ 5 × (2 + 3 × 4) – 36 ÷ 4 =

Bloco 26

a) 46,9 + 0,432 + 7 =

b) 172,04 – 8,912 =

c) 5,6 × 17,32 =

d) 67 × 48 593 =

e) 58 209 ÷ 45 =

f) 205 788 ÷ 33 =

g) (20 – 3 × 4) + 6 × 8 =

h) 1 000 + (80 × 10 – 30) – 150 × 4 =

i) (5 × 10 – 80 ÷ 2) + 90 × 7 =

j) 350 ÷ 7 + 150 – (8 × 5 + 240 ÷ 4) =

Bloco 27

a) 59 + 3,88 + 0,009 =

b) 91,6 – 28,704 =

c) 4,2 × 21,8 =

d) 92 × 37 044 =

e) 93 366 ÷ 26 =

f) 450 823 ÷ 17 =

g) 2 × (46 – 16) – (18 + 12) =

h) (36 + 30 – 10) ÷ 8 + 9 – (20 – 72 ÷ 9) =

i) (12 + 3 – 8) × (22 – 12) + 42 ÷ 6 =

j) (60 – 6 + 9) ÷ 9 – (64 ÷ 8 – 6) – (43 – 7 × 6) =

Bloco 28

a) 93 405 + 123 488 + 3 076 =

b) 804 321 – 95 765 =

c) 57 × 30 267 =

d) 101 652 ÷ 43 =

e) (8 + 6 × 6) ÷ (60 – 7 × 8) + 6 × 8 – 12 =

f) 9 × (23 – 13) – 56 : (20 – 13) – 6 × (37 – 26) =

g) (8 + 12 ÷ 6) + 3 × 8 + 4 × 4 – (15 – 2 × 5) =

h) 400 – (60 × 8 + 120) ÷ (3 × 100) + 102 =

Bloco 29

a) 3,047 + 328 + 76,95 =

b) 2 356,62 – 983,055 =

c) 7,3 × 22,95 =

d) 46 983 ÷ 54 =

e) 127 540 ÷ 35 =

f) 50% de 7 650 embalagens.

g) 25% de 2 784 reais.

h) 10% de 34 980 habitantes.

Bloco 30

a) 93 × 47 298 =

b) 46 × 22 971 =

c) 60 × 89 045 =

d) 95 634 ÷ 27 =

e) 103 098 ÷ 15 =

f) 25% de 3 948 carros.

g) 10% de 80 320 ingressos.

h) 50% de 4 684 alunos.

RESPOSTAS

1 a) 1ª ordem, 9 unidades = 9; 2ª ordem, 6 dezenas = 60; 3ª ordem, 9 centenas = 900; 4ª ordem, 4 unidades de milhar = 4 000; 5ª ordem, 1 dezena de milhar = =10 000; 6ª ordem, 2 centenas de milhar = 200 000:

Duzentos e quatorze mil, novecentos e sessenta e nove.

b) 1ª ordem, 2 unidades = 2; 2ª ordem, 5 dezenas = 50; 3ª ordem, 7 centenas = 700; 4ª ordem, 6 unidades de milhar = 6 000; 5ª ordem, 0 dezena de milhar = 0; 6ª ordem, 4 centenas de milhar = 400 000:

Quatrocentos e seis mil, setecentos e cinquenta e dois.

c) 1ª ordem, 4 unidades = 4; 2ª ordem, 1 dezena = 10; 3ª ordem, 4 centenas = 400; 4ª ordem, 7 unidades de milhar = 7 000; 5ª ordem, 7 dezenas de milhar = 70 000; 6ª ordem, 1 centena de milhar = 100 000:

Cento e setenta e sete mil, quatrocentos e quatorze.

2 a) Quarenta e cinco mil, seiscentos e setenta e oito.
b) Cento e trinta mil, novecentos e oitenta e cinco.
c) Seiscentos e setenta e dois mil e dezoito.

3 a)

3ª classe			2ª classe			1ª classe		
9ª ORDEM	8ª ORDEM	7ª ORDEM	6ª ORDEM	5ª ORDEM	4ª ORDEM	3ª ORDEM	2ª ORDEM	1ª ORDEM
CENTENA DE MILHÃO	DEZENA DE MILHÃO	UNIDADE DE MILHÃO	CENTENA DE MILHAR	DEZENA DE MILHAR	UNIDADE DE MILHAR	CENTENA	DEZENA	UNIDADE
0	0	4	3	9	7	4	3	6

b) 3 c) 4 d) 3 e) 4 397 435 f) 4 397 437

4 a) 9 876 542 b) 2 456 789

5 a) 341 982 b) 504 329 c) 729 053
d) 1 814 019 e) 24 136 009

6 a) 3 000 000 + 300 000 + 4 000 + 500 + 60
b) 1 000 000 + 400 000 + 70 000 + 2 000 + 900
c) 500 000 + 400 + 30 + 2

7

	3ª classe			2ª classe			1ª classe		
	9ª ORDEM	8ª ORDEM	7ª ORDEM	6ª ORDEM	5ª ORDEM	4ª ORDEM	3ª ORDEM	2ª ORDEM	1ª ORDEM
	CENTENA DE MILHÃO	DEZENA DE MILHÃO	UNIDADE DE MILHÃO	CENTENA DE MILHAR	DEZENA DE MILHAR	UNIDADE DE MILHAR	CENTENA	DEZENA	UNIDADE
a)				4	2	6	8	9	0
b)	8	3	0	6	0	0	0	2	4
c)					5	5	3	7	1
d)	7	0	0	0	4	2	0	8	9
e)				5	0	0	1	0	8
f)				3	6	7	0	5	3

- | 8 | 3 | 0 | 6 | 0 | 0 | 0 | 2 | 4 |
- | 5 | 5 | 3 | 7 | 1 |

8 a) 20 b) 30 c) 8 d) 10 e) 120 f) 170 g) 17 h) 29 i) 50 j) 68

9 b) 13 605 328 unidades ; 1 360 532 dezenas ; 136 053 centenas ; 13 605 unidades de milhar; 1 360 dezenas de milhar; 136 centenas de milhar; 13 unidades de milhões; 1 dezena de milhão.

c) 807 234 unidades; 80 723 dezenas; 8 072 centenas; 807 unidades de milhar; 80 dezenas de milhar; 8 centenas de milhar.

d) 4 318 905 unidades; 431 890 dezenas simples; 43 189 centenas simples; 4 318 unidades de milhar; 431 dezenas de milhar; 43 centenas de milhar; 4 unidades de milhão.

10 a) 30 b) 80 c) 100 d) 1 206 e) 17 f) 18 g) 29 h) 50 i) 90 j) 42

11 a) 200 b) 20 000 c) 2 000 d) 2 000 000 e) 200 000 f) 20 000 000

12 b) 3 398 = Três mil, trezentos e noventa e oito. c) 9 654 = Nove mil, seiscentos e cinquenta e quatro.
d) 1 589 358 = Um milhão, quinhentos e oitenta e nove mil, trezentos e cinquenta e oito.
e) 8 469 = Oito mil, quatrocentos e sessenta e nove.
f) 81 105 127 = Oitenta e um milhões, cento e cinco mil, cento e vinte e sete.

13 a) 5 852 b) 4 020 008 c) 1 285 d) 12 700 016

14 a) 6 000 + 80 + 2 b) 7 000 + 8 c) 9 000 + 200 + 30 d) 5 000 + 300 + 1

15

Número		Escrita por extenso	Valor do algarismo de acordo com sua ordem
a)	15 789	Quinze mil, setecentos e oitenta e nove.	700
b)	20 432	Vinte mil, quatrocentos e trinta e dois.	20 000
c)	108 583	Cento e oito mil, quinhentos e oitenta e três.	8 000
d)	940 157	Novecentos e quarenta mil, cento e cinquenta e sete.	50
e)	3 400 762	Três milhões, quatrocentos mil, setecentos e sessenta e dois.	3 000 000
f)	19 670 018	Dezenove milhões, seicentos e setenta mil e dezoito.	600 000

16 90 663

17 a)

4ª classe			3ª classe			2ª classe			1ª classe		
Classe dos bilhões			Classe dos milhões			Classe dos milhares			Classe das unidades simples		
12ª ordem	11ª ordem	10ª ordem	9ª ordem	8ª ordem	7ª ordem	6ª ordem	5ª ordem	4ª ordem	3ª ordem	2ª ordem	1ª ordem
C BI	D BI	U BI	C MI	D MI	U MI	C M	D M	U M	C	D	U
					1	0	0	0	0	0	0
								1	5	0	0
	1	0	0	0	0	0	0	0	0	0	0
					2	0	0	0	0	0	0
							2	0	0	4	2
						9	0	4	0	0	0

b) 1 500 < 20 042 < 904 000 < 1 000 000 < 2 000 000 < 10 000 000 000.

18 a) > b) = c) < d) = e) > f) <

19 a) 8 671 b) 76 860 c) 265 914 d) 745 898 e) 3 376 080 f) 5 637 984

20 a) 66 resto 7 b) 63 c) 436 resto 12 d) 1 545 resto 3 e) 572 resto 9 f) 265 resto 4

21 Ana: adição 38 131/ subtração 3 084.
Pedro: multiplicação 70 294/ divisão 2 348.

22 a) 73 725 / parcela, parcela, soma ou total.
b) 432 / fator, fator e produto.
c) 949 resto 6 / dividendo, divisor, quociente e resto.
d) 41 144/ minuendo subtraendo resto ou diferença.

23 a) 4 102 b) 288 090 c) 107 d) 62 896

24 a) 333 b) 8 544 c) 963 d) 256

25 a) subtração. b) adição.
c) divisão. d) multiplicação.

26 a) 2 300 b) 128 + 1 c) 1 439 d) 2 211

27 a) 784 b) 34 400 c) 45 d) 9

28 a) 3 122; Prova real: 3 122 ÷ 7 = 446
b) 744; Prova real: 744 ÷ 4 = 186
c) 576; Prova real: 576 –180 = 396
d) 61 860; Prova real: 61 860 – 29 239 = 32 621
e) 25; Prova real: 8 × 25 = 200
f) 806; Prova real: 6 × 806 = 4 836
g) 1850; Prova real: 1 850 + 1 315 = 3 165
h) 984; Prova real: 984 + 21 016 = 22 000

29 a) 15 combinações b) 5 × 3 ou 3 × 5

30 4 × 5 = 20 ou 5 × 4 = 20

31 12 maneiras/ 4 × 3 = 12 ou 3 × 4 = 12

32

a)

62
29 33
13 16 17
6 7 9 8

b)

48
24 24
12 12 12
6 6 6 6

33 a) F b) F c) F d) V e) V f) V

34

a)

Entrada	Saída
6	42

b)

Entrada	Saída
4	55

35 a) 25 b) 66 c) 10 d) 8 e) 15 f) 10

36 a) 13, 15, 17, 19, 21 b) 13, 21, 34, 55, 89
c) 4, 3, 5, 4, 6 d) 40, 42, 50, 52, 60
e) 14, 16, 18, 20, 22 f) 16, 22, 29, 37, 46
g) 25, 36, 49, 64, 81 h) 72, 216, 432, 1 296, 2 592
i) 850, 790, 720, 640, 550

37 26

38 O bebê pesa 10 kg.

39 a) – /= ou = / + b) × / = c) = / × ou ÷ / =
d) + / = e) = / – f) ÷ / = ou = / ×

40 Pensei no número 3.

41

Pão de queijo de liquidificador: ingredientes				
1 receita	**2 receitas**	**3 receitas**	**4 receitas**	**5 receitas**
2 ovos	4	6	8	10
½ xícara (chá) de óleo	1	1,5	2	2,5
2 xícaras (chá) de polvilho	4	6	8	10
100 g de queijo parmesão ralado	200	300	400	500
1 colher (chá) de sal	2	3	4	5

42 a) 39 b) 10
c) 11 d) 35
e) 330 f) 15
g) 28 h) 11
i) 10 j) 40 k) 60

43 a) 24 b) 162 c) 781 d) 2 736

44 a) 2 581 b) 7 185 c) 52 d) 433

45 a) 1 326 b) 2 c) 9 d) 19

46

Representação da fração	Escrita por extenso	Escrita numérica
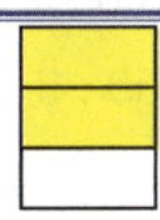	Dois terços	$\frac{2}{3}$
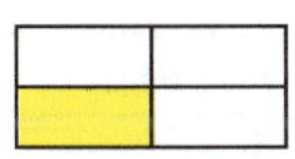	Um quarto	$\frac{1}{4}$
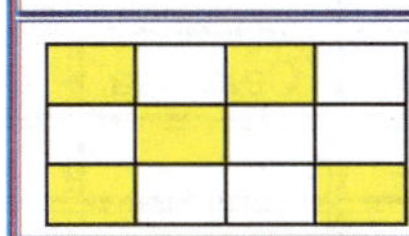	Cinco doze avos	$\frac{5}{12}$
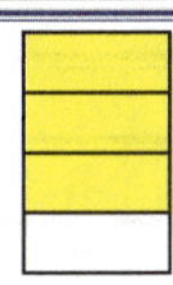	Três quatros	$\frac{3}{4}$

47 a) $\frac{10}{10}$ $\frac{1}{10}$ b) $\frac{4}{4}$ $\frac{1}{4}$ c) $\frac{18}{18}$ $\frac{1}{18}$

48 a) Um sexto b) Cinco oitavos
c) Dois terços d) Quatro nonos
e) Quatro treze avos f) Três quintos

49 a) < b) < c) >
d) < e) = f) <

50

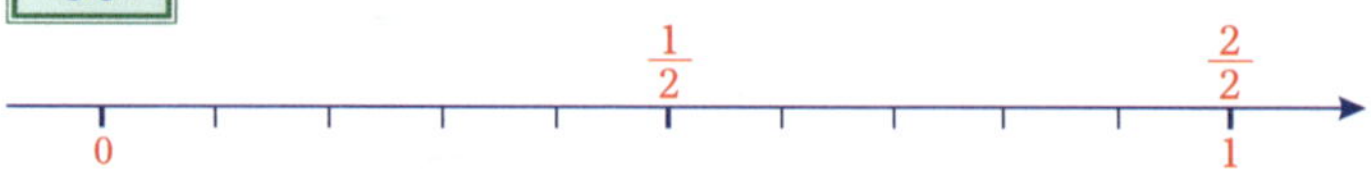

51 $\frac{2}{6}$ fração própria, $\frac{5}{4}$ fração imprópria,
$\frac{4}{8}$ fração própria, $\frac{8}{3}$ fração imprópria,
$\frac{9}{10}$ fração própria, $\frac{7}{2}$ fração imprópria

52 a) $\frac{5}{4}$ ou $1\frac{1}{4}$ b) $\frac{10}{4}$ ou $2\frac{2}{4}$

53 $5\frac{1}{4}$

54 a) Exemplos $\frac{6}{2}, \frac{9}{3}, \frac{12}{4}, \frac{15}{5}$ ...
b) $\frac{1}{9}, \frac{2}{9}, \frac{3}{9}, \frac{4}{9}, \frac{5}{9}, \frac{6}{9}, \frac{7}{9}$ ou $\frac{8}{9}$.
c) $\frac{6}{6}, \frac{6}{5}, \frac{6}{4}, \frac{6}{3}, \frac{6}{2}$ ou $\frac{6}{1}$.

55 a) $\frac{5}{6}$ b) $\frac{1}{6}$

56 a) $\frac{4}{2}$ b) $\frac{5}{4}$ c) $\frac{7}{8}$ d) $\frac{12}{10}$ e) $\frac{6}{9}$
f) $\frac{4}{6}$ g) $\frac{1}{5}$ h) $\frac{3}{7}$ i) $\frac{11}{3}$

57 a) 5 ; 50 ; 500 b) 10 ; 100 ; 1 000
c) 15 ; 150 ; 1 500 d) 20 ; 200 ; 2 000
e) 25 ; 250 ; 2 500 f) 30 ; 300 ; 3 000
g) 35 ; 350 ; 3 500 h) 40 ; 400 ; 4 000

58 a) 93 b) 97 c) 138 d) 311 e) 374
f) 534 g) 1 473 h) 3 603 i) 3 466 j) 3 917
k) 2 673 l) 4 774 m) 3 047 n) 952 o) 2 110
p) 1 790

59 a) 32 b) 13 c) 14 d) 15 e) 16 f) 31
g) 22 h) 8 i) 10 j) 4 k) 6 l) 7
m) 3 n) 2 o) 5

60 a) 12 b) 24 c) 7 d) 22 e) 3 f) 9
g) 5 h) 6 i) 4 j) 8 k) 2 l) 11
m) 15 n) 32 o) 41

61 Ex. Resolvido.

62 a) $\frac{7}{7}$ b) 12 bombons c) 16 bombons
d) $\frac{3}{7}$ e) $\frac{4}{7}$

63 a) 12 bombons b) 16 bombons

64 a) 100 b) 25 c) 100 d) 10 e) 4
f) 200 g) 100 h) 2

65 a)

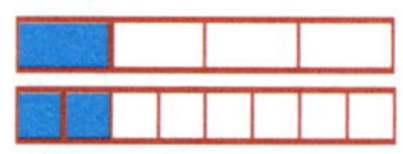

b)

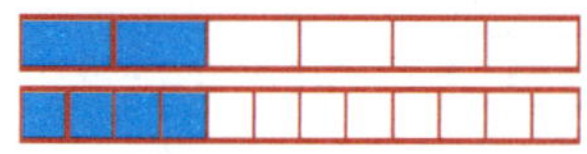

c)

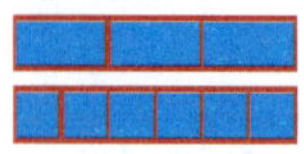

66 b) $\frac{12}{16}$ c) $\frac{21}{28}$

67 a) $\frac{2}{4}, \frac{3}{6}, \frac{4}{8}, \frac{5}{10}, \frac{6}{12}$...
b) $\frac{2}{6}, \frac{3}{9}, \frac{4}{12}, \frac{5}{15}, \frac{6}{18}$...
c) $\frac{2}{8}, \frac{3}{12}, \frac{4}{16}, \frac{5}{20}$...
d) $\frac{2}{10}, \frac{3}{15}, \frac{4}{20}, \frac{5}{25}$...

68

INTEIRO						DECIMAL		
Milhares			Unidades simples					
...	Dezena	Unidade	Centena	Dezena	Unidade	Décimo	Centésimo	Milésimo
a)					2,	3	9	
b)					0,	3	8	9
c)				5	4,	2		
d)		4	6	0	3,	2	8	
e)	9	5	7	0	2,	7	4	5

69 a) Noventa e oito centésimos. b) Três inteiros e quarenta e seis centésimos.
c) Vinte e nove inteiros e setenta e dois centésimos.
d) Sete inteiros e seis milésimos. e) Doze inteiros e cento e cinco milésimos.

70

INTEIRO						DECIMAL		
Milhares			Unidades simples					
...	Dezena	Unidade	Centena	Dezena	Unidade	Décimo	Centésimo	Milésimo
a)				1	3,	9		
b)				4	0,	2	6	
c)					1,	0	4	
d)				1	0,	0	0	8
e)					0,	0	2	5
f)					2,	4	0	2

71 c) 6,020

72 2, 525; 2,549; 2,565; 2,573

73 b) 20,1

74 a) 77,6 b) 18,265 c) 74,08 d) 47,755

75 a) 1 161,6 b) 52,266 c) 4 748,87 d) 1 580,6

76 a) 3,75 b)13,5 c) 4,25 d) 3,625

77 a) 200 b) 100 c) 40 d) 300 e) 4
f) 100 g) 50 h) 20 i) 150

78 a) 500 b) 100 c) 300 d) 600 e) 700
f) 800 g) 400 h) 900 i) 1 000 j) 200

79 a) 700; 400; 600 b) 800; 500; 700
c) 1 100; 800; 1 000 d) 1 000; 700; 900

80 a) 1 000 b) 3 000 c) 6 000 d) 7 000 e) 8 000
f) 5 000 g) 9 000 h) 10 000 i) 11 000 j) 4 000

81 a) 5 540 b) 5 540

Não, quando mudamos a ordem das parcelas, o resultado não muda.

82

1 6 2	1 6 2	1 1 2
1 1 2 +	6 8 +	1 6 2 +
6 8	1 1 2	6 8
3 4 2	3 4 2	3 4 2

Há outras respostas.

83 a) 1 250 ; 1 096 ; 1 395
1 170 ; 1 296 ; 1 595
1 340 ; 1 195 ; 1196

b) 1 293 ; 1 392 ; 1 291
1 191 ; 1 493 ; 1 592
1 092 ; 1 591 ; 1 093

c) 1 593 ; 1 693 ; 1 791
1 592 ; 1 692 ; 1 792
1 591 ; 1 691 ; 1 793

84 a) 29 b) 31 c) 33 d) 35 e) 40 f) 41
g) 42 h) 43 i) 34 j) 32 k) 36 l) 38
m) 1 000 n) 100 o) 160 p) 1

85 a) 200 b) 630 c) 520 d) 1 200 e) 600
f) 900 g) 1 000 h) 1 100 i) 1 750 j) 924

86 a) 10 ; 100 ; 1 000 (todos são iguais ao item a).

87

+	2	5	7	8
100	102	105	107	108
310	312	315	317	318
401	403	406	408	409
712	714	717	719	720

+	20	50	70	80
100	120	150	170	180
310	330	360	380	390
401	421	451	471	481
712	732	762	782	792

88

200	800
800	200
1 000	0
500	500
510	490

300	700
950	50
550	450
970	30
770	230

250	750
450	550
660	340
780	220
880	120

89

3 000	7 000
9 500	500
5 500	4 500
9 700	300
7 700	2 300

2 200	7 800
8 000	2 000
1 000	9 000
5 000	5 000
5 100	4 900

2 500	7 500
4 500	5 500
6 600	3 400
7 800	2 200
8 300	1 700

90

2 500	2 500
1 000	4 000
1 500	3 500
500	4 500
4 300	700

3 000	2 000
1 550	3 450
4 550	450
3 900	1 100
2 800	2 200

3 300	1 700
4 100	900
1 600	3 400
2 300	2 700
600	4 400

91 128 – 15 ; 460 – 220 ; 88 – 21 ; 54 – 6 ; 88 – 18 ; 450 – 150

92 a) 60 ; 50 ;30 b) 30 ; 40 ; 40 c) 20 ; 90 ; 80

93 a) 2 b) 1 c) 1 d) 20 e) 10 f) 10
g) 200 h) 100 i) 100 j) 1 k) 1 l) 5
m) 10 n) 10 o) 50 p) 200 q) 1 100
r) 500 s) 1 000 t) 1 000 u) 1 450
v) 1 000 w) 10 000 x) 1 000

94 a) 40 b) 60 c) 100 d) 50 e) 443
f) 803 g) 158 h) 254 i) 308 j) 151
k) 310 l) 105 m) 97 n) 488 o) 75
p) 175 q) 1 017 r) 46 s) 306 t) 9
u) 63 v) 173 w) 394 x) 544

95 a) 100 – 10 = 90 / 90 – 5 = 85 / Então 100 – 15 = 85
b) 250 – 20 = 230 / 230 – 6 = 224 / Então 250 – 26 = 224
c) 300 – 40 = 260 / 260 – 7 = 253 / Então 300 – 47 = 253
d) 500 – 50 = 450 / 450 – 6 = 444 / Então 500 – 56 = 444

96 a) 112 b) 207 c) 104 d) 206 e) 309 f) 308

97 a) 1 009 b) 1 063 c) 1 018
d) 1 024 e) 1 042 f) 1 017

98 a) 3 300 b) 317 c) 266 d) 2 015

99 b) 1 × 7 ou 7 × 1
c) 1 × 18 ou 18 × 1 // 2 × 9 ou 9 × 2 // 3 × 6 ou 6 × 3
d) 1 × 20 ou 20 × 1 // 2 × 10 ou 10 × 2 // 4 × 5 ou 5 × 4
e) 1 × 45 ou 45 × 1 // 3 × 15 ou 15 × 3 // 5 × 9 ou 9 × 5
f) 1 × 64 ou 64 × 1 // 2 × 32 ou 32 × 2 // 4 × 16 ou 16 × 4 // 8 × 8
g) 1 × 81 ou 81 × 1 // 3 × 27 ou 27 × 3 // 9 × 9
h) 1 × 56 ou 56 × 1 // 2 × 28 ou 28 × 2 // 4 × 14 ou 14 × 4 // 8 × 7 ou 7 × 8

100 a) 900 b) 1 000 c) 50
d) 600 e) 800 f) 20
g) 40 h) 700 i) 30
j) 10 k) 35 l) 150

101 a) 100 b) 30 c) 90
d) 600 e) 200 f) 400
g) 80 h) 60 i) 70
j) 500 k) 700 l) 1 000

102 a) 400 b) 500 c) 10
d) 300 e) 20 f) 60
g) 90 h) 200 i) 8

103 a) 10 b) 50 c) 100
d) 70 e) 6 f) 20
g) 9 h) 40 i) 30
j) 80 k) 90 l) 300

104 a) 9 b) 70 c) 2
d) 300 e) 4 f) 60
g) 1 h) 80 i) 5
j) 100 k) 200 l) 1 000

105 a) 10 b) 70 c) 30
d) 100 e) 90 f) 200
g) 50 h) 80 i) 6
j) 4 k) 400 l) 800

106 a) 2 b) 40 c) 6
d) 70 e) 8 f) 10
g) 3 h) 100 i) 9
j) 50 k) 300 l) 500

107 a) 3 b) 90 c) 7
d) 200 e) 5 f) 80
g) 10 h) 40 i) 1
j) 60 k) 700 l) 1000

108 a) 600 b) 500 c) 800
d) 1 100 e) 900 f) 1 300
g) 700 h) 1 400 i) 1 000

109 a) 24 b) 32 c) 36
d) 40 e) 18 f) 16
g) 18 h) 36 i) 24
j) 21 k) 14 l) 42
m) 30 n) 4 o) 49
p) 48 q) 81 r) 72
s) 27 t) 35

110 a) 5 ; 5 b) 4 ; 4 c) 6 ; 6
d) 7 ; 7 e) 8 ; 8 f) 3 ; 3
g) 8 ; 8 h) 7 ; 7

111 a) 12 b) 9 c) 16
d) 9 e) 20 f) 9
g) 42 h) 3 i) 21
j) 5 k) 40 l) 9

112 a) 8 b) 8 c) 9 d) 7

113 a) 56 ; 56 ÷ 7 = 8 ; 56 ÷ 8 = 7

b) 48 ; 48 ÷ 8 = 6 ; 48 ÷ 6 = 8

c) 28 ; 28 ÷ 4 = 7 ; 28 ÷ 7 = 4

d) 60 ; 60 ÷ 10 = 6 ; 60 ÷ 6 = 10

e) 54 ; 54 ÷ 6 = 9 ; 54 ÷ 9 = 6

f) 40 ; 40 ÷ 5 = 8 ; 40 ÷ 8 = 5

g) 42 ; 42 ÷ 7 = 6 ; 42 ÷ 6 = 7

h) 36 ; 36 ÷ 4 = 9 ; 36 ÷ 9 = 4

---

114 a) 10 ; 100 b) 7 ; 70 c) 5 ; 50

d) 3 ; 30 e) 8 ; 80 f) 6 ; 60

---

115 a) 200 b) 300 c) 30

d) 300 e) 100 f) 100

---

116 a) 40 b) 70 c) 60

d) 100 e) 20 f) 30

g) 60 h) 40 i) 40

---

117 a) 10 ; 100 b) 6 ; 60 c) 5 ; 50

d) 4 ; 40 e) 7 ; 70 f) 9 ; 90

---

118 a) 4 b) 8 c) 9 d) 8

---

119 a) 1 500 ; 3 000 ; 3 005 ; 601

b) 100 ; 50 ; 150 ; 175

c) 400 ; 200 ; 800 ; 100

d) 250 ; 25 ; 5 ; 40

e) 3 600 ; 2 400 ; 240 ; 40

f) 40 ; 60 ; 30 ; 90

g) 230 ; 300 ; 220 ; 260

h) 70 ; 40 ; 20 ; 160

---

120 a) 4 × 8 b) 9 × 5 c) 8 × 8

d) 7 × 7 e) 9 × 8 f) 8 × 2

g) 9 × 6 h) 6 × 6 i) 8 × 5

j) 9 × 9 k) 7 × 4 l) 3 × 7

m) 6 × 4 n) 2 × 7 o) 7 × 9

121

a)

x 2, x 10, x 20

1	2	3	4
2	4	6	8
20	40	60	80

b)

x 3, x 10, x 30

1	5	6	7
3	15	18	21
30	150	180	210

c)

x 4, x 10, x 40

3	4	5	8
12	16	20	32
120	160	200	320

122

80	195	40	1 020
800	1 950	400	10 200
8 000	19 500	4 000	102 000

---

123 a) 80 ; 800 ; 8 000 b) 90 ; 900 ; 9 000

c) 230 ; 2 300 ; 23 000 d) 760 ; 7 600 ; 76 000

e) 110 ; 1 100 ; 11 000 f) 420 ; 4 200 ; 42 000

g) 340 ; 3 400 ; 34 000 h) 990 ; 9 900 ; 99 000

---

124 a) 3 b) 5 c) 10 d) 7 e) 8

f) 6 g) 9 h) 2 i) 1

---

125 a) 120 ; 1 200 ; 12 000

b) 450 ; 4 500 ; 45 000

c) 600 ; 6 000 ; 60 000

d) 2 060 ; 20 600 ; 206 000

e) 4 200 ; 42 000 ; 420 000

f) 30 120 ; 301 200 ; 3 012 000

---

126 a) 900 × 1 = 900 --- 900 × 10 = 9 000 --- 9 000 × 100 = 900 000/ 900 × 1000 = 900 000

b) 20 × 2 = 40 --- 40 × 20 = 800 --- 800 × 200 = 160 000/ 20 × 8 000 = 160 000

c) 8 × 40 = 320 --- 320 × 40 = 12 800/ 8 × 1 600 = = 12 800

d) 5 × 10 = 50 --- 50 × 10 = 500/ 5 × 100 = 500

127

2 000	200	500	1 000
1 600	160	400	800
40	4	10	20
240	24	60	120
800	80	200	400
840	4 200	2 100	12 600
6 000	30 000	15 000	90 000
400	2 000	1 000	6 000
10 000	50 000	25 000	150 000

128
a) 24 ; 240 ; 2 400 ; 24 000
b) 63 ; 630 ; 6 300 ; 63 000
c) 48 ; 480 ; 4 800 ; 48 000
d) 32 ; 320 ; 3 200 ; 32 000
e) 36 ; 360 ; 3 600 ; 36 000
f) 35 ; 350 ; 3 500 ; 35 000
g) 24 ; 240 ; 2 400 ; 24 000
h) 12 ; 120 ; 1 200 ; 12 000
i) 42 ; 420 ; 4 200 ; 42 000
j) 81 ; 810 ; 8 100 ; 81 000

Quando multiplicamos um número por 10, 100 ou 1000, acrescentamos uma, duas ou três ordens.

129
a) 1400 ; 20 ; 1000 ; 960 b) 2700 ; 27 ; 108 ; 48
c) 4 900 ; 70 ; 3 500 ; 4 200 d) 60 ; 5 400 ; 4 900 ; 2 450
e) 600 ; 603 ; 67 ; 71 f) 100 ; 40 ; 80 ; 400

130
a) 7400 ; 11 100 b) 4 800 ; 7 200
c) 8 400 ; 12 600 d) 11 600 ; 17 400
e) 12 200 ; 18 300

131
a) 10 ; 20 ; 2 ; 8 b) 100 ; 70 ; 7 ; 10 c) 10 ; 100 ; 9 ; 3
d) 4 ; 20 ; 10 ; 5 e) 100 ; 10 ; 3 ; 5 f) 50 ; 10 ; 20 ; 1

132
b) 8 ; 80 ; 800 ; 8 000 c) 6 ; 60 ; 600 ; 6 000
d) 7 ; 70 ; 700 ; 7 000 e) 8 ; 80 ; 800 ; 8 000
f) 8 ; 80 ; 800 ; 8 000 g) 8 ; 80 ; 800 ; 8 000
h) 8 ; 80 ; 800 ; 8 000

133

a) x 6, x 10, x 60

1	3	5	4
6	18	30	24
60	180	300	240

b) x 7, x 10, x 70

2	1	5	3
14	7	35	21
140	70	350	210

c) x 8, x 10, x 80

3	5	9	7
24	40	72	56
240	400	720	560

134
a) (4, 2) b) (3, 3) c) (2, 6) d) (1, 1)
e) (0, 2) f) (3, 0) g) (4, 4) h) (5, 0) i) (0,5)

135

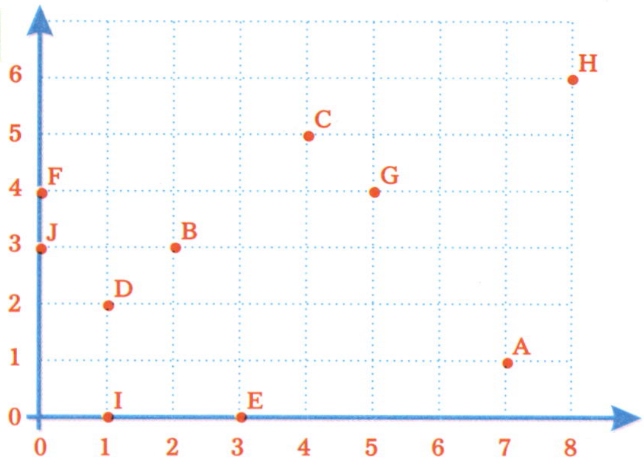

136 a) E4 b) A2 c) B3 d) A4 e) C1

137
a) d1 b) g6 c) a2 d) h3 e) f8 f) b7
g) e4 h) c5 i) a8

138 a) b) c) d) e) f)

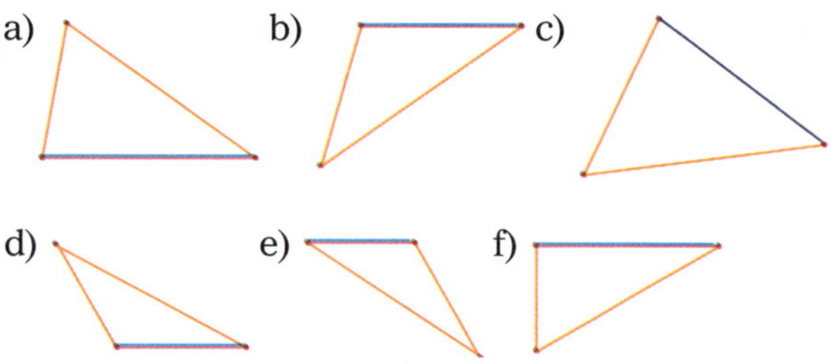

139 a) b) c)

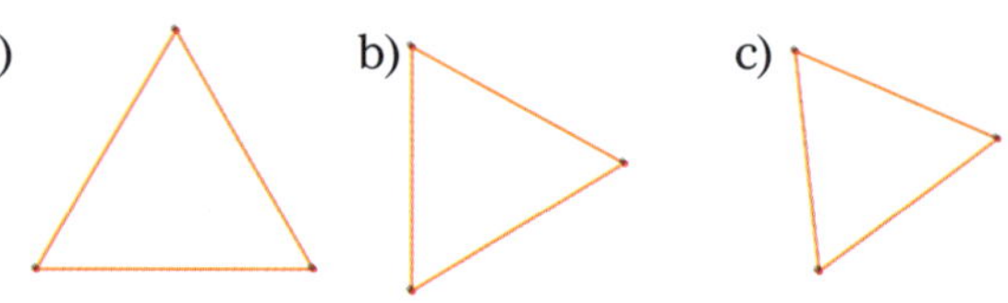

140 a) b) c)

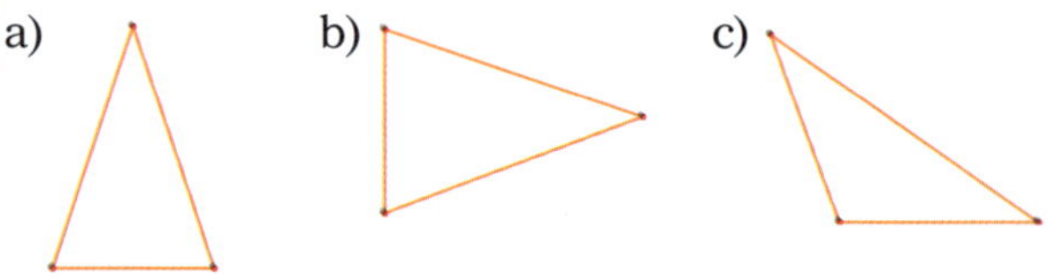

141 a) b) c)

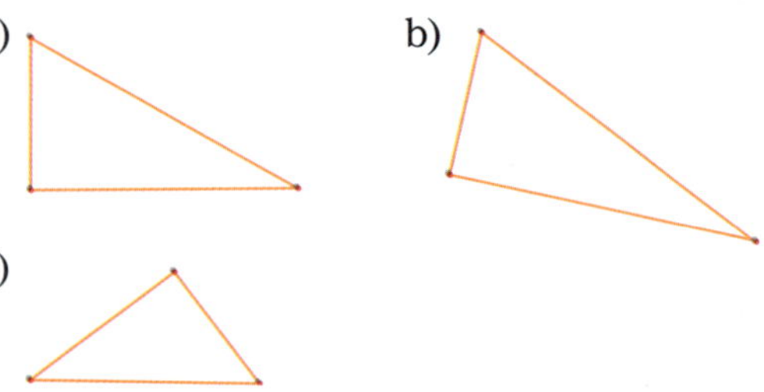

142 Resposta em sala de aula.

143 a) b) c)

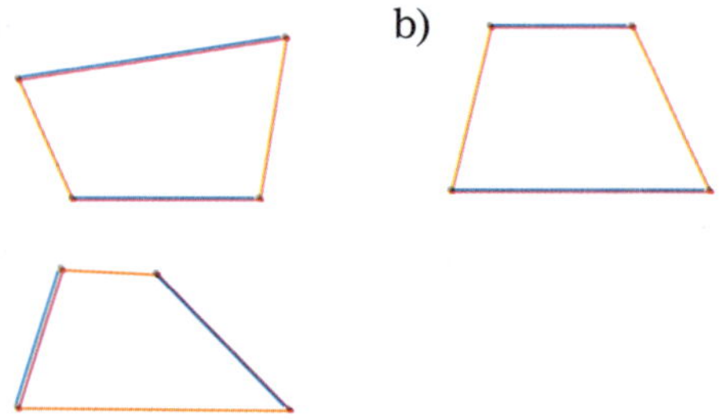

144

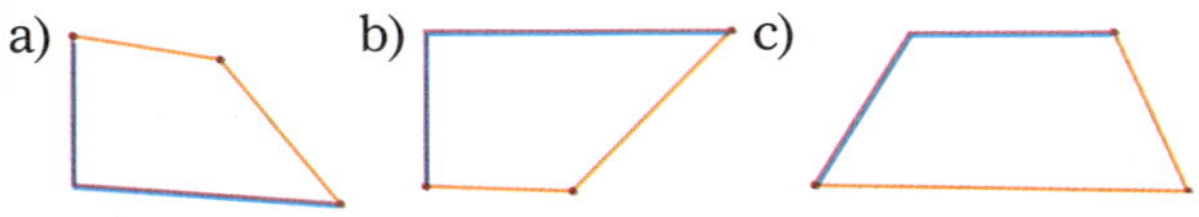

145

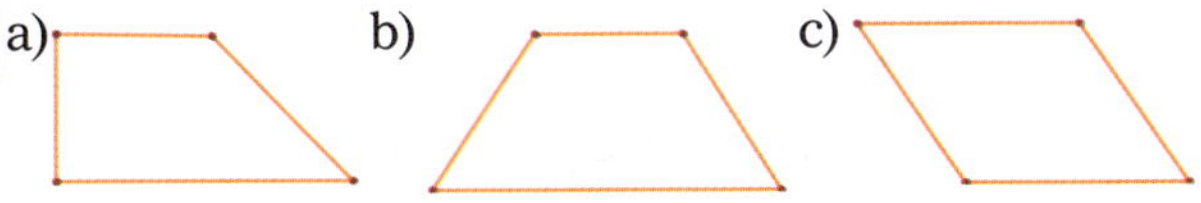

146

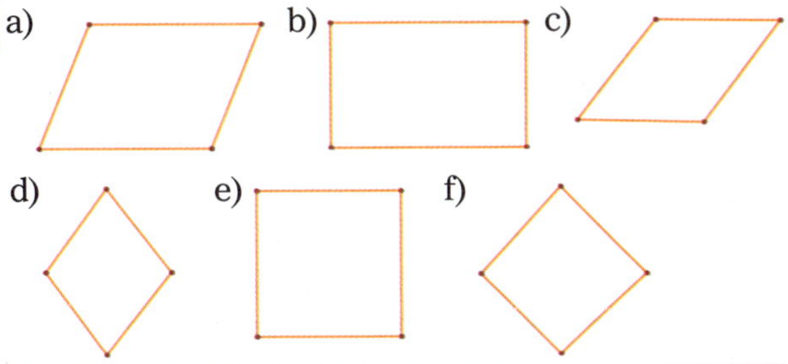

147 a) 2; 3 b) 2; 5 c) 2; 6 d) 5; 6; 9 e) 7; 10; 15
f) 8; 12; 18 g) 4 h) 3

148 a) 4; 5 b) 5; 6 c) 6; 7 d) 5; 8 e) 6; 10
f) 7; 12 g) 3 h) lados ; vértices

149

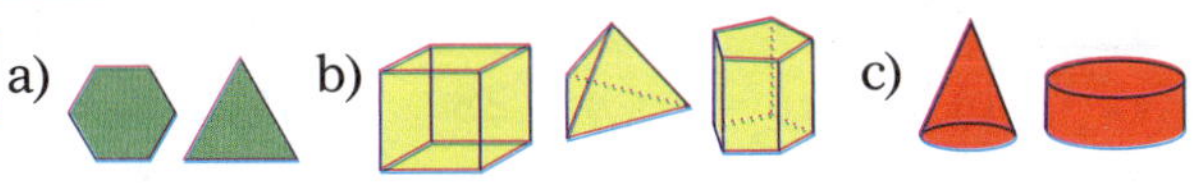

150 a) Prisma de base hexagonal.
b) Pirâmide de base quadrada.
c) Cilindro.
d) Prisma de base triangular.
e) Pirâmide de base pentagonal.
f) Prisma de base quadrada ou paralelepípedo.

151

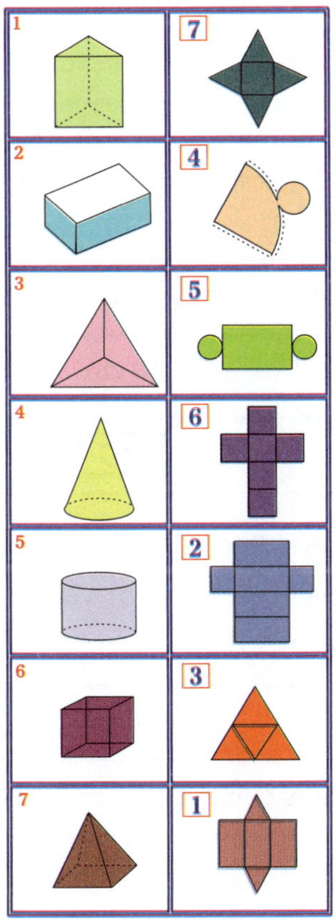

152

Nome do prisma	Número de arestas	Número de faces	Número de vértices	Polígono da base
Cubo	**12**	**6**	**8**	**Quadrado**
Paralelepípedo (não cubo)	**12**	**6**	**8**	**Retângulo**
Prisma de base triangular	**9**	**5**	**6**	**Triângulo**
Prisma de base pentagonal	**15**	**7**	**10**	**Pentágono**
Prisma de base hexagonal	**18**	**8**	**12**	**Hexágono**

153 Têm duas bases formadas pelo mesmo polígono. Possuem faces laterais formadas por paralelogramos.

154 Resposta pessoal.

155

Nome do pirâmide	Número de arestas	Número de faces	Número de vértices	Polígono da base
Pirâmide de base triangular	**6**	**4**	**4**	**Triângulo**
Pirâmide de base quadrada	**8**	**5**	**5**	**Quadrado**
Pirâmide de base pentagonal	**10**	**6**	**6**	**Pentágono**
Pirâmide de base hexagonal	**12**	**7**	**7**	**Hexágono**

156 Possuem apenas um vértice fora da base.
As faces laterais são triangulares.

157 Resposta pessoal.

158 Quadrado: 4 lados, 4 ângulos e 4 vértices.
Retângulo: 4 lados, 4 ângulos e 4 vértices.
Pentágono: 5 lados, 5 ângulos e 5 vértices.
Hexágono: 6 lados, 6 ângulos e 6 vértices.
Octógono: 8 lados, 8 ângulos e 8 vértices.

159

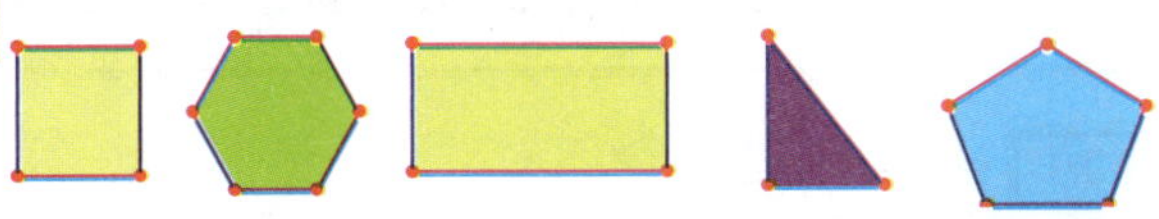

160 d **161** a **162** d **163** c

164 b **165** a

166 d

167 a) Quadro 1 tridimensionais.
Quadro 2 bidimensionais.

b) Figura A: figura 1 Figura D: figuras 4 e 5
Figura B: figuras 1 e 2 Figura E: figuras 3 e 5
Figura C: figuras 1 e 5 Figura F: figuras 2

168 Resposta em sala de aula.

169 Resposta em sala de aula.

170 Figura do meio.

171 a) 3 horas b) 

172 As frases a e c estão corretas.

173

a) 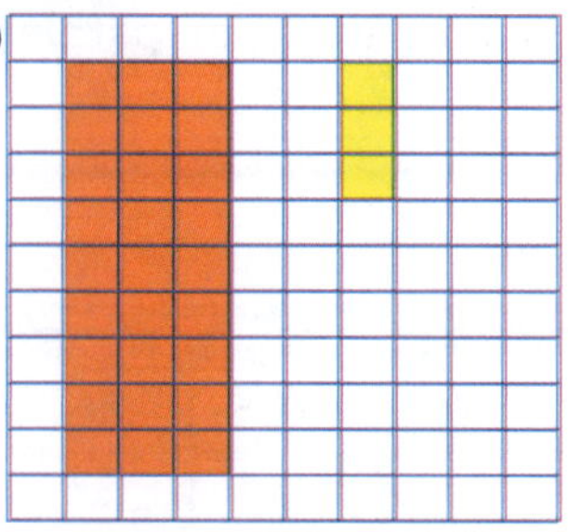

b) 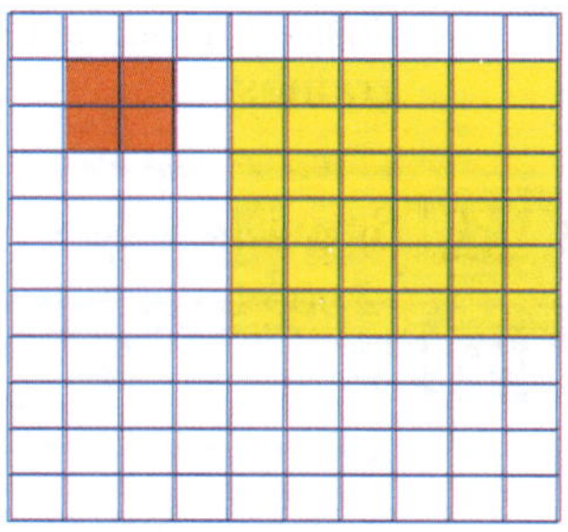

174 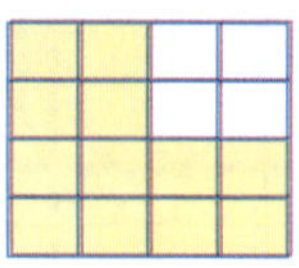

175 a) Quarenta e três reais e noventa e nove centavos.

b) Mil reais (Hum mil reais).

c) Seiscentos e setenta reais e oitenta centavos.

d) Um real e cinquenta centavos.

176 Consulta no dicionário.

177 a) Lucro. b) Lucro. c) Prejuízo. d) Prejuízo.

178 Duas notas de 20 reais e duas notas de 5 reais.
ou
Três notas de 10 reais e uma nota de 20 reais.

179 a) 808 reais.

b) Resposta pessoal.

c) Resposta pessoal.

d) Resposta pessoal.

180 a) Há várias possibilidades de respostas.
b) Há várias possibilidades de respostas.

181 b) 1h48 min.

182 d) Nove décadas

183 b) 76 anos e 7 meses.

184 c) $\frac{9}{12}$

185 a) 180 cm = 1,80 m – Um metro e oitenta centímetros.

b) 400 cm = 0,400 m – Quatrocentos milésimos do metro ou 400 milímetros.

c) 172 cm = 1,72 m – Um metro e setenta e dois centímetros.

d) 350 cm = 3,50 m – Três metros e cinquenta centímetros.

186 a) Perímetro do triângulo = 9 cm
b) Perímetro do retângulo = 14 cm

187 394 metros.

188 Há diferentes possibilidades de respostas.

189 a) 6 cm^2 b) 10 cm^2 c) 6 cm^2 d) 3 cm^2
e) 6 cm^2 f) 10 cm^2 g) 8 cm^2

190 a) Verde 1 = 28 m^2 Verde 2 = 36 m^2 Cinza: 80

b) Verde 1 = $7 \times 4 = 28$ Verde 2 : $6 \times 6 = 36$

Área: 28 m^2 Área: 36 m^2

c) Parque $16 \times 9 = 144$

Área: 144 m^2

191 a) Área = 24 m^2 ; Perímetro = 22 m

b) Área = 25 m^2; Perímetro = 20 m

c) Área = 100 m^2; Perímetro = 40 m

d) Área = 108 m^2; Perímetro = 42 m

192 a) Área = 20 m^2 b) Área = 45 m^2

193 Área = 44 m^2

194 a) Volume = 8 cm^3 b) Volume = 12 cm^3

195 a) 6 cm^3 b) 10 cm^3 c) 24 cm^3

196 40 cm^3

197 32 cm^3

198 a) Volume = 6 m^3 b) Volume = 24 m^3

c) Volume = 45 m^3 d) Volume = 120 m^3

e) Volume = 216 m^3

199 a) 52 m^2 b) 150 m^2 c) 3 400 m^2

200 a) 96 caixas cúbicas b) 96 m^3

201 máx. = máxima mín. = mínima

202 a) 40ºC; 25ºC; 17ºC; 10ºC; 22ºC

b)

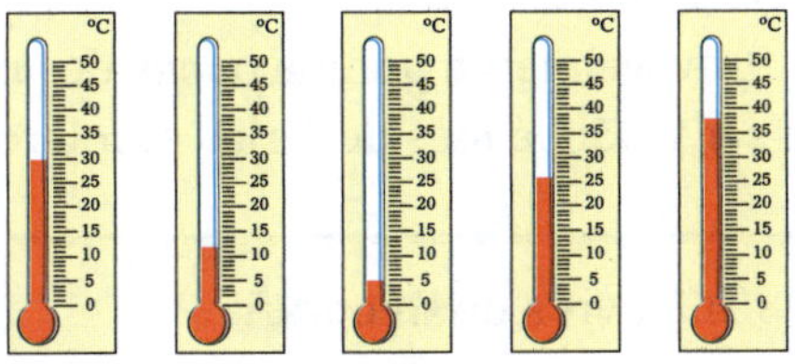

203 a) Dois quilos e quinhentos gramas/ dois quilos e meio

b) Uma tonelada e meia / Mil e quinhentos quilogramas

c) Seiscentos gramas/ Seiscentos milésimos do quilo

d) Quatrocentos gramas

e) Cento e vinte e cinco quilos

204 a) 0,2 kg b) 0,2 t c) 250 g d) 300 g e) 0,5 kg

205 1- 500 g 2 - 1 800 g 3 - 2 500 g 4 - 300 kg

206 a) 1 000 g b) 1 200 g c) 7 080 g d) 9 500 g

207

litro	mililitro
1	**1 000**
$\frac{1}{4}$	**250**
0,2	**200**
30	**30 000**
100	**100 000**
0,4	**400**

208 a) Sete litros e quinhentos mililitros/ Sete litros e meio

b) Quatrocentos mililitros

c) Seiscentos mililitros

d) Mil e quinhentos mililitros / Um litro e meio

e) Quatro mil mililitros / Quatro litros

209 900 ml = 0,9 L 9,5 ml = 9 500 ml
2 000 L = 2 Litros 200 ml = 0,2 Litros

210 a)3 em 6 ou $\frac{3}{6} = \frac{1}{2}$ b) 3 em 6 ou $\frac{3}{6} = \frac{1}{2}$

c) 1 em 6 ou $\frac{1}{6}$

211 a)

2º dado / 1º dado	1	2	3	4	5	6
1	1 + 1 = 2	1 + 2 = 3	1 + 3 = 4	**1 + 4 = 5**	**1 + 5 = 6**	**1 + 6 = 7**
2	**2 + 1 = 3**	**2 + 2 = 4**	**2 + 3 = 5**	**2 + 4 = 6**	**2 + 5 = 7**	**2 + 6 = 8**
3	**3 + 1 = 4**	**3 + 2 = 5**	**3 + 3 = 6**	**3 + 4 = 7**	**3 + 5 = 8**	**3 + 6 = 9**
4	**4 + 1 = 5**	**4 + 2 = 6**	**4 + 3 = 7**	**4 + 4 = 8**	**4 + 5 = 9**	**4 + 6 = 10**
5	**5 + 1 = 6**	**5 + 2 = 7**	**5 + 3 = 8**	**5 + 4 = 9**	**5 + 5 = 10**	**5 + 6 = 11**
6	**6 + 1 = 7**	**6 + 2 = 8**	**6 + 3 = 9**	**6 + 4 = 10**	**6 + 5 = 11**	**6 + 6 = 12**

b) 36

212 a)18 em 36 ou $\frac{18}{36} = \frac{1}{2}$ b) 18 em 36 ou $\frac{18}{36} = \frac{1}{2}$

c) 5 em 36 ou $\frac{5}{36}$ d) 3 em 36 ou $\frac{3}{36} = \frac{1}{12}$

e) 12 em 36 ou $\frac{12}{36} = \frac{1}{3}$

213 Eu apostaria no resultado 7, porque ele tem 6 chances em 36 de sair.

214 A probabilidade de uma pessoa da tarde ser contemplada é 60 em 150 ou 60/150.

215 a) Há 3 chances em 10 ou $\frac{3}{10}$ de chance de um poodle ser transportado primeiro.

b) Há 5 chances em 10 ou $\frac{5}{10}$ de chance de um beagle ser transportado primeiro.

c) Há 2 chances em 10 ou $\frac{2}{10}$ de chance de um yorkshire ser transportado primeiro.

216 Bexiga.

217 a) 5º ano

b) 111 brinquedos.

c) 2 a 4: 17; 5 a 7: 5; 8 a 10: 7

218 Não, porque de acordo com o gráfico, ele lê 25 páginas por semana e 3 x 25 = 75. Ele tem que ler 200 páginas em 3 semanas.

219 Resposta pessoal.

220 Resposta pessoal.

221 a)10% b)Resposta pessoal. c)Resposta pessoal.

222 a) 80 páginas. b) 16 dias.

223 a) 142 figurinhas. b) 249 figurinhas.
c) 107 figurinhas a mais.

224 57 477 celulares sem defeito.

225 350 carrinhos.

226 676 alunos.

227 420 ingressos.

228 Resposta pessoal.

229 Foram colocados 17 materiais em cada kit: 2 apitos, 4 bandeirinhas, e cartões e 3 faixas.

230 137 280 bolas.

231 1 800 garrafas. Vinte e sete caminhões podem transportar 48 600 garrafas.

232 412 enfeites.

233 456 adesivos.

234 544 fotos.

235 103 bolas.

236 a) Terça-feira. b) 1 000 caixas.
c) 11 000 caixas de suco de laranja e 8 500 caixas de suco de maracujá.
d) Provavelmente, a promoção é na sexta-feira, pois é o dia que vendeu a maior quantidade de caixas de suco de laranja.

237 12 maneiras.

238 1 080 embalagens.

239 a) 107 carimbos. b) 33 carimbos.

240 54 250 | **241** 13 | **242** 35

243 27

244 Não vendeu todos os refrigerantes. Sobraram 782 garrafas.

245 a) (E) (E)(C) b) 180 000 protetores.
c) 50 000 protetores.
d) Provavelmente porque o mês de janeiro, além de ser verão, é mês de férias escolares.

246 198 465 livros de Geografia.

247 4 folhetos.

248 a) 8 pirulitos. b) 4 pirulitos.

249 a) 617 pontos a mais b) 293 pontos a menos.
c) 910 pontos.

250 1 932 garrafas.

251 141 pessoas.

252 217 bombons.

253 a) 1 831 b) 1 840

254 4 525 latinhas.

255 a) 5 572 lugares. b) 26 160 ingressos.
c) R$ 638 324,00.
d) Vila Belmiro, Moisés Lucarelli, Tenente Carriço, Nabi Abi Chedid e Dr. Augusto Shimidt Filho.

256 a) 18 maneiras.
b) Ficará com mais opções de escolha.

257 6 garrafas.

258 20 jornais.

259 Alexandre e Roger.

260 a) Resposta pessoal.
b) Salvador: 29 500 Vitória: 25 000 Curitiba: 35 500
c) As vendas foram maiores nos meses de outubro e dezembro, pois em outubro comemora-se o Dia das Crianças e em dezembro o Natal, épocas que aumentam as vendas de brinquedos.

261 Letra d). Ela não voltou com dinheiro para casa.

262 66 figurinhas.

263 70 uniformes.

264 Letra b) R$ 24,50

265

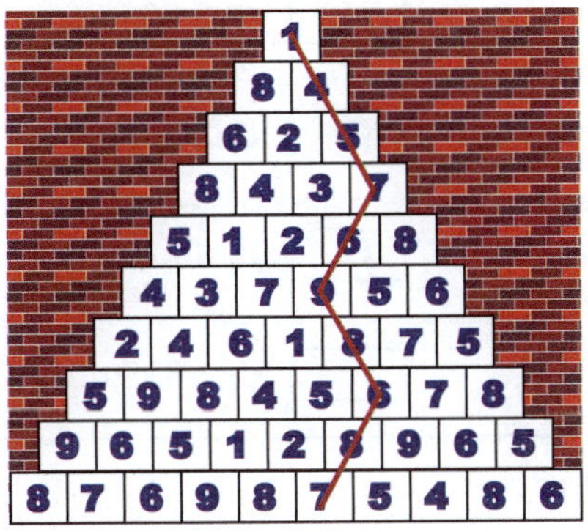

266 12 pacotes.

267 430 docinhos.

268 1 ou 7

269 Ele pode decompor o número e usar as teclas:

[2][0][7] + [7] + [2][0][0] + [2][0][7] ou [2][1][2] + [2] + [2][0][7] + [2][0][0]

Existem outras possibilidades.

270

A = 0	D = 2	G = 3
B = 1	E = 5	H = 4
C = 7	F = 8	I = 9
		J = 6

271 a) 150 020 b) 25 320

272

a)

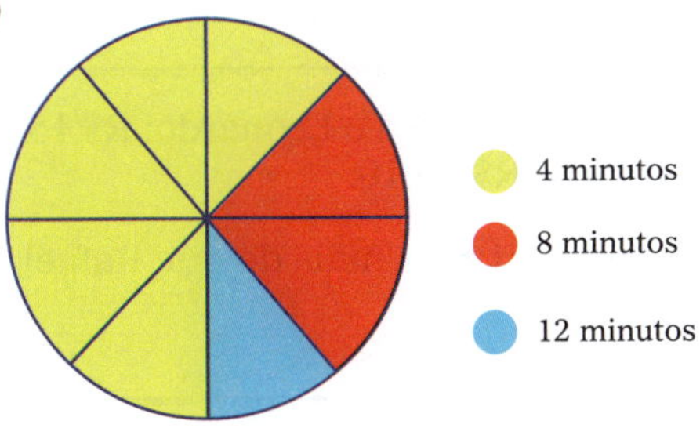

b) (C)
(E)
(C)
(E)
(C)

273 28 alunos

274 8 dias

275 32 890 livros

276 a) 108,27 litros b) R$ 138,00

277 As duas têm a mesma probabilidade, porque 1 chance em 12 é equivalente a 2 chances em 24.

278 a) 3 triângulos vermelhos, 8 peças vermelhas e 5 quadrados vermelhos.

b) 11 quadrados, 5 quadrados vermelhos e 6 quadrados azuis.

c) 12 peças azuis, 6 quadrados e 6 triângulos azuis.

Figura \ Cor	Vermelho	Azul	Total
Quadrado	5	6	11
Triângulo	3	6	9
Total	8	12	20

Essa peça é o triângulo vermelho.

279 Jéssica. 352 200 seguidores a mais

280

QUANTIDADE DE GÁS CARBÔNICO LIBERADO	
Quilômetros percorridos	Quantidade de gás carbônico (em quilogramas)
10	1,8
20	3,6
30	5,4
40	7,2

COMPENSAÇÃO COM PLANTIO DE ÁRVORES	
Quilômetros rodados	Número de árvores plantadas
2 400	3
4 800	6
8 000	10

281 a) Fevereiro. Gráfico de barras.

b) Não é possível, pois o gráfico de barras mostra a quantidade de sapatos vendidos, mas não indica o tipo.

c) Não. O gráfico de setores.

d) 50%.

282 3 pacotes do tipo B e um pacote do tipo A.

283

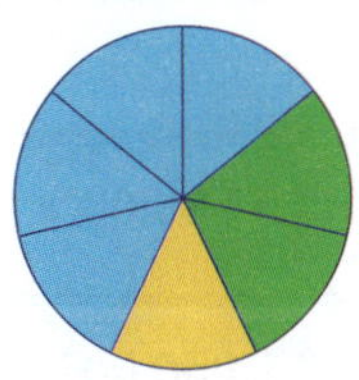

a) $\frac{4}{7}$ b) $\frac{2}{7}$ c) $\frac{1}{7}$

284 R$ 120,00

285 Suficiente. Sobrarão R$ 915,00.

286 Uma nota de 50 reais.

287 175 ingressos por R$ 10,00 cada um.

288 R$ 610,00

289 R$ 1 170,00

290 R$ 700,00

291 R$ 3 375,00

292 R$ 9 600,00

293 R$ 376,50

294 R$ 81,90

295 Resposta pessoal.

296

	Carros pequenos	Carros grandes
Lavagem simples	R$ 42,00	R$ 58,00
Lavagem com cera	R$ 49,00	R$ 65,00
Lavagem de motor	R$ 58,00	R$ 74,00
Higienização de bancos	R$ 190,00	R$ 206,00

a) R$ 239,00 b) R$ 132,00 c)R$ 32,00

297 Caneta = R$ 6,00 / Lápis = R$ 3,00
Apontador = R$ 7,00

298 a) 920 pulseiras de citronela, 600 repelentes em gel e 920 repelentes em spray.

b) A farmácia recebeu mais dinheiro com a venda de repelente em gel do que de pulseiras de citronela.

299 a) Parcela fixa é cada prestação sem alteração no valor a ser pago.

b) R$ 22 610,00. c) R$ 1 070,00.

300 R$ 2 100,00

301 R$ 115,00

302 a) R$ 120,00.

(x) descobrir o preço de cada salgado.

(x) fazer uma divisão.

(x) fazer uma multiplicação.

b) 3 salgados.

(x) usar uma informação da questão a.

(x) fazer uma divisão.

303 R$ 234,50

304 R$ 3 596,00

305 R$ 408,00

306 R$ 1 050,00

307 R$ 2,25

308 R$ 73,85

309 R$ 145,00

310 Um suco.

311 a) R$ 349,30 b) R$ 0,70 ou 70 centavos.

312 R$ 4 320,00

313 R$ 107,00 de lucro.

314 a) R$ 23,10 b) R$ 13,75

315 Resposta pessoal.

316 R$ 43,50

317 R$ 7 595,60

318 R$ 8,50

319 R$ 3 300,00

320 R$ 9,30

321 R$ 600,00

322 R$ 9,50

323 R$ 1 638,00

324 a) R$ 4 140,00 b) R$ 360,00

325 a) 45 jogos de copos. b) R$ 1 620,00

326 R$ 305,50

327 R$ 40,00

328

Dia	Valor gasto em reais	Quantidade de cupons
1º	R$ 480,50	3
2º	R$ 965,34	6
3º	R$ 132,10	zero
4º	R$ 246,90	1

R$ 73,10.

329 R$ 4 145,70

330 R$ 14 134,30

331 R$ 5 575 117,80

332 a) Felipe: R$ 17,30 / Pedro e Leonardo: R$ 15,00 cada um / Rafael: R$ 19,10.

b) Felipe gastou R$ 1,80 a mais do que Rafael.
c) Rafael.

333 a) 36 alunos. b) 8 alunos. c) 14 alunos.
d) 14 alunos.

334 15 horas.

335 a) 90 minutos ou 1h30min. b) 17h45min.

336 2h05min

337 20 meses e 10 dias

338 A resposta depende do mês e do ano em que o problema está sendo resolvido.

339 1h20min.

340 a) 2h30min.
b) 11h15min.

341 55 minutos.

342 a) Lucas. b) 17 anos. c) e
d) As respostas dependem do mês e do ano em que o problema está sendo resolvido.

343 a) DIA: 25 / MÊS: janeiro / ANO: 1 554
b) A resposta depende do mês e do ano em que o problema está sendo resolvido.

344 a) 6 anos. b) 42 anos. c) 3 anos. d) 25 anos.

345 Às 6h22min.

346 6 horas

347 a) 3h15min. b) 9h50min.

348 a) 21min50s. b) 17min. c) Sim.

349 6h05min.

350 Oito décadas 77 anos e 9 meses

351 Às 22h40min.

352 10 anos.

353 Resposta pessoal.

354 a) 4 431 m. b) 8 224 m.

355 720 m.

356

Tempo de percurso (em horas)	Distância percorrida (em quilômetros)
1	180
2	360
4	720
6	1 080
7	1 260
10	1 800

357 Lucas: 160 cm.

358 65 km.

359

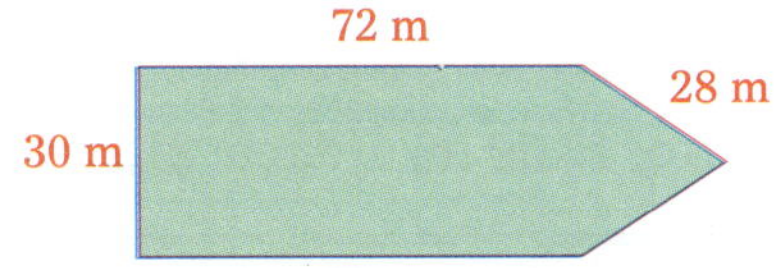

360 5 008 m.

361 28 cm.

362 24 m.

363 5 m.

364

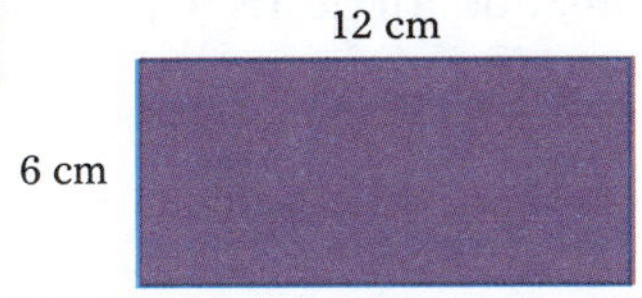

O perímetro é de 36 cm.

365 Resposta pessoal.

366 38 m.

367 a) 346 m. b) 4 844 m.

368 134 m.

369 120,24 km.

370 a) tapete: 21 quadrados / sofá: 12 quadrados / rack: 7,5 quadrados
b) 104 quadrados c) 16 quadrados

371 a) 612 km
b) 143 040 km c) 999,999 km.

372 R$ 840,00.

373 a) 330 m². b) 110 m².

374 a) 0,785 km ou 785 m.
b) Roberto: 0,729 km ou 729 m / Bernardo: 1,514 km ou 1514 m.
c) 12 927 m.

375 Resposta pessoal.

376 R$ 2 475,00.

377 a) 9,60 m^2.

b) A área da cozinha é 1,20 m^2 maior do que o quarto A.

c) 52,80 m^2.

378 Perímetro: 18,50 m. / Área: 21,25 m^2.

379 a) O sítio que tem a área de 28 000 m^2.

b) 80 m^2.

380 10 °C, no fim da noite.

381 a) As pessoas tiveram que sair mais agasalhadas nos dias 16 e 17 porque nesses tiveram 13 °C de temperatura mínima.

b) As temperaturas mínima e máxima tiveram a maior variação, que foi de 16 °C, no dia 16/7.

382 a) Três vezes. Às 12 horas, 16 horas e 20 horas.

b) 2 °C.

383 Letra a).

384

Quantidade de receitas	Quantidade de chocolate
2 receitas	500 g
5 receitas	1 250 g
8 receitas	2 000 g
10 receitas	2 500 g

385 a) 12 ovos e 1 800 g de farinha de trigo.

b) 24 ovos e 3 600 g de farinha de trigo.

386 Ana: 31 kg / Helena: 30 kg / Vitória: 29 kg.

387 35 kg + 25 kg / 40 kg + 15 kg + 5 kg.

388 a) Bolo de doce de leite: 1 600 g / Bolo de morango: 1 300 g.

b) Bolo de doce de leite: 32 pessoas / Bolo de morango: 26 pessoas.

389 1ª viagem: vão dois meninos: o de 30 kg e o de 35 kg.

2ª viagem: volta somente um dos meninos, o de 30 kg ou o de 35 kg.

3ª viagem: vai o menino de 50 kg.

4ª viagem: volta o menino de 30 kg ou o de 35 kg, que tinha ficado do outro lado do rio.

5ª viagem: vão os dois meninos: o de 30 kg e o de 35 kg.

390 Uma resposta possível:
1 kg + 2 kg + 3 kg + 12 kg + 13 Kg / 4 kg + 8 kg + 9 kg + 10 kg

391 80 caixas.

392 3,475 kg.

393 50 kg.

394 a) 9 toneladas. b) 27 toneladas.

395 a) 59,900 kg. b) 1,15 kg.

396 Resposta pessoal.

397 850 g.

398 300 ml / 100 ml / 1 000 ml / 400 ml / 500 ml
a) Menos de 1 litro. b) 2 litros e 300 ml.

399 a) 1 200 ml.
b) 4 800 ml
c) 5 caixas.
d) 2 litros e 400 ml.

400 360 litros.

401 É mais econômico comprar o recipiente de 1 litro, pois é preciso comprar 4 embalagens de 250 ml para completar 1 litro, o que custará R$ 12,80.

402 a) 540 litros. b) 1 242 litros.

403 90 ml de azeite, 45 ml de vinagre e 15 ml de molho de soja.

404 a) 11 litros. b) 234 litros.
c) 45 420 litros, aproximadamente.

405 Sim, será suficiente, pois Mônica usará 465 ml do produto em 31 dias.

406 a) 300 gotas. b) Em 5 dias.

407 a) 3 litros. b) 10 copos maiores.
c) 6 copos menores.

408 $\frac{1}{4}$ do caminho.

409 $\frac{1}{2}$ de uma pizza.

410 $\frac{4}{3}$ de folha **ou** 1 folha inteira mais $\frac{1}{3}$.

411 a) $\frac{1}{10}$ b) $\frac{4}{10}$
c) $\frac{4}{10}$ d) F
e) $\frac{10}{10}$

412 a) O futebol é praticado pelo maior número de sócios e o judô pelo menor número de sócios.
b) $\frac{2}{8}$

413 $\frac{4}{10}$

414 (X) Quantas meninas estão nessa sala de aula?
12 meninas.

415 (X) 125 gramas.

416 R$ 200,00

417 11 alunos.

418 200 000 litros.

419 1 408 pessoas.

420 R$ 60,00. Deve $\frac{2}{5}$.

421 400 km.

422 930 alunos.

423

$\frac{12}{24}$	$\frac{3}{24}$	$\frac{9}{24}$
$\frac{5}{24}$	$\frac{8}{24}$	$\frac{11}{24}$
$\frac{7}{24}$	$\frac{13}{24}$	$\frac{4}{24}$

424 48 litros. São necessários 16 litros.

425 36 alunos.

426 1º R$ 900,00; 2º R$ 600,00; 3º R$ 300,00.

427 Tati R$ 420,00. Caio R$ 840,00 a mais.

428 85 doces.

429 105 alunos.

430 78 correspondências.

431 1 000 metros.

432 900 toneladas de plástico.

433 R$ 1014,00.

434 100 figurinhas.

435 a) 40 balões. b) 12 balões. c) 6 balões.

436 48 minutos.

437 R$ 99,40

438 R$ 150 000,00

439

Etapas da excursão	Tempo
$\frac{1}{6}$ para alimentação: almoço e lanches.	**80 min ou 1h20min**
$\frac{3}{6}$ para visitar o centro histórico e o museu da cidade.	**240 min ou 4h**
$\frac{2}{6}$ no percurso de ida e volta e em atividades recreativas.	**160 min ou 2h40 min**

440 a) Fernanda. b) Marcelo. c) Igor.
d) Tiago.

441

Nome	Doce	Salgado
Janaina	sorvete de morango	coxinha
Marta	torta de chocolate	empada
Paola	pudim de leite	pão de queijo

442 a) Roger R$ 120,00; Lúcio e Alexandre R$ 30,00 cada um.
b) Roger R$ 60,00; Lúcio R$ 105,00; Alexandre R$ 15,00.

443  = 6  = 7  = 0

444 5 meses.

445

País	França	Alemanha	Suiça	Estados Unidos
Cor	Vermelho	Amarelo	Verde	Azul
Figura	Carro	Bicicleta	Patins	Skate

446 a) 280 alunos. b) 150 alunos. c) 540 alunos.

447 9 gramas.

448

	Pontos	Cor
Celina	7	amarelo
Davi	11	azul
Henrique	6	roxo
Íris	5	laranja
Moisés	6	verde

449 2

450 a) 64 caixas. b) 126 caixas.

451 7 partidas.

452 Flavio 9 peixes. Armando 6 peixes.

453

P = 1 | N = 3 E = 8 S = 0
Y = 0 | O = 4 T = 2 D = 6
L = 9 | V = 7 R = 9 Z = 5

ou

N = 1 E = 8 S = 0
O = 6 T = 2 D = 4
V = 7 R = 9 Z = 5

454

5	5	2	9	8	6
8	7	2	4	7	6
9	1	1	4	1	1
3	3	2	3	3	9
6	7	2	4	7	8
6	8	9	4	5	5

455

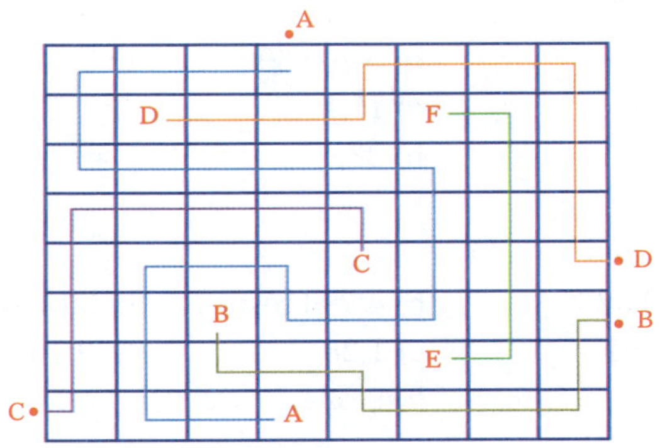

456 a) No banho. b) Beber. c) 86%. d) 20 litros.

457 30%

458 R$ 195,00

459 150 páginas.

460

Dias	Porcentagem de grama cortada	m² de grama cortada
1º dia	25%	**150 m²**
2º dia	10%	**60 m²**
3º dia	o restante	**90 m²**
4º dia	50%	**300 m²**

461 R$ 651,00

462 a)

	Laranja	Uva	Limão	Morango
Porcentagem	**50%**	25%	**10%**	**15%**
Fração	$\frac{50}{100}$	$\frac{25}{100}$	$\frac{10}{100}$	$\frac{15}{100}$
Número decimal	**0,50**	**0,25**	0,10	**0,15**
Nº de alunos	**250**	**125**	**50**	**75**

b) 75 alunos.

463 10%. 150 pessoas.

464 a) 20%.

b) 300 pessoas.

465 R$ 630,00

466

	Vera	Pedro	Ana	Votos Nulos
Número de alunos	30	**75**	**150**	**45**
Porcentagem	10%	25%	**50%**	**15%**
Fração decimal	$\frac{10}{100}$	$\frac{25}{100}$	$\frac{50}{100}$	$\frac{15}{100}$
Número decimal	**0,10**	**0,25**	**0,50**	**0,15**

Não, porque Pedro ficaria com 120 votos e a Ana teve 150 votos.

Bloco 1

a) 1 588 b) 3 159 c) 641 d) 2 233
e) 1 410 f) 2 592 g) 135 resto 3 h) 315

Bloco 2

a) R$ 656,00 b) R$ 785,00 c) R$ 652,00
d) R$ 556,00 e) 9 198 f) 16 608
g) 117 h) 625 resto 4

Bloco 3

a) 15 554 b) 21 021 c) 27 807 d) 145 860
e) 316 632 f) 1 122 g) 3 101 resto 1 h) 6 469

Bloco 4

a) R$ 1 644,47 b) R$ 1 849,27 c) R$ 3 416,00
d) R$ 9 953,00 e) 781 767 f) 57
g) 43 h) 49 resto 10

Bloco 5

a) 13 912 b) 287 352 c) 60 435
d) 82 936 e) 27 resto 12 f) 27 resto 7
g) 131 resto 23 h) 69

Bloco 6

a) 282 374 b) 633 880 c) 1 522 150
d) 3 516 370 e) 151 resto 23 f) 114 resto 14
g) 172 h) 476 resto 2

Bloco 7

a) 659 b) 174 resto 7 c) 37 406
d) 2 520 000 e) 3 128 592 f) 3 173 730
g) 75 h) 201 resto 37

Bloco 8

a) 29 730 b) 1 761 372 c) 1 623 105
d) 47 488 e) 51 205 f) 1 900 resto 13
g) 2 297 resto 5 h) 1 686 resto 7

Bloco 9

a) R$ 41 693,35 b) R$ 21 352,40 c) R$ 5 528,00
d) 3 077 396 e) 249 678 f) 658 058
g) 628 resto 26 h) 703

Bloco 10

a) 9 bolas b) 4 ovos c) 16 ovos
d) 15 canetas e) 30 minutos f) 64 reais
g) 40 carros h) 72 figurinhas

Bloco 11

a) $\frac{2}{3}$ b) $\frac{3}{5}$ c) $\frac{9}{7}$ d) $\frac{5}{6}$

e) $\frac{2}{10}$ f) $\frac{11}{12}$ g) $\frac{5}{8}$ h) $\frac{10}{9}$

Bloco 12

a) 1 770 228 b) 747 456 c) 700 828
d) 237 534 e) 7 084 resto 1 f) 1 247 resto 55
g) 854 resto 6 h) 11 215 resto 2

Bloco 13

a) 2 750 b) 925 701 c) 6 701
d) 1 309 e) 900 333 f) 460 575
g) 515 resto 5 h) 521 resto 23

Bloco 14

a) 66 pessoas b) R$ 684,00 c) 72 lápis
d) 21 284 ingressos e) R$ 90 873,20 f) R$ 39 927,20
g) 22 146 resto 8 h) 5 299 resto 14

Bloco 15

a) $\frac{16}{18}$ b) $\frac{16}{11}$ c) $\frac{9}{24}$ d) $\frac{8}{7}$
e) 1 607 580 f) 1 098 384 g) 1 279 resto 1
h) 2 611 resto 32

Bloco 16

a) 21 506 b) 455 591 c) 72 357
d) 666 951 e) 11 433 968 f) 7 499 016
g) 3 906 resto 8 h) 3 068

Bloco 17

a) 914 812 b) 2 006 027 c) 943 740
d) 12 616 950 e) 1 169 resto 39 f) 1 807 resto 4
g) 6 001 h) 2 032 resto 22

Bloco 18

a) 24,76 b) 10,312 c) 4,6 d) 28,608
e) 6,40 f) 6,85 g) 2,796 h) 18,57

Bloco 19

a) 2 467 302 b) 1 726 245 c) 2 168 resto 23
d) 1 306 resto 19 e) 195,847 f) 95,519
g) 20,37 h) 4,624

Bloco 20

a) 2 640 446 b) 5 269 590 c) 2 162 resto 9
d) 1 556 e) 15,1 f) 0,72
g) 114,3 h) 33,4

Bloco 21

a) 3 434 877 b) 4 796 resto 10 c) 95,167
d) 53,091 e) 1,28 f) 9,105
g) 22,04 h) 9,624

Bloco 22

a) 2 531 586 b) 2 709 564 c) 2 099 resto 26
d) 2 358 resto 8 e) 135 f) 280
g) 378 h) 839 i) 174
j) 75 k) 108 l) 40

Bloco 23

a) 5 123 755 b) 3 204 864 c) 3 015 resto 4
d) 4 112 e) 80 f) 1 408
g) 165 h) 0 i) 59
j) 295 k) 310 l) 200

Bloco 24

a) 1 617 788 b) 1 746 485 c) 2 699 568
d) 2 334 resto 17 e) 1 034 f) 2 304
g) 40 h) 10

Bloco 25

a) 5 764 176 b) 2 893 239 c) 4 206 resto 16
d) 4 231 e) 121 f) 0
g) 100 h) 19

Bloco 26

a) 54,332 b) 163,128 c) 96,992 d) 3 255 731
e) 1 293 resto 24 f) 6 236 g) 56
h) 1 170 i) 640 j) 100

Bloco 27

a) 62,889 b) 62,896 c) 91,56
d) 3 408 048 e) 3 591 f) 26 519
g) 30 h) 4 i) 77 j) 4

Bloco 28

a) 219 969 b) 708 556 c) 1 725 219
d) 2 364 e) 47 f) 16
g) 45 h) 500

Bloco 29

a) 407,997 b) 1 373,565 c) 167,535
d) 870 resto 3 e) 3 644 f) 3 825
g) 696 h) 3 498

Bloco 30

a) 4 398 714 b) 1 056 666 c) 5 342 700
d) 3 542 e) 6 873 resto 3 f) 987
g) 8 032 h) 2 342